KB201477

1년 1독 365일 성경통독
꿀송이 보약큐티

아프리카 노록수 선교사와 함께하는
1년 1독 365일 성경통독
꿀 송 이 보약큐티

• **초판 1쇄 인쇄** 2020년 12월 1일
• **초판 1쇄 발행** 2020년 12월 5일

• **지은이** 노록수
• **펴낸이** 조유선
• **펴낸곳** 누가출판사
• **등록번호** 제315-2013-000030호
• **등록일자** 2013. 5. 7.
• **주소** 서울특별시 공항대로 59다길 276 (염창동)
• **전화** 02-826-8802 팩스 02-6455-8805
• **이메일** sunvision1@hanmail.net

• 정가 17,000원
• ISBN 979-11-85677-53-8 03230

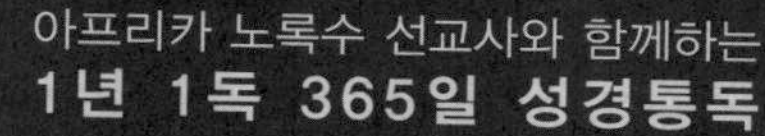

꿀송이 보약큐티

● 1권 ●

1월/2월/3월

노록수 지음

서문

주님을 사랑하는 성도라면 누구나 경건하게 살기를 열망한다. 그러나 현실은 종종 실패로 끝날 때가 많다. 경건생활의 기본 재료는 기도와 말씀이다. 성경은 기도와 말씀으로 거룩해진다고 가르친다. 말씀이 없는 기도는 중언부언하기 쉽다. 말씀과 함께하는 기도는 힘이 있고 능력이 있다.

미국의 전도자 무디는 성경을 가까이 하면 죄가 내게서 멀어지고 죄가 내게 가까이 오면 성경이 내게서 멀어진다고 하였다. 그래서 무디는 매일 어디를 가던지 새벽에 일어나 혼자 성경공부를 습관적으로 하였다고 한다.

오늘날 교회를 오래 다니면서도 1년에 성경 1독도 못하는 교인들이 부지기수다. 그래서 누구나 1년에 성경 1독을 할 수 있는 성경 안내자가 되기로 필자는 결심했다. 아프리카의 마다가스카르와 남아공을 중심으로 선교활동을 해온지도 벌써 26년이 되어간다. 선교사가 선교는 안하고 무슨 성경읽기 운동이냐고 의아해하실 분들도 계시겠지만 성경을 연구하고 성경을 가까이하는 일이 결코 선교와 무관한 것이 아니다. 내 영혼이 강건할 때 선교현장에서 능력 있는 역사가 일어나기 때문이다.

요즘은 유투브 시대라 많은 사람들이 유투브 보는 일에 시간을 사용한다. 그래서 필자도 유투브 채널을 만들어 2년 전부터 매일 "노록수 선교사의 꿀송이 보약큐티"라는 콘텐츠를 올려왔다. 아무리 몸이 피곤하고 아파도 이 일은 하루도 거르지 않고 성경묵상을 유투브에 올렸다. 그렇게 충성하도록 이끌어 주신 하나님 아버지의 은혜가 감사하다.

이 일을 섬기면서 가장 기쁘고 보람 있었던 순간은 유투브를 통해 함께 1년 1독 성경읽기에 구독자로 동참하면서 자신의 영혼이 너무나 은혜롭게 채워져 고맙다는 인사를 받았을 때이다. 그분들 때문에 항상 사명감이 불타오른다. 이 말세를 함께 살아가는 천국가는 순례자들에게 성경읽기 운동을 통해 그들의 영혼이 곤핍하지 않고 심령에 생수가 촉촉히 흘러 넘치는 역사를 일으키는데 작은 도움이라도 된다면 얼마나 감사한 일인가!

그래서 3천여 명의 열렬 유투브 구독자들을 위해 작은 선물을 준비한 것이 바로 이 꿀송이 보약큐티 노트이다. 날마다 성경을 읽고 함께 공부하면서 그날 받은 영감이나 소감, 그리고 암송하고픈 말씀이나 자신의 기도문을 날마다 적어간다면 후일에 이 경건노트가 자신만의 독특한 주석책이 되어 성경을 이해하는 데 유용한 보물이 될 것이다.

1년치를 한 권의 책에 다 수록하기에는 분량이 너무 많아 3개월씩 4권의 보배로운 책을 만들기로 했다. 한 해를 주님과 함께 동행하며 성경 속에 푹 잠겨 하루하루를 살아보자. 아멘.

꿀·송·이·보·약·큐·티

이 책의 사용법

1. 먼저 하나님께 나의 눈을 열어 주의 기이한 법을 오늘도 깨닫게 해 달라고 기도한다.

2. 매일 이 책과 성경을 함께 지참하여 경건일기처럼 기록하는 습관을 가진다.

3. 먼저 그날의 묵상자료를 참고삼아 읽는다.

4. 유튜브 "노록수 선교사 꿀송이 보약큐티"에 나오는 그날의 말씀 나눔을 시청한다.

5. 말씀을 배우는 중 새롭게 깨달은 것이나 항상 기억하고 싶은 중요한 포인트가 있으면 이 경건노트에 기록한다.

6. 개인적으로 그날의 주어진 분량의 성경을 읽고 묵상한다.

7. 마지막으로 그날의 말씀에 근거하여 자신의 기도문을 작성해 보고 소리내어 읽으며 기도한다.

1년 1독 365일 성경통독, 꿀송이 보약큐티

창 1장~3장

● 묵상 자료 ●

1. 창세기는 어떤 책인가?

성경은 하나님의 우리를 향한 사랑의 편지이다. 성경에는 66개의 하나님이 쓰신 러브레터가 있다. 가장 첫 번째 러브레터인 창세기의 요점을 래리크랩 교수는 이렇게 요약했다.

> "너는 만사를 엉망으로 망가뜨렸지만 나에게는 너를 회복시키기 위한 계획이 있단다."

66권의 러브레터를 통해 연인에게 배신 당한 하나님이 결코 우리를 포기하시지 않으시고 다시 우리에게 구애하셔서 우리를 마침내 품에 안으시는 이야기가 요한계시록까지 펼쳐져 있다. 하나님이 인간을 사랑하신다는 증거를 확실히 하시기 위해 독생자 예수님을 하늘에서 이 땅에 파견해 주셨다. 구약 39권은 이 땅에 파견될 하나님의 아들을 준비하는 책이고 신약 27권은 그 아드님이 오셔서 행하신 일과 선포하신 말씀들, 그리고 그 제자들의 증언으로 구성되어 있다.

예수 그리스도는 신구약 66권의 총 주제이다. 성경 어디를 읽어도 예수 그리스도가 드러나게 되어 있다. 우리 몸의 어디를 베어도 피가 나듯이 성경 전체에 그리스도 예수의 십자가와 그 피가 면면히 흐르고 있다.

창세기는 모세오경(창세기, 출애굽기, 레위기, 민수기, 신명기)의 첫 번째 책으로서 모든 것의 시작을 다루고 있는 책이다. 인간과 우주만물의 시작, 죄의 시작, 하나님의 구원역사의 시작이 창세기에 나타난다. 키워드는 톨레돗(계보, 족보라는 뜻의 히브리어)이다. 아담의 계보, 노아의 계보, 아브라함의 계보, 야곱의 계보 등으로 구성되어 있다. 저자는 하나님의 사람 모세이다. 창세기는 크게 두 부분으로 나눠지는데 1장~11장까지의 창조, 타락, 노아 홍수, 바벨탑 사건과 12장부터 마지막까지의 아브라함의 톨레돗, 야곱의 톨레돗이 기록되면서 이스라엘 나라의 족장들 스토리를 말해주고 있다. 이 성경의 첫 책을 펼쳐 든 당신은 이제 우주와 인류의 근본의 비밀을 알게 될 것이다.

2. 태초에 하나님이 천지를 창조하시니라(창 1:1)

이 말씀이 어쩌면 성경에서 제일 중요한 말씀인지도 모른다. 이 말씀을 받아들이지 않으면 우리의 모든 신앙은 헛것이다. 현재 지구상에 살고 있는 70억 인구 중에 이 말씀을 믿고 가슴에 품고 사는 자들이 과연 몇 명이나 되겠는가? 천체 물리학자 스티븐 호킹 박사는 자기가 우주를 연구해 보니 하나님이 계신 증거는 없고 우주는 그 자체로 원래부터 존재했다고 말했다. 참으로 안타까운 일이다. 나는 스티븐 호킹 박사의 증언을 믿지 않고 성경에 쓰여 있는 창세기 1:1을 믿는다. 이 믿음을 주신 아버지 하나님께 감사하기만 하다. 왜냐하면 천지창조가 하나님에 의해 이루어진 것을 믿는 것과 예수께서 나의 구세주이심을 믿는 것은 사람의 이성으로 되는 것이 아니라 하나님의 성령의 도우심으로 되기 때문이다. 당신은 무엇을 믿는가?

3. 에덴의 동쪽

창세기 3:24을 읽어 보면 죄로 인해 하나님과의 거리가 멀어진 인간은 동쪽으로 이동한다.

인간을 에덴동산에서 축출하시고 에덴의 동쪽에 화염검을 두시고 지키시는 것을 보면 인간이 그쪽으로 쫓겨났음을 암시한다. 마찬가지로 가인 역시 자신이 저지른 죄의 결과에 따라 에덴 동쪽으로 보내졌다(창 4:14~16). 또한 바벨탑을 세우기 전 타락한 인류는 더 동쪽으로 이동해 갔다.

이에 그들이 동방으로 옮기다가 시날 평지를 만나 거기 거류하며 창 11:2

그런데 이 동쪽으로 이동하는 타락한 인류의 방향에 최초의 동쪽을 향한 움직임이 역전되는 시발점이 바로 아브라함의 아버지 데라의 행보였다. 그가 가족들을 이끌고 갈대아 우르를 떠나 가나안을 향해 나아갔을 때(창 11:31) 그는 최초로 동쪽에서 서쪽으로 이동해 간 것이다.

에스겔서를 읽다 보면 이스라엘이 타락했을 때 여호와의 영광이 동쪽 문을 통해 서서히 떠나갔다가 나중 회복을 예언하시는 43장에 주의 영광이 동쪽에서부터 성전으로 들어오는 장면이 생생하게 묘사되어 있다. 함께 에스겔 43:1~5을 찾아 소리 내어 읽어 보도록 하자.

그 후에 그가 나를 데리고 문에 이르니 곧 동향한 문이라 이스라엘 하나님의 영광이 동편에서부터 오는데 하나님의 음성이 많은 물소리 같고 땅은 그 영광으로 인하여 빛나니 그 모양이 내가 본 이상 곧 전에 성읍을 멸하러 올 때에 보던 이상 같고 그발 하숫가에서 보던 이상과도 같기로 내가 곧 얼굴을 땅에 대고 엎드렸더니 여호와의 영광이 동문으로 말미암아 전으로 들어가고 성신이 나를 들어 데리고 안뜰에 들어 가시기로 내가 보니 여호와의 영광이 전에 가득하더라 겔 43:1~5

이것은 예수께서 재림하시어 영광 중에 나타나실 때 몸소 이 동쪽을 향한 움직임을 최종적으로 역전시키실 것을 미리 보여주신 예언의 말씀이다. 주께서 재림하시어 그 영광이 온 천지에 충만케 될 때 죄로 인해 에덴의 동쪽으로 쫓겨났던 우리는 그리스도로 인해 다시금 에덴의 삶을 회복케 될 것이다. 이처럼 주의 재림은 인간의 죄로 인한 모든 상실들을 온전히 회복시키시어 에덴보다 더 찬란한 새 예루살렘에서 우리를 살게 하실 것을 담보하는 엄청난 사건이다. 이것이 창세기와 선지서와 복음서와 계시록을 이어가며 끊임없이 나타나는 놀라운 회복의 약속이다. 아멘.

• 오늘의 말씀에 대한 나의 묵상 •

오늘의 본문 성경을 읽으시고 깨달은 점이나 기억하고 싶은 점 혹은 기도문을 기록합니다.

1년 1독 365일 성경통독, 꿀송이 보약큐티

창 4장~6장

● 묵상 자료 ●

1. 가인과 아벨의 제사(창 4:3~5)

왜 하나님은 가인의 제사는 안 받으시고 동생 아벨의 제사는 열납하셨을까? 어떤 사람들은 가인은 곡식으로 제사를 드리고 아벨은 피가 있는 양으로 제사를 드렸기 때문이라고 생각하지만 그 이유 때문이라고 생각하는 것은 성경적인 근거가 없다. 왜냐하면 제사법에는 짐승의 피를 흘리고 제사하는 번제나 속죄제도 있지만 곡식으로 드리는 소제도 있기 때문이다. 가인의 직업은 농사하는 것이었기에 그가 자신이 수고한 농산물로 제물을 삼아 여호와께 제사 드린 것은 문제가 된다고 할 수 없다.

그렇다면 무엇이 문제였을까? 창세기 4:4 말씀을 자세히 읽어 보면 "아벨은 자기도 양의 첫 새끼와 그 기름으로 드렸더니…" 라고 되어 있는데 여기에 단서가 있는 것 같다. 첫 새끼와 그 기름으로 드렸다는 것은 하나님이 기뻐하실 것이 무엇인지 파악하고 아벨은 정성을 다하여 하나님을 예배했다는 것을 미루어 짐작케 한다. 그러나 가인은 자신이 지은 농산물의 첫 소산을 여호와께 드리지도 않았고 또 좋은 것으로 가지고 나아와 정성껏 하나님께 바치지도 않았던 것이다. 이는 하나님께서 불평하는 가인에게 "네가 선을 행하면 어찌 낯을 들지 못하겠느냐?"고 꾸중하신(창 4:7) 대목을 보면 알 수 있다. 하나님은 억지로나 인색함으로 드리는 것을 싫어하신다. 아벨처럼 가장 좋은 것을 드리되 감사함으로 즐겁게 드려야 한다.

2. 가인이 아벨을 죽인 후 다른 사람들이 자기를 해칠까 봐 걱정하는데 그때 가인과 아벨 외의 사람들은 누구인가?

가인이 아벨을 죽일 때 벌써 그들의 나이가 한참 되었다. 아벨이 목축업을 했고 가인이 농사를 지어 그 소산물로 제사를 드렸으니 그때 그들의 나이가 50세였는지 100세였는지 알 수 없다. 하나님은 아담과 하와에게 생육하고 번성하여 땅에 충만하라는 축복을 주었다. 어떤 학자들은 아담의 생애에 인구가 천만 명을 넘었을거라 추측하기도 한다. 아담이 930세를 살았는데 800년을 자녀를 낳고 생육하였다고 기록되어 있다. 조선 왕조가 500년 역사인데… 930년을 살았으니… 성경에 이름이 없는 수많은 사람이 있을 수 있는 것이다. 성경은 꼭 필요한 이름 외에는 다른 사람들을 일일이 다 기록해 놓고 있지 않다.

3. 창세기 6:2에 쓰여있는 하나님의 아들들과 사람의 딸들은 누구인가?

혹자는 여기의 하나님의 아들들을 천사들이라고 해석하여(소돔성을 방문한 천사들처럼) 천사들이 인간들과 결혼하여 네피림 큰 용사들을 낳았다고 주장하는 자들도 있지만 그런 주장들은 성경을 신화화하는 잘못을 저지르기 쉬워 조심해야 하고, 가장 일반적인 해석은 여기의 하나님의 아들들은 셋의 경건한 후손들을 말하고 사람의 딸들은 가인의 후손들 중 아리따운 여자들을 말하는데 외모를 보고 신앙을 무시한 채 결혼하였던 당시의 죄악상을 적나라하게 드러내는 노아 홍수 심판 전의 육체적이고 정욕적인 타락한 모습이라고 보는 견해가 건전하다.

4. 노아 - 안위하는 자(창 6:8)

지상에 죄악이 관영하여 모두가 홍수 심판을 받고 죽어 갈 때 노아는 하나님께 구원의 은혜를 입었다고 성경은 말한다. 노아의 이름의 뜻은 "안위자" 이다. 힘들고 어려운 사람들에게 위로와 힘을 주는 자로서 신약의 우리 주 예수 그리스도를 예표한다. 노아의 방주도 역시 예수님을 생생하게 보여주는 그림자이다. 방주 안에 있는 자는 다 생명을 얻었듯이 누구든지 예수 안에 거하는 자는 영생함을 보장받는다.

● 오늘의 말씀에 대한 나의 묵상 ●

오늘의 본문 성경을 읽으시고 깨달은 점이나 기억하고 싶은 점 혹은 기도문을 기록합니다.

1월 3일

1년 1독 365일 성경통독, 꿀송이 보약큐티

창 7장~9장

묵상 자료

1. 홍수 심판(창 7장)

창세기 7장의 홍수 심판의 기록을 읽으면 하나님의 심판은 정말 두렵고 무서운 일임을 실감하게 된다. 하나님은 사랑의 하나님이시며 한없이 자비로우시고 오랫동안 우리의 죄악을 회개하기를 기다리시는 하나님이시지만 영원히 참지는 않으시며 한 번 노를 발하사 심판을 시작하시면 아무도 그 진노를 피할 수 없다.

예수님은 마지막 심판 날에 지옥에 떨어질 사람들이 그 지옥불이 너무 무서워 이를 갈며 슬피 울 것이라고 경고하셨다. 아프리카 남아공 픽스버그 내가 살던 지역에서 차를 몰고 조금만 드라이브를 하면 미국의 그랜드캐년을 연상케 하는 골든게이트라는 국립공원이 나오는데 거대한 군함 같은 바위들이 여기저기 위용을 자랑하고 있다. 자세히 보면 노아 홍수 때 지구가 온통 물에 잠겼다는 것을 암시하듯이 바위들이 물결모양의 흔적들을 뚜렷하게 간직하고 있는 것이 놀랍다.

40일간 하늘에서 폭우가 쏟아지고 지상의 샘의 근원들이 터져 물이 150일 동안을 온 지구상을 덮었을 때 이 산 저 산 더 높은 꼭대기를 찾아 아우성치며 살려달라고 외쳤을 불쌍한 인간들의 모습을 상상해 본다. 그리고 헤엄쳐 노아의 방주로 다가가 노크하며 방주의 문좀 열어 달라고 애걸하다가 마침내 물에 질식되어 죽었을 인간들을 생각해 본다. '왜 진즉 노아의 경고를 듣고 방주로 나아가지 않았을까?' 그들은 죽으면서 엄청난 후회를 했을 것이다.

지금 이 시간도 성경은 이 세상에 곧 하나님의 심판의 불이 임할 것이요, 예수님이 다시 재림하여 오실 것이니 구원을 얻고자 하는 자는 십자가의 구원의 방주 앞으로 나오라고 끊임없이 초청하고 있다. 사람들은 이 말세에 노아의 홍수 때처럼 시집가고 장가가고 먹고 마시면서 복음을 조롱하고 있다. 이때에 노아처럼 방주를 예비하는 자들은 복된 자들이다. 우리의 방주는 예수 그리스도의 십자가이다. 아멘.

2. 땅이 있을 동안에는…

> 땅이 있을 동안에는 심음과 거둠과 추위와 더위와 여름과 겨울과 낮과 밤이 쉬지 아니하리라 창 8:22

우리가 땅에 거하는 동안에는 이 땅이 계속해서 하는 모든 일들에 영향을 받을 수밖에 없다. 심음이 있는 동안에는 심느라 정신없이 일해야 한다. 그렇지 않으면 열매도 보지 못하는 가난 속에서 고생할 것이며 거둠의 시간이 오면 또한 고생해서 거둬야 한다. 수고하지 않고 저절로 곡식이 내 창고에 들어와 쌓이지 않기 때문이다.

추위가 오면 추위 때문에 두꺼운 옷을 입고 몸을 오그라뜨리며 고생할 것이고 더위가 오면 그 더위 때문에 땀을 흘리며 덥다 덥다 하면서 시원한 곳, 또는 시원한 것을 찾아 헤맬 것이다. 낮 동안에는 빛 가운데 있을 수 있지만 밤이 오면 어둠 속에 있어야 한다.

잠시 쉬는 시간도 없이 땅은 계속해서 심기와 거두기를, 추위와 더위를, 여름과 겨울을, 낮과 밤을 계속하여 돌릴 것이고 우리 역시 그 영향권 안에 있어야만 한다.

좋은 나라로 이민 간다고 부러워할 것도 아니고 한국에 산다고 마냥 좋은 것도 아니다. 어디에 살던지 인간에게는 추위와 더위가 있기 때문이다. 문제는 환경에 일희일비 하는 인생살이가 아니라 예수 안에서 믿음으로 살아가는 영적인 재미를 아는 자가 하늘의 삶으로 지상의 애환을 극복하는 지혜자이다.

방주에서 1년 이상을 긴장하며 지내다가 자기를 기억하시고 권념하신 하나님의 은총으로 물이 빠지고 마침내 다시 지상에 발을 디딘 노아는 맨 먼저 정결한 짐승으로 하나님께 번제를 드렸고 하나님은 그 노아의 제사를 향기롭게 흠향하셨다. “오! 주님, 어디에 살던지 어떤 상황이던지 남을 부러워하지 말고 주를 생각하고 주 안에서 주님 때문에 기뻐하는 믿음의 삶을 살게 해 주소서. 아멘.”

● 오늘의 말씀에 대한 나의 묵상 ●

오늘의 본문 성경을 읽으시고 깨달은 점이나 기억하고 싶은 점 혹은 기도문을 기록합니다.

1년 1독 365일 성경통독, 꿀송이 보약큐티

창 10장~12장

묵상 자료

1. 너는 복이 될지라(창 12:2)

노아 홍수 심판으로 노아와 그 가족을 제외하고는 숨 쉬는 모든 것들은 지상에서 전멸을 당했다. 장차 임할 인류의 불 심판도 죄를 벌하시는 하나님의 진노의 무서움을 확실히 보여 줄 것이다. 홍수가 범람하여 모든 생명이 속절없이 죽어 갈 때 노아 방주 안에 있는 자들만 살아남을 수 있었듯이 불이 하늘에서 떨어지고 지구가 잿더미로 화할 때 오직 구원의 방주 되시는 예수의 이름을 의지한 자들만이 살아 남을 것이다.

그 무서운 홍수가 지나가고서도 인간은 여전히 죄성을 가진 악한 자들인지라 세월이 지나니 이전과 다를 것이 없었다. 함의 후손 중 니무롯이 나오고 그들은 시날 평지에 바벨탑을 쌓으며 사람들을 충동질하여 하나님을 거역하고 자신들의 이름을 내기에 바빴다. 하나님은 그들을 강제로 흩으시려고 언어를 혼잡케 하여 흩어질 수밖에 없도록 만드셨다. 그리고 하나님의 율법을 받고 하나님만을 섬기는 한 제사장 나라를 세우시고자 아브라함을 택하셨다. 우리는 성경을 읽어 가면서 끊임없이 나타나는 악한 자들의 무리와 가끔씩 보이는 경건한 하나님의 사람들의 모습을 교차해서 발견하게 된다. 악이 넘실거리는 이 세상의 한가운데에서 그래도 하나님을 찾고 하나님의 이름을 부르는 소수의 사람들을 끊임없이 발굴하시는 하나님의 불굴의 의지를 보게 된다.

하나님은 아브라함에게서 이스라엘 나라를 미리 보셨다. 그리고 그 나라에 독생자 예수님을 보내시어 악한 세상을 구원하실 원대한 구속사의 그림을 그리고 계셨다. 마귀는 인간들을 보며 어떻게 미혹하고 죽이고 멸망하게 할까를 밤낮 연구하지만 하나님은 이 불상한 죄인들을 어떻게 구원할까를 생각하시고 더 풍성한 생명을 공급하실 계획에 몰두하신다. 아브라함에게 "너는 복이 될지라!!" 선언하신 하나님을 찬양하고 그분께 영광을 돌리자. 아브라함에게 임한 복은 다음의 4가지 특징이 있다.

1) 아브라함에게 주신 복은 말씀에 순종할 때 주어지는 복이었다.

창세기 12:1에서 하나님은 아브라함에게 "너는 너의 고향과 친척과 아비 집을 떠나 내가 네게 보여 줄 땅으로 가라"고 말씀하셨다. 그래서 4절에 "이에 아브라함이 여호와의 말씀을 따라 갔고"라고 되어 있다. 아무리 하나님이 복을 마련해 놓으시고 너는 그 복을 누리라고 하셔도 우리가 말씀에 순종하지 않으면 그 복은 우리의 것이 되지 못한다. 우리는 아브라함의 영적인 후손들이다. 우리에게도 그 복의 원리는 동일하다. 오늘날 우리가 하나님의 말씀을 져 버리고 말씀에 순종하지 않으면 예비된 복은 더 이상 나의 것이 될 수 없다.

2) 아브라함의 복은 처음에는 미약하나 나중은 심히 창대한 복이었다.

항상 기독교의 복의 원리는 이와 같다. 천국은 마치 겨자씨와 같아서 처음에는 지극히 작게 보이지만 나중에는 커다란 나무로 자라나 새가 깃들게 된다. 누룩처럼 부풀어 오르는 것이 기독교의 복이다. 아브라함에게 네 후손이 큰 민족이 되리라고 선언하셨을 때 사실 아브라함에게는 자식이 단 한 명도 없었다. 오직 말씀만 있었고 실체는 아직 없었다. 그러나 결국 세월이 흐르고 보니 그 말씀은 실상이 되어 현실로 드러났다. 그러므로 우리는 하나님을 믿는 우리 주변의 형제나 자매가 지금 초라해 보인다고 무시하면 안 된다. 언젠가 때가 이르면 우리의 상상을 초월하는 하나님의 큰 축복의 거목이 될 수도 있기 때문이다.

3) 아브라함의 복은 타인에게 영향을 미치는 복이었다.

그를 축복하는 자는 덩달아 축복을 받게 되고 그를 저주하는 자는 저주를 받게 된다. 이 사실을 우리는 명심해야 한다, 하나님이 주목하는 자를 우리도 주목해야 하고 하나님의 눈이 머무는 곳에 우리의 눈도 머물러야 한다.

4) 아브라함의 복은 실수에도 불구하고 끝까지 돌보시는 복이었다.

창세기 12장에 아브람이 약속의 땅을 떠나 애굽으로 내려간 사실과 애굽 왕에게 거짓말을 한 죄를 지었음에도 심판은커녕 오히려 복을 주시는 하나님을 우리는 목도하게 된다. 이 사실은 거짓말을 정당화하거나 위기에 처하면 거짓말을 해도 된다는 걸 교훈하기 위해 쓰여진 것이 아니다(그것은 다른 성경 본문에서 철저히 금하고 있는 가르침이다). 그것보다는 아브람이 절대적으로 의로워서 하나님이 그를 쓰신 것이 아니라 그의 연약함에도 불구하고 하나님의 자비와 긍휼로 자기 백성을 돌보신다는 은혜의 하나님을 부각시키기 위한 본문이 창세기 12장의 기사이다. 그리고 이런 형편없는 사람을 위대한 믿음의 조상으로 인내심을 갖고 키워가시는 하나님의 사랑의 열심과 조련술을 보아야 한다. 아브람이나 우리나 별반 다를 바 없는 죄악 된 우리들인데 버리지 않고 훈련시켜 쓰시는 하나님의 열심이 얼마나 감사한가? 이것이 아브라함에게 임한 하나님의 복이었다.

● 오늘의 말씀에 대한 나의 묵상 ●

오늘의 본문 성경을 읽으시고 깨달은 점이나 기억하고 싶은 점 혹은 기도문을 기록합니다.

1년 1독 365일 성경통독, 꿀송이 보약큐티

창 13장~15장

묵상 자료

1. 롯과 아브라함의 선택

창세기 13장을 읽어보면 인생의 중요한 순간순간마다 아브라함과 그 조카 롯이 무엇을 선택하는 지가 나타난다.

아브라함은 부친을 여의고 막막한 인생의 순간에 하나님의 말씀을 만났다. 그리고 그 말씀을 따라 순종하여 자신의 살 곳을 선택하여 나아갔다. 롯도 역시 아버지를 일찍 여의고 처음에는 삼촌 아브라함을 따라 살다가 인생의 결정적인 순간에 소돔성이 가까운 요단들을 선택하여 나아갔다. 롯의 선택은 하나님의 말씀이 전혀 고려되지 않은 그야말로 내 눈에 좋은대로의 선택이었다. 또한 롯의 선택의 기준은 말씀이나 은혜 생활이 아니라 사업에 도움이 되고 문화생활에 도움이 되는 것이었다. 그는 그가 원하는 대로 많은 재산을 얻었고 결국 대도시 소돔성에 정착하여 문화생활을 누리며 살았지만 은혜로운 삶은 없었다. 창세기 13장 안에는 둘 다 "장막을 옮겨"라는 똑 같은 언급이 나오지만 롯이 장막을 옮긴 곳은 소돔과 고모라였고(창 13:12) 아브라함이 옮긴 곳은 헤브론 상수리나무 수풀이었는데 거기서 여호와을 위하여 제단을 쌓았다고 했다(창 13:18).

롯은 소돔성 도시에 살면서 죄악 된 세상의 영향을 받으며 의로운 심정을 많이 상하고 살았다. 신앙 양심이 괴로웠다는 것이다. 돈은 많았지만 심령이 편하지 않았다는 것이다. 아브라함은 문화생활은 못했지만 늘 제단을 쌓으며 여호와의 이름을 불렀고 하나님이 주시는 힘으로 세상을 살았다. 나중 세월이 흐르고 보니 이 두 사람의 선택의 결과는 판이하게 달랐다. 롯은 전쟁에 휘말려 온 가족이 포로가 되어 노예가 될 처지에 빠졌고 재산도 모두 잃었다. 삼촌 아브라함이 사병을 이끌고 가서 구해 주지 안았으면 그의 생명도 장담할 수 없었다.

오늘을 사는 우리 각자도 수없는 선택을 하며 인생을 살아 가고 있다. 영혼에 도움이 되기 위하여 세상 것을 손해 보는 선택을 하고 사는 사람들도 있고 신앙이야 어떻든지 돈이 최고야 하며 정신없이 물질만 추구하며 살아가는 인생들도 있다. 그러나 결국은 심은 대로 거두는 법이다. 영적인 것을 위하여 심는 자는 평강을 거두고 육신을 위하여 심는 자는 죄악의 쓴 열매를 거둘 것이다. 믿음은 곧 선택이다. 이것을 항상 명심하라!

2. 살렘 왕 멜기세덱

"의(義)의 왕"이라는 뜻을 가진 멜기세덱은 살렘(예루살렘)의 왕이었으며 지극히 높으신 하나님의 제사장(창 14:18-20, 시 110:4)이었다. 창세기에서 멜기세덱의 갑작스러운 출현과 퇴장은 다소 신비스럽다. 아브라함은 그돌라오멜 및 그와 동맹한 세 왕을 패배시킨 후 처음으로 멜기세덱을 만났는데 멜기세덱은 아브라함과 그의 지친 종들에게 빵과 포도주를 주며 우정을 보여 주었다. 그는 엘엘룐(지극히 높으신 하나님)이라는 이름으로 아브라함에게 축복하였고 전쟁의 승리를 주신 하나님을 찬양했다(창 14:18-20).

아브라함은 멜기세덱에게 그가 모은 모든 물건의 십분의 일을 바쳤다. 이 행동으로 아브라함은 멜기세덱을 자신보다 더 높은 영적인 지위에 있는 제사장으로 인정하였다.

시편 110편을 보면, 다윗이 쓴 메시아 시편에서 멜기세덱이 그리스도의 모형으로 제시된다. 이 주제는 히브리서에서 반복되는데 그곳을 보면 멜기세덱과 그리스도가 의와 평화의 왕으로 간주되고 있다. 히브리서 저자는 멜기세덱과 그의 유일한 제사장직을 모형으로 삼으면서 그리스도의 새 제사장직이 과거의 레위 반열 및 아론의 제사장직보다 더 우위에 있음을 보여준다(히 7:1-10). 어떤 사람들은 멜기세덱이 실제로 예수 그리스도 혹은 성육신 이전의 그리스도의 현현이었다고 제안한다. 아브라함이 이전에 그러한 방문을 받았음을 고려하면 가능한 이론이다. 창세기 17장을 보면, 아브라함이 사람의 모습으로 오신 주(엘 샤다이, El Shaddai)를 만나서 대화를 하고 있다.

히브리서 6:20은 "예수께서 멜기세덱의 반차를 따라 영원히 대제사장이 되셨다"라고 말한다. 여기서 '반차'라는 용어는 일반적으로 제사장 직을 맡는 제사장들의 계승을 나타내는데 멜기세덱에서 그리스도까지의 긴 기간 동안에는 아무런 반차가 언급되지 않는다. 따라서 이 '반차'는 그리스도 안에서 그분에게만 영원히 주어진 반차인 것이다.

히브리서 7:3은 멜기세덱은 "아버지도 없고 어머니도 없고 족보도 없고 시작한 날도 없고 생명의 끝도 없어 하나님의 아들과 닮아서 항상 제사장으로 있느니라"고 말한다. 히브리서에 있는 묘사가 문자 그대로라면, 이 구절은 주 예수 그리스도 외에는 다른 누구에게도 적용될 수 없다. 이 땅의 왕 중에 "영원히 제사장으로 남아 있는" 왕이 없으며 또한 "아버지나 어머니가 없는" 사람도 없다.

● 오늘의 말씀에 대한 나의 묵상 ●

오늘의 본문 성경을 읽으시고 깨달은 점이나 기억하고 싶은 점 혹은 기도문을 기록합니다.

1년 1독 365일 성경통독, 꿀송이 보약큐티

창 16장~18장

● 묵상 자료 ●

1. 하나님을 기다림

창세기 16장은 아브라함이 하나님을 끝까지 기다리지 못하고 조급하여 하갈과 관계를 맺고 이스마엘을 낳아버리는 안타까운 기록이 있다. 나는 앤드류 머레이라는 탁월한 교회의 스승에게 하나님을 기다리는 것이 신앙생활에 있어서 너무나 중요한 것임을 그의 책에서 분명하게 배웠다.

기다림은 현대 문화에 맞지 않는다. 우리는 어떻게든 덜 기다리려고 한다. 그래서 은행에서 길게 줄을 서서 기다리는 대신에 자동입출금기나 온라인 뱅킹을 이용한다. 자동차에 탄 채 세차를 하고, 창문만 내리고 물건을 사기도 한다.

기다림이 우리의 일상에서는 빠르게 사라지고 있지만 자신의 백성을 향한 하나님의 계획에서는 아니다. "하나님을 섬기다"(wait on God)라는 말에 예배하고 묵상하는 멋진 시간이 떠오른다. 주님 앞에 무릎을 꿇고 우리의 기쁨과 슬픔을 내어놓으며 경험하는 거룩하고 고요한 순간 말이다. 그러나 "하나님을 기다리다"(wait for God)라는 말은 그렇게 멋들어지지 않다. 하나님께서 우리의 기도를 들으셨고 약속을 주신 것을 알지만, 다음 순간 '하나님께서 행동하시길 기다리는' 상태에 갇히면 거룩한 고요는 설명할 수 없는 하나님의 침묵이 된다. 하나님께서 우리의 필요를 쉽게 채우실 수 있는데도 침묵하실 때는 우리 안에 팽팽한 긴장감이 생긴다. 그러면 우리의 삶을 다스리는 하나님의 주권을 대하는 우리의 영적 태도가 한풀 꺾인다. 우리는 안다. 하나님께서 무슨 일을 생각만 하셔도 그 일이 일어난다는 걸. 그분이 우리의 기도에 응답하실 생각만 하셔도 그 기도는 응답될 것이다. 그런데 안타깝게도 우리는 하나님을 기다릴 때 삶의 기쁨을 잃고, 황량한 기다림이라는 풍경의 일부가 되고 만다.

너는 주님을 기다려라. 강하고 담대하게 주님을 기다려라 시 27:14 새번역

당신은 하나님께 이렇게 부르짖은 경험이 있을 것이다. "이런 기다림은 아무 소용도 없다고요. 하나님은 지금 당장 이 기다림을 끝내실 수 있잖아요!" 그러나 하나님께서는 몇몇 성경의 깊은 진리로 우리의 마음에 파고들어 생각의 초점을 돌리신다. 그분은 언제든 어떤 방식으로든 우리의 삶에 개입하실 최고의 권리가 있다는 걸 우리에게 깨닫게 하심으로 말이다. 하나님께서는 자신의 자녀들을 밝고 아름답고 편안한 삶에서 위태롭고 어두운 기다림이라는 풍경 속으로 옮기실 권리가 있으시다.

그분이 우리가 '기뻐하는' 시간과 장소를 정하시듯 우리가 '기다리는' 시간과 장소도 정하신다. 이것을 깨달은 후 나는 성경에서 말하는 하나님의 기다림을 발견하기 위해 새로운 여정을 시작했다. 나는 하나님께서 정하신 기다림을 이해하기 위한 첫 발을 내디뎠다.

"주님을 기다려라!"

하나님께서는 우리에게 기다리라고 요구하신다. 다윗은 자신의 경험에서 비롯된 확신으로 "너는 주님을 강하고 담대하게 기다리라"고 외쳤다.

나도 당신에게 똑같이 말하고 싶다. 기나긴 기다림으로 실망에 빠져 있을 때 나 역시 그분의 속삭임을 들었다. 내 주권자이신 하나님께서 나를 선택해 그분과 함께 기다리게 하셨다. 혼자 기다린 게 아니었다. 침묵 가운데 기다린 게 아니었다. 하나님과 '함께' 기다렸다.

그분이 내 마음에 말씀하셨다. 하나님께서 이 기다림을 위해 나를 선택하셨기에 그분이 자신의 약속을 지키시는 단계를 내가 하나도 놓치지 않을 거라고. 우리의 약점과 강점을 다 아시는 그분이 우리를 선택하여 기다리게 하실 뿐만 아니라 우리가 잘 기다릴 거라고 믿으신다. 아멘.

● 오늘의 말씀에 대한 나의 묵상 ●

오늘의 본문 성경을 읽으시고 깨달은 점이나 기억하고 싶은 점 혹은 기도문을 기록합니다.

1년 1독 365일 성경통독, 꿀송이 보약큐티

창 19장~21장

● 묵상 자료 ●

1. 그러나 롯이 지체하매…

우리는 창세기 19:16을 읽으며 놀라움을 금치 못한다. 하늘에서 심판의 천사들이 내려와서 롯에게 빨리 피하라고 경고하고 있는데 그 순간에도 그가 지체하였다는 것이다. 지금 심판의 불이 하늘에서 막 떨어지기 직전인데 어떻게 롯이 지체할 수 있었을까? 이것은 평소에 그의 신앙이 말씀에 민감하지 못했고 그 영혼이 소돔성의 죄악에 깊게 오염되어 매우 어두어져 있었다는 것을 반증한다. 그의 이러한 지체하는 신앙 때문에 그의 사위들은 그의 심판에 대한 전도 내용을 농담으로 여겼고 그의 아내는 천사들의 경고를 무시하다가 소돔성과 함께 심판을 받고 죽어 소금 기둥이 되었다. 그의 두 딸들은 그런 엄청난 하나님의 심판과 자신들의 구원을 체험하고도 여호와를 경외하는 경건한 모습을 보이지 못하고 소돔성의 음란한 행실을 본받아 아버지와 성 관계를 맺고 모압과 암몬이라는 자식을 낳아 두고두고 이스라엘의 대적이 되게 하였다. 그야말로 한 가족의 가장인 롯의 지체하는 우유부단한 신앙 때문에 그의 가정은 풍비박산이 나고 말았던 것이다.

오늘 세상은 소돔성 같이 타락되어 있다. 조금만 정신을 차리지 않으면 세상 죄악의 홍수에 떠 밀려 가기 쉽상이다. 그럼에도 불구하고 교회 안에는 롯처럼 지체하는 자들이 많이 섞여 있다. 기도에 열심이 없고 말씀 공부에 관심이 없다. 세상 오락과 즐거움에 마음을 빼앗기고 형식적인 신앙생활을 하는 사람들이 너무나 많다. 오! 이 일을 어찌 할꼬!

2. 또 아내를 누이라 속인 아브라함

창세기 20장에는 이전에 애굽 왕에게 아내를 누이라 하여 빼앗긴 적인 있던 아브라함이 이번에는 그랄 왕 아비멜렉에게 또 아내를 누이라 하여 빼앗긴 사실이 기록되어 있다. 이제 얼마 있지 않으면 하나님의 약속을 따라 이삭을 얻게 될 아브라함이었는데, 하나님의 원대한 계획이 아브라함의 믿음 없는 행동으로 하루 아침에 수포가 될 위기에 봉착했던 것이다. 하나님께서 아비멜렉에게 나타나 만일 네가 이 여인을 손대면 죽음을 면치 못할 것이라고 무섭게 경고하지 않았다면 그야말로 큰 일이 날 뻔했던 것이다.

이 사실은 아브라함이 절대적으로 의롭거나 자신의 믿음이 좋아서 약속의 자손을 낳은 것이 아니라 전적인 하나님의 긍휼과 은혜로 그 일이 이루어 졌음을 다시금 성경의 독자들에게 각인시켜 준다. 서울 남포교회 원로이신 박영선 목사님은 『하나님의 열심』이라는 그의 책에서 아브라함이 하나님을 순종하여 잘 따라 간 것이 아니라 사실 알고 보면 하나님이 그를 멱살을 잡고 끌고 갔다고 표현하셨다. 아브라함이 잘나서 믿음의 조상이 된 것이 아니라 '하나님의 열심'이 그를 믿음의 조상이 되게 만들었다는 것이다. 그러므로 우리는 사람에게 집중하지 말고 하나님의 위대하신 손길을 의지하고 나도 하나님이 은혜 주시면 할 수 있다는 소망을 갖고 주님을 섬겨야 한다는 것이다. 아멘.

3. 창세기 21:17에 광야에서 울고 기도한 사람은 어머니 하갈이었는데 (창 21:16) 왜 하나님은 아이의 소리를 들으셨나?

지나치기 쉬운 대목이지만 성경 저자의 숨겨진 의도가 분명하게 드러나는 놓치지 말아야 할 장면이다. 분명 16절에서 우는 주체는 어머니 하갈이다. 자식이 배고파 기진해 죽어가는 모습을 바라보는 어미의 절박한 심정은 말로 표현할 수 없는 고통이었을 것이다. 이에 어머니 하갈이 통곡하며 부르짖는다. 그때 주님의 응답이 나타났는데 17절에 성경 저자는 의도적으로 두 번이나 하나님이 그 아이의 울음소리를 들어 응답을 하셨다고 강조한다. 왜 엄마와 아이가 함께

우는데 아이의 울음소리가 하나님 귀에 더 잘 들렸을까? 이유는 단 한 가지, 그 아이가 바로 아브라함의 자손이었기 때문이다.

성경을 읽다 보면 아브라함에게 언약하신 것을 기억하시고 그 후손들을 하나님이 돌보셨다는 구절이 자주 나온다. 이처럼 하나님은 언약에 신실하신 분이시다. 한 번 약속하시면 결코 변개함이 없으시고 반드시 그 말씀을 지키신다. 예수 이름을 의지하면 천국 문이 열리고 하나님의 손길이 역사하는 것도 그렇게 약속하시고 그 언약에 신실하신 하나님이시기 때문이다. 아브라함의 후손이 그렇게 특별대우를 받았다면 예수의 백성들은 얼마나 더 특별하게 하나님이 챙기시겠는가? 우리는 예수 안에서 영적인 아브라함의 후손들임을 기억하고 담대함을 가져야 한다.

• 오늘의 말씀에 대한 나의 묵상 •

오늘의 본문 성경을 읽으시고 깨달은 점이나 기억하고 싶은 점 혹은 기도문을 기록합니다.

1년 1독 365일 성경통독, 꿀송이 보약큐티

창 22장~24장

● 묵상 자료 ●

1. 하나님의 시험지

하나님은 종종 그 백성들의 믿음의 레벨을 측정하시려고 그의 백성들에게 수능고사를 치르게 하신다. 하나님이 출제하시는 시험지는 객관식이 아니고 주관식이다. 답을 고르게 되어 있는 게 아니고 자신의 믿음의 분량껏 답을 써 내려가야 한다. 미리 어떤 유형의 문제가 출제될지에 관한 힌트도 거의 주시지 않고 시험 치는 날자도 예고없이 불시에 실시하신다. 그래야 평소 실력이 그대로 나오기 때문이다.

창세기 22장을 읽으면 아들 이삭을 모리아 산에서 제물로 바치라는 하나님의 주관식 믿음의 시험 문제가 아브라함에게 떨어졌다. 그 어려운 시험 문제를 읽자마자 아브라함의 믿음의 실력이 유감없이 발휘된다. 일단 그는 더 높은 점수를 위하여 세 가지의 방해세력들을 제거한다. 첫 번째 방해물이 될 수 있던 아내 사라에게는 일체 비밀로 하고 모리아 산을 향해 다음날 일찍 부랴부랴 떠난다. 두 번째 방해가 될 수 있었던 두 종들도 산 밑에 머물게 하고 제사를 드린 후 돌아오겠다고 하고 산을 오른다. 이제 마지막 방해물이 되어 사실을 알면 도망쳐 버릴지도 모르는 당사자인 이삭을 어떻게 설득할지가 남았다. 아브라함은 번제 드릴 어린양은 어디에 있냐고 날카롭게 아들이 물어 왔을 때 가슴이 뜨끔했을 것이다. 그때 당황한 표식을 내지 않고 아브라함은 아들에게 하나님이 알아서 다 준비하셨을 거라고 침착하게 대답하여 아들을 안심시켰다. 참 그 아버지에 그 아들이었다. 정작 정상에서 아무 설명도 없이 자신을 묶는 아버지 앞에 이삭이 묶인 채 도망쳤다는 기록이 없으니 말이다. 시골에서 닭을 잡을 때 보면 가끔 닭도 살려고 때로는 온 몸에 털이 다 빠졌는데도 온 동네를 "꼬꼬댁" 소리를 내며 도망다니는데… 소년 이삭은 아버지를 신뢰하고 자신이 불탈 번제 나무 위에 조용히 제물로 누워 있었다. 마침내 아브라함이 아들을 묶어놓고 눈 꽉 감고 그 아들을 칼로 내리치려 할 때 하나님이 급하게 천사를 보내시어 그 아들을 죽이지 말라고 말리셨다. "휴~" 끝까지 시험을 진행하시는 하나님도 대단하시고 묵묵히 정답 답안지를 써 내려가는 아브라함도 대단하다.

시험 보는 시간이 끝나는 종이 울리고 마침내 하나님의 채점 점수가 발표되었다. 100점이었다!!

> 네가 네 아들 독자까지도 아끼지 아니하였으니 내가 이제야 네가 하나님을 경외하는 줄 아노라 창 22:12

여기서 우리는 의문이 생긴다. 하나님은 전지전능하신 분인데 굳이 이런 고난이도의 시험을 쳐서 점수가 높게 나와야 믿음의 실력을 아시는 분인가? 하는 점이다. 나는 이 점을 '신비'로 여긴다. 정말 미스테리다. 굳이 시험해 보지 않으셔도 아브라함의 믿음과 순종을 다 아실 터인데 하나님은 구체적으로 시험을 치르게 하시고 점수가 나오자 이제야 알겠다고 하신다.

이런 성품을 가지신 분이 우리들의 하나님이시라면 우리도 수시로 치러질 믿음의 수능시험에 대비해야 한다. 아무리 입술로 "내 맘 다 아시지요? 주님 사랑하는 내 맘 다 아시지요?" 해도 소용없다. 하나님의 시험에 합격해야 한다. 때로는 부도도 나고, 사고도 당하고, 암도 걸리면서 구체적인 현실 속에서 우리의 믿음의 실력을 보여 드려야 한다. 나는 선교지에서 설교하러 가다가 자동차 사고를 당하여 뼈가 10군데가 부러지고 하반신을 잘 못쓰는 장애인이 되었다. 그렇게 좋아하던 축구도 못한다. 그래도 생명을 연장하여 주신 주님께 감사할 것밖에 없다. 오늘 하루도 구체적인 삶 속에서 항상 기뻐하고 범사에 감사하고 쉬지 않고 기도하는 믿음의 모습을 주님께 보여 드려 좋은 학점을 따는 우리가 되어 보자. 아멘.

● 오늘의 말씀에 대한 나의 묵상 ●

오늘의 본문 성경을 읽으시고 깨달은 점이나 기억하고 싶은 점 혹은 기도문을 기록합니다.

1년 1독 365일 성경통독, 꿀송이 보약큐티

창 25장~27장

묵상 자료

1. 이삭이 죽을 때가 되었다고 생각되어 에서에게 마지막으로 사냥한 음식 먹고 축복하겠다고 했을 당시(창 27:4) 이삭의 나이는 얼마나 되었을 것으로 추정할 수 있는가?

바로 창세기 27장 사건이 시작되기 전 26장 끝부분에 "에서의 나이 40세에 헷 족속의 딸들과 결혼하여 리브가와 이삭의 마음에 근심을 주었더라"고 되어 있으니 여기서 이삭의 나이를 추측할 수 있다. 이삭이 60세에 에서와 야곱을 낳았으니 에서의 나이가 40이라면 아버지 이삭의 나이는 100세쯤 되었을 것이다. 설령 26장과 27장의 간격이 있어 세월이 흘렀다 해도 넉넉잡아 이삭의 나이 130세쯤 되었을 것이다. 그때 자신이 곧 죽을 것 같고 시력도 약해지고 병이 중하여 황급히 죽기 전에 장자를 축복하겠다고 나선 것이다. 여기서 중요한 성경퀴즈 하나 내겠다. 이삭은 몇 살에 세상을 떠났을까? 답은 창세기 35:28에 나와 있다. 180세에 죽었다. 이게 웬일인가? 130세에 곧 죽을 것이라고 하여 장자에게 축복하겠다고 소동을 벌였던 사람이 그 후로 장장 50년을 더 살다 죽은 것이다. 많은 독자들이 성경을 수없이 읽어도 이런 사실은 까마득히 모르고 지나간다. 그래서 성경을 몇 독 했는지가 중요한 것이 아니라 얼마나 깊이 묵상하고 연구하면서 읽었느냐가 더 중요한 것이다.

그러면 왜 하나님은 50년 후에나 죽을 사람을 미리 죽을 것처럼 몰아가 형제가 뒤바뀌는 축복사건을 일어나게 했을까? 거기에 하나님의 오묘한 섭리가 숨겨져 있었다. 성격이 조용하여 집안에만 있기 좋아하는 야곱을 그 사건으로 인해 목숨이 위태롭게 만들어 부랴부랴 그 머나먼 하란 땅 밧단아람 어머니의 친정 집으로 도망가게 만들고 거기서 20년의 타향살이를 하면서 이방 여인들이 아닌 아내들을 얻게 하고 12아들을 주시어 이스라엘 민족의 근간을 세우시려는 하나님의 놀라운 계획을 이루기 위함이었던 것이다. 성경을 읽으며 이런 것을 깨달을 때마다 우리 인생을 향한 신묘막측하고 오묘한 하나님의 간섭과 주권과 섭리에 우리는 놀라움을 감출 수 없게 된다.

2. 리브가는 큰 아들보다 작은 아들을 더 사랑하는 자식 편애하는 어머니였나?

많은 분들이 리브가에 대해 그런 오해와 선입견을 가지고 있는 것 같다. 창세기 25:28에 이삭은 에서의 사냥한 고기를 좋아하므로 에서를 사랑하고 리브가는 야곱을 사랑하니라고 기록되어져 있다. 야곱이 조용한 성격이라 집에서 어머니를 도와주고 함께한 시간이 많아서 리브가는 야곱을 더 사랑했을까? 그렇게 생각한다면 리브가의 영성과 인격을 너무 과소평가하는 우를 범하는 것이다.

창세기에 나타난 리브가의 모습은 너무나 탁월한 신앙인의 모습을 보여주고 있다. 리브가의 이름의 뜻은 '연결고리'라는 의미가 있는데 아브라함의 가문에 며느리로 시집가서 아브라함의 축복이 후손에게 흘러가도록 성공적인 연결고리의 역할을 잘 감당했던 위대한 믿음의 여인이었다. 리브가에게서 난 야곱을 통해 이스라엘 12지파의 족장들이 태어나 이스라엘 민족의 뼈대를 세우게 되었음을 상기하면 이 여인이 얼마나 혁혁한 축복의 연결고리 역할을 했는지를 가늠할 수 있다. 리브가는 아름다운 외모뿐만이 아니라 착한 마음씨의 소유자였다. 처음 보는 낯선 사람이 물 좀 달라고 부탁하자 주저 없이 물을 주었고 부탁하지 아니한 짐승들에게까지 물을 대접한 친절하고 사려 깊은 여인이었다. 아브라함의 종이 자신의 집에 와 하룻만에 시집으로 갈 것을 종용했을 때 그 오빠 라반과 친정 엄마는 최소한 열흘은 있다가 가야 한다고 했지만 이 소녀는 이것이 하나님의 뜻임을 확신하고 주저없이 하룻만에 친정 집을 떠나는 담대한 결단을 보여준다. 수십 년을 함께 산 이삭의 종은 아직 주인을 알아보지 못했을 때 한번도 본적이 없는 리브가가 먼저 이삭을 멀리서 알아보고 종에게 확인한 후 낙타에서 후다닥 내려 얼굴을 가리우는 성숙한 여성스러움을 나타내 주기도

하였다. 칼빈은 그의 주석에서 리브가가 이삭을 멀리서 인지하고 낙타에서 내렸다는 동사를(창 24:64) 나무 잎이 떨어지듯 후닥닥 떨어졌다(fell down)고 주석하면서 리브가가 이삭 앞에 얼마나 겸손하게 처신했는지를 강조하였다.

요즈음 현대의 부모들은 자식들이 무슨 생각을 하고 사는지를 잘 몰라 자식이 아파트에서 투신하여 자살한 후에야 그 일기를 보고 자식의 괴로움을 뒤늦게 파악하고 충격에 빠지는 경우가 종종 있는데, 리브가는 아이들이 뱃속에 있을 때 벌써 서로 싸운다는 것을 인지하고 그것을 기도제목으로 삼을 정도로 범인들이 함부로 흉내 낼 수 없는 통찰력과 지혜를 갖춘 여성이었다. 임신한 엄마가 배가 불렀을 때 아이가 발로 엄마 배를 차면 그게 노는 것인지 화가 나서 차는 것인지 우리는 분별할 수 있을까? 리브가의 영성이 탁월하다는 것을 이제야 조금 실감하시겠는가? 리브가는 뱃속의 쌍둥이가 싸운다는 것을 인지하고 하나님께 기도제목으로 삼았다. 그리고 그 기도 가운데 하나님의 음성을 들었다. "큰 자가 어린 자를 섬기리라." 바로 이 하나님의 음성을 마음에 평생을 간직한 채 살았기에 그녀는 어린 자(야곱)를 더 사랑한 것이다. 하나님의 뜻이 이뤄져야 하니까…

그래서 철없는 남편이 하나님의 뜻도 모르고 인간의 상식에 따라 에서에게 축복하려 할 때 그녀는 단호하게 하나님의 뜻을 이루기 위하여 야곱을 축복받게 하였던 것이다. 그녀가 뱉었던 한마디 말이 평생 나의 가슴에 감동으로 메아리 친다. 창세기 27:13이다. 겁먹고 두려워하며 지체하는 야곱에게 "그 저주는 내가 받으리라"고 외치며 야곱을 방에 들여 보내는 장면이다. 리브가의 이 담대한 결단과 담력이 하나님의 뜻을 이루는 데 결정적인 역할을 하게 된 것이다.

야곱이 축복받고 방에서 나오자마자(창 27:30 말씀을 보시라) 에서가 집에 들어온 것을 보면 조금만 머뭇거리고 지체하였다면 큰 일 날 뻔했던 것이다. 그래서 리브가의 이 결단력 있는 신앙의 모습에 우리는 매료되는 것이리라. 하나님의 뜻을 이뤄드리려면 때로는 이해 못하는 가족들과 환경의 두려움 앞에서도 리브가처럼 외치며 살아야 한다. "주의 뜻을 이루려다 저주를 받는다면 내가 받으리라." 아멘.

믿음의 가문을 일으켜 세운 귀한 며느리 리브가! 남편의 영적 혼돈을 올바로 세워주고 평생 남편의 위로가 되었던 현숙한 아내! 멀리 떠나보낸 사랑하는 아들을 위해 날마다 눈물로 기도하며 평안히 돌아오기를 학수고대하다 그 아들, 손자들을 끝내 못보고 세상을 떠났던 참으로 위대한 어머니! 그녀가 바로 리브가이다.

● 오늘의 말씀에 대한 나의 묵상 ●

오늘의 본문 성경을 읽으시고 깨달은 점이나 기억하고 싶은 점 혹은 기도문을 기록합니다.

1년 1독 365일 성경통독, 꿀송이 보약큐티

창 28장~30장

● 묵상 자료 ●

1. 꿈에 본 사닥다리

창세기 28장은 야곱이 형 에서의 분노를 피해 하란에 있는 외삼촌 집으로 도망 갈 때의 장면이 상세하게 기록되어 있다. 집을 떠난 지 며칠이 지나고 낯설고 물설은 타지의 들판에서 돌을 베개하고 근처에서 들려오는 늑대 무리의 울부짖는 소리를 들으며 불안과 초조 속에 홀로 잠들었을 때… 꿈속에서 하나님은 사닥다리 환상을 보여주시며 축복의 말씀으로 야곱을 위로하셨다. 우리 하나님은 이와같이 타이밍을 잡는데 탁월하시다. 평소에 가만 계시다가도 우리에게 위로와 격려가 필요할 때 꼭 나타나셔서 위로하신다.

고3 때 폐병이 들어 수업시간에 각혈을 하고 학교도 못 다니고 전라도 벌교 못골 부락 우리 집에서 누워지냈던 때가 있었다. 추운 겨울 동구밖 소나무 가지 위를 매섭게 휩쓸고 지나가는 찬바람 소리처럼 내 마음은 외롭고 힘들었다. 미래가 캄캄하고 앞길이 안 보여 더욱 절망스러웠다. 오후 3시쯤 미열이 있어 끙끙 앓다가 언뜻 잠이 들었다. 잠들기 전 중얼거리듯 기도했는데 단짝 친구 오남이가 보고 싶다고 했다. 순천에서 수업 중인 오남이가 올 수 없다는 걸 알았지만 그냥 중얼거렸다. 그리고 얼마 후 잠에서 깨어났는데 머리맡에 누군가가 앉아 내 손을 잡고 기도하고 있는 따스한 기운을 느꼈다. 놀랍게도 친구 오남이었다.

고린도후서 1장에서 바울은 자신이 환란 속에서 경험한 하나님을 '모든 위로의 하나님'이라고 명명했다. 하나님은 모든 형태의 고통속에서 위로의 전문가이시다. 외로움, 슬픔, 분노, 핍박, 억울함, 질병, 죄책감… 하나님은 그 모든 고통에 알맞은 위로를 가지시고 우리에게 다가오신다.

매튜 폴(Matthew Poole)이라는 신학자는 야곱이 꿈에 본 사닥다리의 의미를 두 가지로 정리했다. 하나는 하나님께서 하늘에 거하시지만 천사들을 통해서 지상에 대한 보호와 통치를 하신다는 것이다. 여기의 천사들은 게으르지 않고 쉼 없이 움직이며 하늘과 땅 사이에서 사역하고 있다. 따라서 비록 야곱은 도망자의 신세이지만 그의 전 여정을 통하여 하나님의 돌보심과 축복하심을 체험케 될 것이다. 그리고 이 사닥다리의 꿈은 예수 그리스도의 모형을 예시한다는 것이다. 요한복음 1:51에서 예수님은 나다나엘에게 이렇게 말씀하셨다. "또 이르시되 진실로 진실로 너희에게 이르노니 하늘이 열리고 하나님의 사자들이 인자 위에 오르락 내리락 하는 것을 보리라" 아멘. 장차 우리는 야곱이 꿈에 본 사닥다리 환상을 실제상황으로 목도하게 될 것이다. 천사들이 예수님 위로 오르락 내리락 하는 것을 볼 것이다. 이처럼 우리는 구약을 읽으면서도 언뜻언뜻 보이는 예수 그리스도의 모습을 알아 차릴 수 있어야 한다. 아멘.

2. 레아의 믿음이 자랐다는 증거(창 29:31~35)

레아는 첫 아들을 낳고 그 이름을 르우벤이라 하였다. "보라, 아들이라!" 이라는 뜻이다. 그녀의 "야호~" 하는 환호성이 들리는 듯한 이름이다. 그리고 그 이름을 그렇게 지은 이유를 32절에 "여호와께서 나의 괴로움을 돌보셨으니 이제는 내 남편이 나를 사랑하리로다"라고 하였다. 그녀의 괴로움은 다름아닌 남편에게 사랑받지 못하는 여인의 아픔이었다. 사람이 배만 부른다고 행복한 것이 아니지 않은가? 그녀의 첫 아들 이름에서 우리는 레아의 남편 사랑에 대한 목마름을 본다.

둘째 아들을 또 낳았다. 이름을 뭐라고 지었을까? "시므온"이라 하였는데 해석하자면 "내 기도를 들으심" 이다. 그렇게 명명한 이유를 또 이렇게 적어 놓았다. 33절이다. "여호와께서 내가 사랑받지 못하셨음을 들으셨으므로 내게 이 아들도 주셨도다"라는 것이었다. 여전히 사랑 타령이다. 그녀의 시선은 여전히 남편에게 집중되어 있다.

셋째 아들을 또 주셨다. 연적 라헬은 아무 소식도 없는데 레아는 하나님의 은혜를 입어 펑펑 아들을 낳는다. 이번에는 이름을 뭐라고 지었을까? "레위"이다. "연합"이라는 뜻인데 이 이름 역시 남편의 사랑에 목말라 하는 여인의 욕구에서 나온 이름이었다. "내가 그에게 세 아들을 낳았으니 내 남편이 지금부터 나와 연합할거야"라는 이유에서 이름을 그렇게 지어 불렀다.

이제 넷째 아들이 태어났다. 그리고는 이름을 "유다"라 지었다. 이는 '찬송'이란 뜻이다. 그녀는 넷째 아들을 낳고는 "이제는 내가 여호와를 찬송하리로다" 하고 주님을 찬미했다. 지긋지긋한 사랑타령에서 벗어난 모습을 보인 것이다. 더 이상 남편의 사랑만을 구걸하고 징징대는 여인이 아니고 눈을 남편에게서 하나님에게 돌려 하나님을 찬송하며 영광을 주께 돌리는 성숙한 신앙인의 모습을 보여주고 있다. 이처럼 그녀가 아들의 이름을 짓는 모습 속에서 그녀의 영적 변화와 성숙을 엿보게 되는데 시간이 갈수록 성숙해 가는 그녀의 모습이 귀하다.

● 오늘의 말씀에 대한 나의 묵상 ●

오늘의 본문 성경을 읽으시고 깨달은 점이나 기억하고 싶은 점 혹은 기도문을 기록합니다.

1년 1독 365일 성경통독, 꿀송이 보약큐티

창 31장~33장

묵상 자료

1. 라헬이 훔친 드라빔

창세기 31장에는 야곱의 아내 라헬이 아버지의 드라빔을 도둑질했다고 나온다. 라헬은 왜 아버지의 볼품없는 가정 우상을 훔치고 라반은 왜 급히 야곱과 그 가족의 추적에 나섰을까?

최근 고고학에서 발굴된 당시의 풍습을 나타내는 토판의 글에 보면 "사위가 장인의 가신(집안의 우상신)을 소유할 경우 진짜 아들로 간주되고 상속을 받게된다"고 쓰여 있었다고 한다. 따라서 드라빔을 소유한 사람은 그것들의 소유권을 주장할 수 있었다. 따라서 라헬이 라반의 우상을 훔친 것은 우상숭배를 위해서가 아니라 나중에 라반의 소유를 요구할 수 있으리라는 기대에서 비롯되었다고 보는 학자들이 있다. 남편 야곱이 당한 노예와 같은 수고와 착취를 고려한다면 라헬의 행위가 이해가 되기는 하다. 아버지는 야곱을 속이고 노동력을 착취했으며 야곱의 재산이 불어나자 라반의 아들들은 야곱을 불편하게 노려보며 시기하였다. 이런 아버지와 오빠들의 행위가 라헬에게는 참을 수 없는 수모라고 여겨졌고 그 부당성을 감안한다면 집안의 신을 훔치는 것은 정당한 댓가라고 생각했을 것이다. 그러나 그녀의 행위는 하나님 앞에서 선하지 못했다. 드라빔 우상이 그녀의 남편과 식구들을 지키는 것이 아니라 전능하신 하나님이 함께하시고 축복하시어 오늘의 남편과 자신이 있음을 그녀는 알아야 했다. 나중 라헬은 길에서 베냐민을 낳다가 객사한다. 우상은 내 인생에 의지할 대상이 못 되는 것이다.

2. 마하나임의 하나님

창세기 32장 서두에 야곱은 하나님의 군대(마하나임)를 만난다. 20년만에 고향으로 돌아오는 길… 이제는 혈혈단신 형 에서를 피해 도망가던 20년 전의 야곱이 아니다. 벧엘에서 나타나 약속하셨던 하나님의 말씀이 그대로 실현되어 야곱은 지독하게 인색한 삼촌의 집에서 거부가 되어 11남 1녀를 거느린 채 네 명의 아내와 수많은 짐승 떼를 이끌고 거대한 규모를 이루어 고향으로 돌아오는 길이다. 그러나 그의 머리 속에는 형 에서의 복수의 칼이 어른거린다. 이제 혼자 쉽게 도망갈 수도 없는 처지다. 불안과 초조가 떠나지 않는다. 그 불안과 초조의 긴장된 순간에 그는 바로 하나님의 군대를 만났다. 마하나임! '두 진영', '하나님의 군대'란 뜻으로 야곱은 하나님의 천사들을 보고, "이 곳은 하나님의 진영이구나" 하면서 그곳 이름을 "마하나임"이라 명명했다. 하나님의 얼굴을 본 브니엘 동쪽 10킬로 전방 지역이었다. 근심에 젖어있던 야곱은 하나님의 군대를 보고 벧엘의 하나님을 기억했을 것이다. 20년 타향살이에서 돌보시고 복 주신 살아계신 하나님의 역사를 다시금 상기하며 힘을 얻었을 것이다. 그 얻은 영적 힘으로 그날 밤 브니엘에서 천사와 씨름하며 버텨냈을 것이다. 마하나임! 하나님의 진영과 우리의 진영 사이에서 주님은 간섭하시고 개입하셔서 우리를 돌아 보신다. 하나님의 돕는 사자들이 오늘도 우리를 둘러 진치고 있다!!! 강하고 담대하게 오늘도 쫄지 말고 살아가자.

3. 에서 나와라!!!

이규태 씨가 쓴 『한국인의 의식구조』란 책이 있다. 거기에 한국인에게는 '배면심(背面心)'이란 게 있다고 한다. 반드시 대면해야 하는데 너무 부담스럽고 힘드니까 고개를 돌려 버리는 심리이다. 분명 상대를 대면하여 서로 얼굴을 보면서 담판을 지어야 하는데 너무 두려운 나머지 "에라 모르겠다"하고 무책임하게 모르쇠로 일관해 버리는 것이다. 누구에게 폭행을 당해도 상대의 주먹이 나의 신체의 어느 부위를 패는 지를 보고 맞으면 조금 낫지만 무섭다고 고개를 돌려 버리면 그 공포는 더해진다.

야곱의 입장에서 사실 형 에서를 한 번은 만나기는 만나야 한다. 언제까지 도망다니거나 회피할 수 있는 문제가 아니다. 고개를 돌려버리면 공포는 더욱 더 크게 다가온다. 그런데 막상 마추치려니 용기가 안 나고 "덜덜" 떨린다. 그래서 오랜만에 철야기도라는 것을 해 보았다. 밤을 꼬박 세워 하나님과 기도의 씨름을 한 것이다. 다른 길이 없었다. 얍복강가에서 야곱은 하나님께 기도로써 자신의 내면의 두려움을 털어 놓았다. 마침내 하나님은 야곱에게 기도의 응답을 주셨다. 그리고 이름을 바꿔주셨다. 야곱(발뒤꿈치를 잡은 자=속이는 자)에서 이스라엘(하나님과 겨루어 이김=여호와께서 싸워 주실 것이다)로의 변화는 실로 크나큰 영적 혁명이었다. 육적인 그리스도인이 영적인 그리스도인으로 탈바꿈한 것이다. 이 하나님과의 기도의 씨름에서 힘을 얻은 야곱은 배면심(背面心)에 사로잡혀 형을 슬슬 피하는 두려움이 갑자기 사라져 버렸다. 이제는 자신이 당당하게 제일 앞장서고 가솔들은 자신의 뒤에 두고는 400명의 군사를 이끌고 야곱을 향해 성큼성큼 오고 있는 형님과 얼굴을 마주보고 대면했다.

에서의 살기등등함이 어디서 갑자기 눈 녹듯이 사라졌을까? 에서는 야곱을 보자 마자 목을 어긋나게 껴안고 이산가족 상봉 장면처럼 울었다. 20년 간의 형제 사이의 미움과 갈등이 극적으로 일시에 해결되는 순간이었다. 나는 그 원인을 야곱의 장애를 입은 다리에서 찾는다. 어젯밤 밤새 천사와 기도의 씨름을 하면서 허벅지의 환도뼈를 다쳤는데 그 여파로 야곱은 소아마비 장애인처럼 형 앞에 절룩거리며 나타났다. 그 불쌍한 동생의 모습을 본 에서는 적의(敵意) 대신 연민의 정이 싹튼 것이다. 하나님은 우리가 약할 때 그 능력을 행사하시기를 기뻐하신다. 사도 바울을 그토록 중병이 들게 하시고 고쳐주지 않은 이유를 하나님은 "네가 약해야 나의 능력이 강해지기 때문이다"고 하셨다(고후 12:9). 그 말씀을 들은 후 바울은 자신의 약함을 자랑하는 자가 되었다.

우리는 종종 거꾸로 생각한다. 내가 강해져야 모든 문제가 해결될 것이라고 말이다. 그러나 야곱의 환도뼈를 치신 하나님은 다 이유가 있으셨다. 우리는 주님의 그런 깊은 수읽기를 깨달아야 한다.

당신에게 에서 같은 두려운 일이 있는가? 얼굴을 돌려 버리고 피하기만 하면 공포는 더해지고 사태는 더욱 악화된다. 기도로써 일단 용기를 회복하라. 그리고 “죽으면 죽으리라”고 선포하고 문제와 부딪치라. 에서를 피하지만 말고 “에서! 나오라고 해!” 하면서 돌진하라. 거기에 하나님의 도우심의 역사가 있을 것이다. 아멘.

● 오늘의 말씀에 대한 나의 묵상 ●

오늘의 본문 성경을 읽으시고 깨달은 점이나 기억하고 싶은 점 혹은 기도문을 기록합니다.

1년 1독 365일 성경통독, 꿀송이 보약큐티

창 34장~36장

묵상 자료

1. 아버지와 아들들(창 34장)

창세기 34장은 야곱의 딸 디나가 세겜성의 여자들을 구경하려고 세겜성에 갔다가 그 성의 추장아들에게 성폭행을 당하는 사건을 기록하고 있다. 아버지 야곱은 디나의 소식을 처음에 듣고 일단 잠잠했다고 기록되어 있다.

> 야곱이 그 딸 디나를 그가 더럽혔다 함을 들었으나 자기의 아들이 들에서 목축하므로 그들이 돌아오기까지 잠잠하였고 창 34:5

성경은 야곱의 이러한 반응을 그의 아들들의 반응과 대조시킨다.

> 야곱의 아들들은 들에서 이를 듣고 돌아와서 그들 모두가 근심하고 심히 노하였으니 이는 세겜이 야곱의 딸을 강간하여 이스라엘에게 부끄러운 일 곧 행하지 못할 일을 행하였음이더라 창 34:7

급히 집으로 돌아온 야곱의 아들들은 디나의 일로 매우 분노하였다. 아버지의 반응과 아들들의 반응은 큰 차이를 보여주고 있다. 또한 성경은 아들들의 분노에 대해서 그 이유를 설명하는데 "**이스라엘에게 부끄러운 일**"을 했다는 것이다.

한 사람을 향한 죄는 단순히 그 사람에게만 해당되는 것이 아니다. 세겜이 범죄한 대상은 디나였지만 이 일은 이스라엘에게 부끄러운 일이 된다. 죄는 그 당사자뿐만 아니라 그 사람이 속한 공동체에 대한 것이 되는 것이다.

창세기 저자는 세겜이 디나에게 행한 일을 부끄러운 일로 기록하면서, 이 일은 공동체 전체를 더럽히는 일이고 일어나서는 안 되는 일로 말한다. 그리고 이 사건을 해결하는 과정은 협상으로 이어지는데 세겜의 아버지 하몰이 찾아와 야곱에게 대화를 시도한다.

> 하몰이 그들에게 이르되 내 아들 세겜이 마음으로 너희 딸을 연연하여 하니 원하건대 그를 세겜에게 주어 아내로 삼게 하라 창 34:8

하몰은 야곱의 아들들에게 이야기하면서 디나를 단순히 야곱의 딸이라고 하지 않고 "**너희의 딸**"이라고 말한다. '**당신들의 딸**'이라고 말한 것이다. 그 말을 반영하듯이 이어지는 대화를 보면, 하몰과 세겜은 야곱이 아닌 야곱의 아들들과 협상을 하고 있다. 야곱의 아들들이 주도적으로 일을 처리해가고 있는 것이다. 그리고 야곱은 모든 것을 뒷전에서 지켜보고 있을 뿐이었다. 야곱은 마지막에 아들들을 책망할 때까지 아무 말도 하지 않았다. 이 제안에 대한 아들들의 대응은 세겜이 자기 누이동생을 더럽혔기 때문에 속여서 말하기를, 그들이 할례를 받아야 통혼하여 같은 백성이 될 수 있다고 하였다. 그들이 할례를 받지 않았다는 것을 이용해서 거짓말을 한 것이다. 야곱의 아들들은 야곱처럼 남을 속이는데 재능이 있는 것 같다. 아들들은 디나를 생각하는 세겜의 마음을 이용했고, 하몰과 세겜은 그 말을 받아들인다. 그래서 집으로 돌아와 즉시 일을 시작하는데 곧장 성문으로 가서 사람들을 설득하며 야곱의 집안과 맺어졌을 때 얻는 이익에 대해서 말한다. 세겜은 그의 성안에서 가장 영향력 있는 사람이었기에 사람들을 설득하는 데 별 어려움이 없었다. 그래서 모든 남자들이 이들의 말에 따라 할례를 받았다. 할례를 받은 사람들은 '호박이 넝쿨째 들어왔다'고 생각했을 것이다. 하지만 굴러온 것은 호박이 아니라 독이 든 포도주였다.

야곱의 아들들 중 시므온과 레위는 삼일을 기다렸다가 할례를 받아 고통 속에 있는 자들을 몰래 찾아 간다. 자기의 칼을 들고 담대하게 성안으로 들어가 모든 남자들을 죽인다. 물론, 하몰과 세겜도 죽이고 그의 집에서 여동생 디나를 데리고 나온다. 야곱의 다른 아들들은 재물을 빼앗았고, 여자와 자녀들을 사로

잡아 왔다.

그 성읍에는 약탈할 것들이 참 많았을 것이다. 그래서 29절에 보면, 우리 번역에는 잘 드러나지 않는데, '모든' 이라는 단어가 세 번 사용되면서 야곱의 아들들의 욕심을 묘사하고 있다. 모든 재물을 빼앗았고, 모든 그들의 자녀와 아내들을 사로잡고, 집 안의 모든 물건을 노략했다.

하몰과 세겜은 성읍 사람들을 설득하면서 "야곱 집안의 재산이 자신들의 것이 될 것"이라고 말했지만, 반대가 되었다. 그들의 재산이 야곱 집안의 재산이 된 것이다. 이 피비린내 나는 복수에 대해서 아버지 야곱의 책망과 그에 대한 대답으로 창세기 34장은 마무리된다.

> 야곱이 시므온과 레위에게 이르되 너희가 내게 화를 끼쳐 나로 하여금 이 땅의 주민 곧 가나안 족속과 브리스 족속에게 악취를 내게 하였도다 나는 수가 적은즉 그들이 모여 나를 치고 나를 죽이리니 그러면 나와 내 집이 멸망하리라 창 34:30

야곱은 시므온과 레위에게 뒤늦은 분노로 그들을 책망한다. 가장으로서 집안의 안전을 위해 한 일이 없는 야곱이 지금 아들들에게 이 집안에 끼칠 어려움에 대해서 이야기하고 있다. 야곱이 정말 집안을 생각하고 걱정했다면, 이 일이 있기 전에 딸 간수 잘하고 아들들 관리를 잘 했어야 했다.

사실, 야곱이 화가 난 것은 아들들이 한 일이 잘못이기 때문이 아니라 자신에 대한 소문이 퍼져서 다른 족속들로부터 공격을 받을까 하는 것이었다. 야곱은 아들들의 죄와 그들이 한 일 자체에는 별로 관심이 없었다. 그 일로 인해 자신에게 어떤 일이 생길까? 하는 것이 두려운 것이다. 야곱은 에서의 군대를 두려워했던 것처럼 이번에는 주변 족속들의 군대를 두려워하고 있었다.

가정에서 가장의 역할이 얼마나 중요한 것인지 다시 생각할 수 있다. 야곱은 자신의 안위를 생각하느라 정작 무엇이 더 중요한지를 생각하지 못했다. 아들들은 이스라엘에 행해져서는 안 되는 죄악에 대해서 분노했는데 아버지는 그러한 숭고한 분노는 없었고 오직 자신의 안위만 걱정하는 모습을 보여주었다.

아들들이 죄에 대해서 분노한 것은 잘 한 일이었다. 그러나 그 방법은 하나님을 믿는 이스라엘다운 모습은 아니었다. 그들은 하나님이 주신 언약의 증표

(할례)를 속이기 위한 수단으로 사용했고, 그들이 했던 복수는 잔인하고 지나친 것이었다.

이런 잘못은 전적으로 가장인 야곱에게 있다. 야곱은 가장으로서 책임을 다하지 않고 뒤로 물러나 있었다. 사실, 야곱의 침묵과 무기력한 모습은 그의 아들들의 행동을 부추기는 원인이 되었던 것이다. 야곱이 주도적으로 단호하게 정당한 방법으로 악을 다루었다면, 더 큰 비극은 일어나지 않았을 것이다. 이런 예는 다윗의 가정에서도 볼 수 있다. 다윗이 자녀의 죄를 다루지 않고 침묵했을 때, 그 죄는 더 큰 죄로, 더 큰 비극으로 이어졌다.

우리는 죄를 다루는 나의 책임을 다하지 않으면, 결국 그 죄는 내가 속한 공동체에게 더 큰 아픔을 가져다준다는 사실을 명심해야 한다. 물론 죄를 다루는 일은 힘들다. 하기 싫은 일이다. 하지만 이것을 제때에 올바른 방법으로 다루지 않는다면 더 큰 문제를 야기시킨다. 미리부터 죄에 대해서는 그 싹을 잘라버려야 한다. 나 자신이 그러한 죄에 노출되어 있다면 자신을 살피며 죄를 버려야 할 것이다. 나의 자녀에게 그러한 죄가 있다면 지혜롭게 그 죄를 다루어야 할 것이다. 그냥 눈을 감아버리거나, 은근슬쩍 넘어가서는 안 된다.

나는 남아공 선교사로서 20년 이상을 그 나라에서 지내며 살았는데 거기에서 흑백 갈등과 인종차별의 흔적을 많이 보았다. 특히 아파르트헤이트(인종차별 정책) 당시에는 백인들의 탄압으로 수많은 흑인들이 희생당하고 죽어 갔다.

몇 년 전에 한 흑인 노파가 남아프리카 공화국 법정에 들어섰다. 그녀는 70세쯤 되어 보였다. 그녀의 맞은편에는 백인 경찰관 몇 명이 서 있었고 그 중에 한 경찰관, 밴 더 브로크가 노파의 남편과 아들을 죽인 죄목으로 재판을 받고 있었다.

수년 전 밴 더 브로크는 노파의 집에 동료들과 함께 찾아와 노파의 아들을 잡아갔고 총으로 쏘고 소년의 몸을 불에 태워 죽였다. 몇 년 후 그는 다시 노파의 집에 찾아와 그녀의 남편마저 데리고 갔다. 2년 동안 그녀는 남편에게 무슨 일이 일어났는지 몰랐다. 어느 날 밴 더 브로크는 노파에게 다시 찾아와 그녀를 강가로 끌고 갔고, 거기서 그녀는 심히 맞은 남편이 장작더미 위에 묶여 있는 것을 봤다. 밴 더 브로크는 노파가 보는 앞에서 남편의 몸에 석유를 잔뜩 부어 불을 붙였고 그녀의 남편은 "아버지 저들을 용서하소서"라는 말을 남기고 죽었다.

법정에서 판사는 노파에게 물었다. "당신은 밴 더 브로크 씨에게 무엇을 원하십니까? 어떻게 해야 이 무자비한 죄인에게 정의가 제대로 실현될 수 있을까요?"

노파는 이렇게 대답했다.

"저는 세 가지를 원합니다. 첫째, 타버린 내 남편의 시신이 섞인 흙을 모아 제대로 장래를 치렀으면 좋겠습니다. 나의 남편과 아들은 나의 유일한 가족입니다. 둘째, 나는 밴 더 브로크 씨가 나의 아들이 되어 주기를 원합니다. 나는 그가 한 달에 두 번 내가 사는 빈민가로 와서 나와 함께 하루를 보냈으면 좋겠습니다. 그래서 나에게서 아직 그가 빼앗아가지 못한 남아 있는 사랑을 그에게 부어주고 싶습니다. 셋째로, 저는 밴 더 브로크 씨가 이것을 알았으면 좋겠습니다. 내가 그에게 용서의 손길을 내밀 수 있는 이유가 예수님이 용서하기 위해 죽으셨기 때문이라는 사실을 말입니다. 이것은 나의 남편의 소원이기도 했고 저의 소원이기도 합니다. 그러니 누군가 제 옆에 와서 저를 부축하여 저 쪽에 있는 밴 더 브로크 씨에게 데려다 주십시오. 제가 그를 제 팔로 부둥켜안고 제가 그를 진정으로 용서했다는 것을 그가 알 수 있게 해주도록 말입니다."

노파가 법정 안에서 이동하는 동안 법정 안에 있던 가족, 친구, 이웃들이 자연스럽게 〈나 같은 죄인 살리신 주 은혜 놀라워〉를 부르기 시작했다. 노파가 벤 더 브로크를 안기도 전에 그는 놀라운 은혜에 물리적으로 압도되어 기절했다고 한다.

야곱이 진정 성숙한 그리스도인이었다면 이와 같은 사랑을 가르치던지 아니면 주도적으로 악에 대응해야 했다. 이것도 저것도 아닌 가장의 모습이 큰 비극과 위기를 가져왔던 것이다. 그러나 다행이도 창세기 35장에 가면 야곱은 가족 대부흥회를 벧엘에 가서 인도했고 하나님의 보호의 손길을 온 가족이 체험케 했다. 험란한 인생을 겪으면서 야곱의 영혼이 점점 성숙해 간 것이다. 아멘.

● 오늘의 말씀에 대한 나의 묵상 ●

오늘의 본문 성경을 읽으시고 깨달은 점이나 기억하고 싶은 점 혹은 기도문을 기록합니다.

1년 1독 365일 성경통독, 꿀송이 보약큐티

창 37장~39장

묵상 자료

1. 요셉의 꿈과 채색옷

성경을 읽으면 읽을수록 확실해 지는 것은 하나님의 살아계심과 역사를 주관하시는 그분의 손길이다. 요셉의 미래에 일어날 일들을 하나님은 앞서 아시고 꿈을 통해 미리 보여주셨다. 요셉은 정말 아름다운 믿음을 소유한 인물이다. 청소년 때부터 그의 믿음은 남달랐다. 아마도 아버지 야곱을 통해 그 귀한 믿음을 전수받았을 것이다. 아버지가 브니엘을 통과한 그날 아침… 다리를 절고 절뚝절뚝 걷고 있는 아버지의 모습을 보고 요셉이 달려가 아버지에게 어찌된 일인지 물었을 것이다. 밤새 천사와 씨름한 이야기… 마하나임에서 본 하나님의 군대들… 벧엘에서 본 사닥다리 환상과 하나님의 약속… 요셉은 아버지의 생생한 간증들을 들으며 그 예민한 십대 때에 엄청난 영향력과 은혜를 받고 하나님 경외하는 신앙을 키웠을 것이다.

요셉은 형들이 미워하는 줄을 알면서도 미움 받을 행동 세 가지를 했다. 자기에게 다 절을 하고 고개 숙이게 된다는 꿈 이야기를 한 것과 형들의 잘못을 아버지에게 고한 점, 그리고 혼자만 채색옷을 입고 형들 앞에서 돌아다닌 것들이다. 그러나 이 세 가지도 다 믿음의 행동들이었다고 나는 믿는다. 하나님이 보여주시는 미래의 꿈들을 그는 의심하지 않았기에 하나님에 대한 신뢰 때문에 그는 그 꿈을 발설했다. 사람들이 싫어하는 것은 그 사람들의 문제이지 요셉의 잘못이 아니다. 그리고 형들이 하나님이 보시기에 잘못된 행동을 한다면 그것을 숨겨주는 것이 사랑이 아니라 아버지에게 고해서 고치는 것이 더 유익한 일이다. 세겜 땅에서 양치던 형님들에게 아버지 심부름 갈 때 아마도 영특한 요셉의 마음에 갈등도 있었을 것이다. 내가 꼭 형님들 앞에서 채색옷을 입고 다녀야 하나… 그냥 벗으면 안될까… 그러나 요셉은 부담스럽고 사람들의 시선이 곱지 않다는 걸 알면서도 아버지가 지어주신 옷을 입고 다녔다. 잘난 채 하려고가 아니라 철이 없어서가 아니라 자신은 싫고 부담스럽지만 아버지의 사랑과 배려를 거절하는 것은 효도가 아니라고 생각하였을 수 있다. 그 결과로 요셉은 당장에 엄청난 화를 당했다. 노예로 배신당해 팔려 나간 것이다. 그때 형들은 속으로 생각했을 것이다. 그러게 평상시에 눈꼴사납게 잘난 채 하지 말아야지… 자업자득이야… 그러나 우리는 창세기의 결말을 다 안다. 당장에는 고난 당했지만 결국에는 엄청난 축복을 받은 요셉의 전 생애를….

우리는 어떻게 살아갈 것인가? 요셉처럼 살 것인가, 형들처럼 살 것인가? 사람들 눈치 보며 살 것인가, 믿음으로 하나님 눈치 보며 살 것인가? 그것은 순전히 오늘을 사는 나의 믿음의 몫이다. 최근 한국 일반인들을 대상으로 한 종교호감도 설문조사에서 기독교 9%, 불교 40%, 천주교 37%가 나왔다고 한다. 기독교는 항상 비호감이다. 그래도 나는 요셉처럼 기독교의 채색옷을 입고 예수님의 십자가를 드러내고 살 것이다. 그들이 싫어하든 좋아하든 내게는 오직 십자가가 평생의 자랑이다.

2. 다말의 용기(창 38장)

창세기 38장의 유다와 다말 사건을 바라보는 성경학자들의 의견은 다양하다. 풀빛주석에 보면(풀빛주석, 창 38장 p.375) 시아버지와 간음한 며느리 다말의 죄악을 참을성이 없고 불신앙적이며 속이고 유혹하여 시아버지도 죄에 빠뜨린 악한 죄를 범한 여인이라고 하였다.

다양한 의견이 제시될 수 있지만 나는 개인적으로 다말의 위대한 용기를 귀하게 여기는 편이다. 내가 다말을 새로운 관점에서 보게 된 동기는 성경 룻기 4:12을 발견하고 나서부터이다. 이 대목은 룻이 보아스와 결혼하는 상황인데 결혼식 날 동네 사람들이 이 신랑신부를 축복하는 장면에서 이렇게 말하고 있다.

“여호와께서 이 젊은 여자로 말미암아 네게 상속자를 주사 네 집이 다말이 유다에게 낳아준 베레스의 집과 같게 하시기를 원하노라” 아멘.

분명 당시의 유대인들은 그 조상들인 유다와 다말의 수치스런 스토리를 알고 있었을 것인데도 그것을 남사스럽다거나 부끄럽게 여기지 아니하고 오히려 축복된 일로 여기고 남의 결혼식에서 축복의 말로 사용하고 있는 것이다. 사라가 아브라함에게 낳아준 이삭 같은 후사를 얻게 되기를 바란다고 축복할 수도 있었을텐데… 그들은 다말이 유다에게 낳아준 베레스 같은 후사가 있기를 바란다고 축복했다.

여기서 우리는 한없는 하나님의 은혜를 찬미하지 않을 수 없다. 우리 인간의 수치와 죄악에도 불구하고 그것을 축복으로 바꾸어 버리시는 놀라운 하나님의 은혜를 우리가 어찌 다 헤아릴 수 있겠는가? 다말의 일생이 너무 인상적이어서 나는 그녀의 이름 뜻을 찾아보았다. ‘종려나무’ 혹은 ‘대추야자’란 뜻이라 한다. 종려나무나 대추야자는 생육과 번성과 축복의 상징이다. 그녀는 하나님의 축복에 대한 크나큰 기대를 가지고 아브라함의 명문 가문에 시집을 갔으나 장자가 죽고 차자가 죽고 시어미니가 죽어 나가는 현실 앞에 아연실색하고 충격받고 크게 실망하였을 것이다. 기대했던 남편들은 아브라함의 가문 후손들이라는 명분이 무색하게 너무나 비신앙적이고 불경건하고 악하였다. 오죽했으면 하나님이 심판하여 죽여버리셨겠는가?

기대했던 시아버지 유다는 더 형편없었다. 동생 요셉을 자신의 아이디어로 형들과 공모하여 애굽에 팔아넘겼고(창 37:26), 그 아버지 야곱에게 돌아와 들짐승에게 동생이 화를 당한것 같다고 피묻은 동생의 채색옷을 아버지 앞에 뻔뻔하게 보이며 천인공노할 거짓말로 부친 야곱의 마음을 갈가리 찢어 놓았던 장본인이다. 자신과 그 자식들의 죄악으로 줄줄이 집에 초상이 나는 줄 모르고 며느리 다말 때문이라 치부하고 며느리를 속이고 거짓말하여 친정으로 반강제로 소박 맞혀 보내버리는 비정한 시아버지였다.

나는 지금도 그 장면을 슬픈 마음으로 상상해 본다. 큰 기대감을 갖고 시집갔던 아브라함의 명문 가문에서 두 남편과 사별하고 자식도 없이 소박맞아 친정으로 기약 없이 돌아오는 길에 다말이 흘렸을 그 많은 설움의 눈물들… 아브라함의 자손이라고 여호와 유일신을 경외하는 특별한 사람들이라고 기대감을 갖고 시집갔더니 불신자보다 더 못한 그들의 위선들… 거짓말들… 그래서 한낱 정욕을 못 이겨서가 아니라 언약의 자손들인 아브라함의 가문에 대를 이어야 한다는 거룩한 부담감으로 자신을 변장하고 시아버지와 관계를 맺고 마침내 하나님의 축복으로 베레스를 낳았고 그 베레스를 통해 보아스와 다윗과 예수 그리스도가 이 땅에 오실 수 있도록 다리를 놓은 여인! 그녀가 바로 다말이다. 할렐루야!!

● 오늘의 말씀에 대한 나의 묵상 ●

오늘의 본문 성경을 읽으시고 깨달은 점이나 기억하고 싶은 점 혹은 기도문을 기록합니다.

1년 1독 365일 성경통독, 꿀송이 보약큐티

창 40장~45장

묵상 자료

1. 하나님의 영에 감동된 사람 요셉(창 41장)

바로 왕은 요셉을 총리로 임명하면서 "이와 같이 하나님의 영에 감동된 사람을 우리가 어찌 찾을 수 있으리요." 라고 하였다. 실로 창세기를 끝까지 읽어나가면서 이 위대한 하나님의 사람 요셉의 아름다운 신앙 앞에 우리는 압도 당하며 크게 감동한다. 한국 교회 안에 기도 많이 하는 분들도 많고 성령 사역하는 분들도 많지만 요셉만큼 인격과 삶이 균형을 이루며 하나님의 영에 올바로 감동된 사람을 찾기가 쉽지 않다. 요셉 신앙의 확고한 핵심은 하나님 절대주권 사상이다. 그는 역사와 개인의 흥망성쇠는 오직 하나님의 손에 달려 있다는 것을 확고부동하게 믿으며 살았다.

형님들이 자신을 무서워하며 복수할까 노심초사할 때도 하나님이 우리를 구원하시려고 형님들 먼저 나를 애굽에 보내신 것이니 아무 걱정 마시라고 위로했다. 역사를 움직이시는 하나님의 손길을 그는 인식하고 살았던 것이다. 요셉과 같은 신앙이야말로 진짜 성령에 감동된 자의 참모습이다. 오늘날 그런 믿음의 사람들이 적어 몹시 아쉽다. 요셉의 이름의 뜻은 '더함(플러스)'이라는 뜻이다. 그의 어머니 라헬이 첫아들을 낳고 너무 좋아서 앞으로 이런 아들 쭉쭉 더 낳게 해달라고 그렇게 이름을 지었다. 그의 이름대로 그의 존재는 항상 남에게 플러스가 되었다. 그 한 사람을 통해 부모가 살고 형제들이 살고 당대의 수많은 사람들이 기근에서 목숨을 건졌다. 예수님이 바로 그와 같은 분이시다. 예수의 이름은 항상 그를 믿는 자들에게 플러스가 되신다. 구원을 주시고 성령을 주시고 축복을 더하신다. 예수님을 닮아 우리의 인생도 요셉처럼 더하기 인생이 되어 복의 통로가 되면 얼마나 좋겠는가? 아멘.

2. 왜 요셉은 형들을 보자마자 바로 자신의 정체를 밝히지 않았는가?

이 의문점을 해결하지 않으면 우리는 성경이 말하고 싶은 중요한 포인트를 놓치기 쉽다. 앞서 바로 왕의 고백처럼 요셉은 하나님의 영에 감동된 탁월한 인물이었다. 그가 형들 앞에 자신의 정체를 처음부터 드러내지 않은 것은 분명한 의도가 있었던 것이다. 여기에 다양한 해석들이 있지만 나는 유다의 변화된 모습을 드러내려는 성경의 의도가 가장 중요한 이유라고 믿는다. 유다는 동생을 팔아 넘기고 아버지를 속이는 등 불효막심하고 천륜을 저버린 죄를 지었다. 그러나 그의 일생에 복덩이처럼 들어온 담대한 며느리 다말 때문에 심경에 변화를 일으키고 회개하여 새 사람이 되는 변화를 겪는다.

그의 최초의 은혜스런 모습은 창세기 38:26 이다. 그의 며느리가 간통을 하여 임신한 사실이 드러났을 때 그는 며느리를 불로 화형 시켜 죽이라고 명하였다. 화형장에 끌려가던 다말이 시아버지의 지팡이와 도장을 보여주며 이 사람 때문에 임신했다고 공개적으로 밝혔을 때 유다는 그 물건의 임자가 자신임을 시인하며 "그녀가 나보다 옳도다"하고 자신의 잘못을 인정했다. 회개가 시작된 것이다. 회개는 자신의 죄를 인정하는 것부터 시작된다. 그는 자신의 죄를 감추기 위해 막무가내로 며느리를 몰아세우고 죽여버릴 수도 있었다. 그러나 그는 온 동네 사람들 앞에서 창피함을 무릅쓰고 자신의 죄를 인정하며 며느리를 보호했고 그 며느리가 자녀를 생산하도록 방패가 되어주었다. 자신의 회개가 시작되면서 세 번이나 장례식을 치르며 사망의 곡소리만이 울려 퍼졌던 유다의 집안에 최초로 생명의 탄생소리가 들리고 아이들의 웃음소리가 퍼져 나왔다.

요셉이 형들에게 자신의 정체를 숨기고 형들을 계속 곤경으로 몰아붙였을 때 창세기를 읽는 독자들은 잠시 어리둥절해진다. 왜 요셉이 이렇게 계속 함정을 파고 형들을 괴롭히는가? 마침내 요셉이 더 이상 참지 못하고 울음을 터뜨리며 자신이 요셉임을 밝히는 장면이 등장하는데 그 대목을 자세히 살펴보면, 바로 유다가 나서서 자신이 대신 희생하겠다는 긴 간청을 요셉에게 한 직후임을 알 수 있다(창45:1). 유다는 창세기 44장에서 자신이 베냐민을 대신해서 옥에 갇히고 노예가 되겠다고 나선다. 베냐민 없으면 연로하신 아버지가 돌아가실 수도 있기 때문에 아버지를 위해서 자신이 희생물이 되겠다고 자청해서 울먹이며 호소한다. 그 옛날 소년 요셉이 살려달라고 울고불고 매달리며 사정할 때 매정하게 돈 몇 푼 받아 챙기고 자신을 노예로 팔아 넘기는 데 앞장섰던 유다 형님을 요셉이 아직도 생생히 상처 속에서 기억하고 있는데, 세상에 그 잔인하던 형님이 저렇게 변해 막내 베냐민을 살리고 자기가 죽겠다고 눈물로 간청하는 모습을 보니 요셉이 감동받아 더 이상 감정을 참지 못하고 펑펑 울면서 자신을 드러낸 것이다.

● 오늘의 말씀에 대한 나의 묵상 ●

오늘의 본문 성경을 읽으시고 깨달은 점이나 기억하고 싶은 점 혹은 기도문을 기록합니다.

1년 1독 365일 성경통독, 꿀송이 보약큐티

창 46장~50장

묵상 자료

1. 요셉의 통곡

창세기 50장은 야곱의 장례식 모습을 서술하고 있다. 1절에는 요셉이 아버지 임종 시 입맞추고 구푸려 울었다고 하며 40일 동안 시신을 향으로 처리하고 70일을 곡하였다고 한다. 11절에는 아버지 야곱의 유언대로 부친 시신을 가나안으로 옮겨 장례를 치르는데 가나안에 도착하여 얼마나 심하게 울었는지 사람들이 그 지명을 아벨미스라임이라 명명하였는데 이는 '애굽 사람의 큰 애통'이라는 뜻이다.

부친 야곱의 죽음 앞에서 왜 요셉은 그토록 목놓아 통곡해야만 했을까?

나는 무엇보다 이 요셉의 그치지 않는 눈물 앞에서 그의 아버지를 향한 지극한 효심을 본다. 어려서부터 엄마 없이 자라던 자신에게 특별한 총애를 퍼부어 주셨던 아버지…

요셉의 영성과 신앙을 세워주셨던 아버지… 요셉을 암시하는 채색옷에 짐승의 피가 묻어 주검의 상징으로 돌아왔을 때 슬퍼하고 가슴 치며 힘들어 했을 아버지… 이제 애굽에서 자식 덕 보며 호강좀 하시고 사시나 했건만 홀연히 하늘로 떠나버리신 험악한 세월을 살다 가신 아버지… 그 아버지를 생각하면 생각할수록 하염없이 눈물이 쏟아 졌으리라. 요셉의 그와 같은 지극한 효성이 하나님이 요셉을 그토록 위대하게 사용하셨던 여러 이유 중 하나라고 나는 믿는다.

나도 가끔 궁상맞게 선교지 마다가스카르에서 홀로 사시다 하늘 가신 벌교의 어머니 생각이 종종 튀어나와 혼자 사모곡을 부르며 눈물지을 때가 많다. 뭔 목사가 유행가를 부르나 하겠지만 나는 그 태진아의 노래가 가슴에 절절이 와 닿는다.

앞 산 노을 질 때까지 호밋자루 벗을 삼아 화전밭 일구시고 흙에 살던 어~머~니.
땀에 찌든 삼베적삼 기워 입고 살으시다 소쩍새 울음 따라 하늘 가신 어머니…
그 모습 그리워서 이 한 밤을 지샙니다. 무명치마 졸라 매고 새벽이슬 맞으시며
한 평생 모진 가난 참아 내신 어~머~니…자나 깨나 자식 위해 하나님 전 빌고 빌며
학처럼 천사처럼 살다 가신 어머니… 이제는 눈물 말고 그 무엇을 바치리까

부친의 죽음 앞에서의 요셉의 통곡, 그 눈물, 감수성 예민한 B형 남자인 내 마음에 항상 애절하게 남아 있다.

● 오늘의 말씀에 대한 나의 묵상 ●

오늘의 본문 성경을 읽으시고 깨달은 점이나 기억하고 싶은 점 혹은 기도문을 기록합니다.

1년 1독 365일 성경통독, 꿀송이 보약큐티

출 1장~3장

• 묵상 자료 •

1. 출애굽기 서론

창세기의 핵심단어가 톨레돗(계보)이라면 출애굽기의 핵심단어는 '제사장 나라' '거룩한 백성'이다. 창세기에서 약속하신 대로 하나님은 아브라함의 자손들을 큰 민족이 되게 하시고 약속의 땅 가나안을 차지하게 하시어 제사장 나라로 삼고 거룩하게 구별시켜 온 세상을 복 주시려는 하나님의 개입의 손길을 출애굽기가 보여준다.

그 일을 위하여 하나님은 모세를 택하셔서 준비시키신다. 궁궐에서 40년, 광야에서 40년, 출애굽 지도자로 40년, 나일강 갈대상자에서 느보산 꼭대기까지 120년간의 파란만장한 모세의 생애는 철저히 하나님의 계획 속에 있는 생(生)이었다. 출애굽기에서 가장 중요하게 부각되는 주제는 유월절과 십계명, 성막이다. 유월절 어린양이신 예수 그리스도의 십자가 죽음이 너무나 생생하게 예표된다. 그리고 택한 백성 이스라엘에게 십계명을 주시어 하나님을 어떻게 섬겨야 하는지를 말씀의 기준으로 분명하게 제시하셨다. 그리고 하나님이 거하실 성막을 짓게 하시고 이스라엘 백성의 진중에 함께 하셨다. 이것은 장차 일어날 하늘의 모형이다. 하나님의 장막이 우리와 함께하시고 우리의 모든 눈물을 씻기시며 영원히 새예루살렘 시온성에서 자기 백성과 영광을 함께 할 것을 예표하신 것이다. 모세를 따라 430년의 압제를 뚫고 이스라엘 백성들이 애굽을 빠져나왔듯 우리의 지도자이신 예수 그리스도를 따라 우리도 멸망할 이 세상에서 빠져나와 저 천성을 향한 순례자로 오늘의 이 광야 길에 서 있다.

2. 요게벳의 노래(출 2장)

작은 갈대 상자 물이 세지 않도록
역청과 나무 진을 칠하네
어떤 맘이었을까? 그녀의 두 눈엔
눈물이 흐르고 흘러

동그란 눈으로 엄말 보고 있는
아이와 입을 맞추고
상자를 덮고 강가에 띄우며
간절히 기도했겠지

정처 없이 강물에 흔들 흔들
흘러내려가는 그 상잘 보며
눈을 감아도 보이는 아이와
눈을 맞추며 주저앉아 눈물을 흘렸겠지

너의 삶의 참 주인 너의 참 부모이신
하나님 그 손에 너의 삶을 맡긴다
너의 삶의 참 주인 너를 이끄시는 주
하나님 그 손에 너의 삶을 드린다

어떤 맘이었을까? 그녀의 두 눈엔
눈물이 흐르고 흘러
정처 없이 강물에 흔들 흔들
흘러내려가는 그 상잘 보며
눈을 감아도 보이는 아이와
눈을 맞추며 주저앉아 눈물을 흘렸겠지
너의 삶의 참 주인 너의 참 부모이신

하나님 그 손에 너의 삶을 맡긴다
너의 삶의 참 주인 너를 이끄시는 주
하나님 그 손에 너의 삶을 드린다

그가 널 구원하시리
그가 널 이끄시리라
그가 널 사용하시리
그가 너를 인도하시리
어떤 맘이었을까? 그녀의 두 눈엔
눈물이 흐르고 흘러

염평안 이라는 가수가 부르는 '요게벳'의 노래를 들으면 나도 요게벳의 마음이 되어 눈물이 줄줄 흐른다. 남자아이는 모두 죽임을 당하는 최악의 인권유린의 어두운 시대에서 이스라엘을 해방시키는 위대한 인물을 키우시는 하나님의 누구도 흉내 낼 수 없는 기적의 손길을 본다.

나에게도 다섯 살 된 어린 손자 엘림이가 있다. 너무 예뻐 핸드폰 배경 화면에 이 녀석 사진을 저장하고 시간만 나면 쳐다보며 미소 짓는다. 만약 이런 어여쁜 아가를 죽음의 물결이 넘실거리는 나일강 물 위에 갈대상자에 담아 떠나보내야 한다면 나의 마음이 어떻겠는가 생각하니 모세의 부모의 마음이 이해가 되어 가슴이 미어져 오는 것이다. 이렇게 하나님의 최고의 작품인 모세라는 인물은 최악의 시대에서 만들어졌다. 오늘 나의 환경이 아무리 어려워도 하나님이 살아계시는 한 우리에게는 아직도 소망이 있다. 아멘.

3. 꺼지지 않는 떨기나무의 불꽃(출 3:1~2)

모세가 미디안 광야에서 양들을 치고 있을 때 이상한 광경을 보게 되었다. 저 앞 호렙산에 불이 붙었는데 하루 종일 꺼지지 않는 것이다. 이상하다 싶어 다가가 보았다. 그런데 생각지 않게도 거기서 하나님을 대면하고 압제당하는 이스라엘 백성을 애굽에서 구출시키라는 엄청난 사명을 받게 된다. 왜 하나님의 임재 안에 있던 호렙산 떨기나무 불꽃은 시간이 지나도 꺼지지 않았던 것일까?

나는 중학교 1학년이던 15살 때 처음으로 교회를 가게 되었다. 처음에는 뭐가 뭔지 잘 모르고 다녔지만 어느 날 나도 모르는 사이에 내 심령에 성령의 불이 붙었다. 떨기나무 같은 내 마음에 붙은 그 불은 45년이 지나도록 꺼지지 않고 지금도 활활 내 속에서 타오르고 있다. 하나님의 속성은 영원한 것이다. 그러기에 하나님의 불은 꺼지지 않게 되어 있다. 예수님은 이 성령의 불을 사람들 심령 속에 붙이려고 이 세상에 오셨다. 오늘날 예수를 구주로 믿는 사람들 마음속에는 이 성령의 불, 은혜의 불이 타오르고 있다. 이 불이 온 세상에 다 붙으면 우리 주님 다시 오시리라 약속하셨다.

● 오늘의 말씀에 대한 나의 묵상 ●

오늘의 본문 성경을 읽으시고 깨달은 점이나 기억하고 싶은 점 혹은 기도문을 기록합니다.

1년 1독 365일 성경통독, 꿀송이 보약큐티

출 4장~6장

묵상 자료

1. 하나님은 왜 자기 종 모세를 길에서 죽이려 하셨는가?(출 4:25)

안 가겠다고 못 간다고 버티는 모세를 겨우 설득해서 애굽을 향해 가게 해 놓고, 이제 큰 맘 먹고 자기 백성 출애굽 시키려고 비장한 마음으로 사명의 걸음을 걷고 있는 모세를 왜 하나님은 갑자기 나타나셔서 죽이려 하셨는가?

> 모세가 길을 가다가 숙소에 있을 때에 여호와께서 그를 만나사 죽이려 하신지라
> 출 4:24

당혹스런 마음을 가다듬고 잠시 문맥의 앞뒤를 살펴보니 그 이유는 할례에 있었다. 창세기 17:9~14을 보면 하나님은 아브라함과 할례의 언약을 맺으시며 할례를 받지 아니한 남자는 백성 중에서 끊어지리니 그가 내 언약을 배반하였기 때문이라고 하셨다. 모세가 도망자의 신세로 미디안 광야에 숨어들었을 때 미디안 제사장 이드로의 딸 십보라를 만나 결혼하였고 첫아들 게르솜을 얻었다. 유대인인 모세는 당연히 아들에게 생후 8일만에 할례를 행했을 것이다. 그러나 무슨 까닭인지 모르지만 둘째 아들 엘리에셀에게는 할례를 행하지 않았던 것 같다(이 부분에서 장자 게르솜이 할례를 받지 않은 상태였고 십보라가 게르솜의 할례를 행했다고 보는 학자들도 있음). 갑자기 부르심을 받아 정신없이 애굽을 향하느라 둘째 아들에게 할례를 행하지 못했는지, 아니면 유대인이 아닌 부인이나 장인이 강력히 반대하고 싫어하여 못했는지 알 수 없다.

일단 출애굽기 4:25에 갑자기 애굽으로 가는 길에 모세가 죽을 지경이 되어 숨이 넘어가려 하는 위기일발의 상황이 닥치자 그 부인 십보라가 재빨리 돌칼

을 가져다가 그의 아들의 표피를 베어 할례를 행하였다는 말씀을 보면 분명 십보라는 남편의 죽음의 위기가 할례를 행치 않았음에 있었다는 것을 알고 있었다는 것을 보여준다. 할례를 행하여 그 아들의 표피를 모세의 발에 닿게 하자마자 모세는 말끔히 회복되었다.

이 본문으로 전 고신대 총장님이셨던 황창기 박사님은 "우리의 피남편 이신 예수 그리스도"라는 논문을 남기기도 하였는데 모세가 할례의 피로 죽음의 위기를 넘긴 십보라의 피남편인 것처럼 예수님은 십자가에서 자신의 피를 흘려주시어 신부되는 교회의 영원한 구원의 피남편이 되어 주셨다는 것이다. 결국 모세는 이 사건을 통해 하나님이 얼마나 언약에 충실한 분이신지 새삼 마음에 깊이 깊이 새겼을 것이다.

모세는 사실 혈통만 유대인이었지 이름도 유대식 이름이 아니고 애굽 궁궐에서 40년, 미디안 광야에서 40년, 80평생을 이방인들 틈에 살면서 유대인의 풍습과 문화에 익숙치 않은 이방인과 다름 없는 삶을 살아온 사람이었다. 그런 사람이 이제 유대인의 지도자가 되어 언약의 백성들을 출애굽 시키겠다고 애굽으로 가는데… 부인도 이방인이고 아들 중 한 명이 할례도 받지 아니하였다면 유대 백성들이 그를 지도자로 인정하기에 걸림돌이 될 수밖에 없었던 것이다(어떤 학자는 어쩌면 모세 자신도 제대로 된 유대식 할례를 받지 않았을 가능성이 있었다고 봄. 그래서 아들의 표피를 모세의 발에 닿게 함으로 상징적 할례의식을 모세에게 행한 것으로 간주함). 하나님께서 이를 아시고 그 장애물을 미리 제거하신 것이다.

나중 출애굽 한 후에 장인이 부인과 자녀들을 데리고 시내산으로 찾아 온 것을 보면 이 사건을 계기로 모세는 부인과 자녀들을 미디안으로 돌려보내고 혼자 사명의 길에 나선 것으로 보인다. 나중 바로 왕과 대결하면서 10가지 재앙 중 마지막 장자를 칠 때에 첫 아들을 잃은 바로가 분노하여 모세의 아들들을 볼모로 잡고 죽이려 할지도 모르는 상황을 하나님은 미리 차단하신 것인지도 모른다.

여기까지 찬찬히 생각해보면 처음 가졌던 모세를 이유 없이 죽이려 하신 하나님에 대한 의혹이 많이 풀리게 된다. 그리고 사실 표현이 죽이려 했다는 것이지 실상은 죽음의 위협을 하시면서 하나님의 언약의 중요성을 모세에게 각인시키시고 언약백성의 지도자로서 걸림돌을 제거하시고 그를 온전히 준비시켜 애굽으로 파견하시려는 하나님의 깊은 섭리가 있었던 것이다.

오늘의 현실을 살아가는 우리들에게도 어느 날 느닷없이 이유를 쉽게 알 수 없는 고난이 들이닥칠 때가 있다. 그때 원망과 당혹감을 진정시키고 십보라처럼 하나님의 뜻을 간파하여 순종하면 그 풍랑 인연하여서 더 깊은 주님과의 관계를 정립하고 주님과 더 친밀한 신앙생활을 하게 되어질 것이다. 아멘.

2. 모세는 왜 바로에게 당당하게 출애굽을 선포하지 않고 사흘 길 광야로 가서 제사 드린다고 했는가?(출5:1~3)

모세와 아론이 드디어 애굽의 바로 왕과 만났다. 맞짱 뜨는 자리에서 우리는 약간 고개를 갸우뚱하게 된다. 왜 정면돌파를 선언하고 당당하게 '더 이상 노예생활 못하겠다, 이제 자유인이 되어 나가겠다'고 하지 않고 사흘 길 광야로 가서 제사하고자 한다고 했는가 하는 점이다. 여기에 한 술 더 떠 그렇게 안 하면 우리의 하나님이 전염병이나 칼로 우리를 치실까 두렵다(출 5:3)고 하면서 거짓말까지 하는 걸로 독자에게 비쳐지게 하는 걸까? 사흘 길 광야로 가서 제사 지내고 다시 돌아오겠다는 뉘앙스를 풍기지 않는가? 굳이 이렇게 말을 빙빙 돌려서 할 필요가 있는가? 전능하신 하나님이 째째하게 왜 이러시는 걸까? 아니면 하나님은 그렇게 하라고 안 하셨는데 모세가 갑자기 겁이나 쫄아서 할 말을 제대로 못했는가? 우리는 별별 공상을 다하게 된다.

여기서 잠시 나의 상식이나 선입관을 내려놓고 당시의 정황을 침착하게 추적해 보기로 하자. 당시의 애굽은 세계 최강의 군사대국이었다. 그들은 밥 먹여주는 대가로 200만 명 이상 되는 이스라엘 사람들을 노예로 부려먹고 있었다. 수백 년을 채찍으로 다스리며 노예로 삼았지만 언감생심 이스라엘 백성들은 애굽에 반기를 들거나 자유를 달라고 데모 한 번 해 본 적이 없었다. 해 봤자 자기들 목숨만 잃을 뿐 게임이 안 된다는 것을 알았기 때문이다. 더구나 어찌된 일인지 이스라엘 백성들에게는 자기들의 신을 상징하는 눈에 띄는 표지도 상징도 없었다. 애굽의 신들은 나일강의 신, 메뚜기 신, 개구리 신… 등등 나중 열 가지 재앙에서 등장하는 아이템들이 거의 애굽의 신들이었다. 이스라엘 사람들은 보이지도 않는 신에게 기도하는 것 같은데 존재도 없고 형상도 없고 그래서 노예들의 힘없는 신에 불과할 뿐이라고 애굽 사람들은 무시하고 살았다. 그런데 뜬금없이 어느 날, 도망갔던 모세란 자가 지도자가 되어 나타나 자기들의 신이 나타나서 명령했다고 하면서 더 이상 노예생활 못하겠으니 그리 알라고 선포하였다면 어떤 상황이 벌어졌겠는가? 그것은 바로 전쟁을 선포하는 선전포고다. 당장에 이스라엘 백성들 생명이 위태했을 것이다.

우리가 출애굽기를 읽어 그 결과를 알거니와 하나님은 자신의 방법대로 하여 이스라엘 백성들 한 명도 다치지 않고 모두 금은 패물과 짐승떼를 이끌고 출애굽 할 수 있었는데 과격한 방법을 동원했다면 무슨 낭패를 당할지 알 수 없었던 것이다. 그래서 모세가 거짓말을 했다거나 비겁했다는 것이 아니다. 모세는 하나님이 자신에게 이르신 그대로 전달하였다. 출애굽기 3:18에 떨기나무 불꽃 가운데 나타나신 하나님이 이미 지시하신 내용 그대로이다. 그리고 하나님의 말씀을 불순종하면 하나님의 진노의 채찍이 임하는 것도 사실이다. 바로 왕은 사흘 길 광야로 가서 자신들의 신 여호와께 제사 드리겠다는 모세의 말에 콧방귀를 뀌면서 대꾸했다.

"여호와가 누구이기에 내가 너희를 제사 지내라고 보낸단 말이냐? 택도 없는 소리 하지 말아라."

그는 이스라엘의 신 여호와를 무시하면서 오히려 더 중한 노역과 채칙으로 모세를 압박했다. 그때부터 하나님의 권능이 모세를 통하여 애굽 전역에 열 번에 걸친 재앙으로 나타나 애굽 전역을 폭격했다. 애굽인들이 신으로 섬기던 모든 것들이 이스라엘 백성의 신 여호와 하나님에게 철저하게 박살이 났다. 결국 장자를 잃은 바로는 더 이상 버티지 못하고 제발 어서 떠나라고 부탁하며 이스라엘에게 길을 열어 주었다. 하나님의 계획과 그 방법이 완벽하게 성공을 거둔 것이다.

이런 진리를 묵상할 때 우리는 비로소 깨닫게 된다. 나의 상식과 내 생각이 하나님의 방식과 다를지라도 내 생각을 버리고 주님의 생각을 순종하는 것이 가장 최선이라고… 그리고 출애굽의 목적은 하나님께 제사하는 백성을 만드시려는 의도이지 단순한 노예해방이 목적이 아님을 우리는 모세가 바로 왕에게 한 말을 통하여 배워야 한다. 다시 말하거니와 우리를 애굽 같은 멸망할 이 세상에서 예수 피값으로 구원해 주신 것은 구원 그 자체에 목적이 있는 것이 아니라 하나님께 예배드릴 백성으로 살게 하시려고 우리를 구출하셨다는 사실이 중요하다는 것이다. 아멘.

● 오늘의 말씀에 대한 나의 묵상 ●

오늘의 본문 성경을 읽으시고 깨달은 점이나 기억하고 싶은 점 혹은 기도문을 기록합니다.

1년 1독 365일 성경통독, 꿀송이 보약큐티

출 7장~10장

● 묵상 자료 ●

1. 애굽에 내린 열 가지 재앙

오늘의 본문을 읽으면 하나님께서 열 가지 재앙들을 애굽에 내린 이유를 알 수 있다.

1) 이스라엘 민족을 해방시키기 위하여 (출 3:8, 19-20, 6:1,5)
2) "여호와가 누구관대 내가 그 말을 듣고 이스라엘 백성들을 보내겠느냐"고 물은 바로의 질문에 답하기 위해서 (출 5:2, 7:5, 8:22, 9:14)
3) 이스라엘 민족으로 하여금 여호와의 능력을 알게 하기 위해서 (출 6:7, 10:2)
4) 이 땅(earth)은 애굽 신들에게 속한 것이 아니라, 여호와에게 속하였다는 것을 보여주기 위해서 (출 9:16, 29, 11:7, 시 24:1)
5) '애굽의 모든 신'에게 벌을 내리시기 위해서 (출 12:12, 민 33:4)

첫 번째 재앙은 애굽인들이 생명의 근원으로 경배하고 있던 나일(Nile) 강 자체를 향하여 내려졌다. 나일 강을 피로 변하게 하고 물고기들을 죽임으로 모세는 애굽의 경배의 대상을 부끄럽게 했을 뿐만 아니라, 오직 여호와의 손으로만 생명이 유지됨을 보여주었다.

두 번째 재앙인 무수한 수의 개구리(frog) 재앙은 풍요로운 곡식과 다산의 상징인 애굽의 여신 헤켓(Heqet)을 공격했다. 헤켓은 보통 개구리 머리를 가진 여성으로 묘사되고 있었다. 개구리는 애굽인에게는 신성한 것이었다. 그러나 애굽의 여신들은 이들 생명의 상징들이 시체더미가 되어 썩어가는 것을 막아낼 힘이 없었다.

흥미로운 것은 애굽의 술객들도 그들의 술법으로 피와 개구리의 재앙을 흉내내었다(출 7:22, 8:7). 이것은 속임수 일수도 있지만, 마귀의 기적들처럼 보인다. 하나님의 능력과 같지는 않지만, 사단도 기적들을 일으키는 초자연적인 힘을 가지고 있다는 증거일 수 있다. 하나님은 술객들이 이 두 가지 재앙을 흉내내는 것은 허용하셨지만 되돌리는 것은 허락하지 않으셨다.

세 번째 재앙인 땅의 티끌이 이(lice)로 변한 재앙은 땅의 모든 신들에 임하였다. 이것과 네 번째 재앙인 파리(flies) 재앙은 케프리(Khepri) 라고 하는 그들이 좋아했던 쇠똥구리(dung beetle) 신에게도 임했다. 쇠똥을 땅에 묻는 쇠똥구리의 작업은 파리들이 쇠똥 속에서 자라나는 것을 막기 때문에, 파리 재앙은 쇠똥구리 신들의 실패를 보여주고 있는 것이다. 쇠똥구리가 쇠똥을 굴리는 것처럼, 이 신은 또한 하늘을 가로 질러 태양을 굴리는 것과 관련이 있다고 믿고 있었다.

다섯 번째 재앙인 생축들의 악질 재앙은 다산의 상징인 황소신 므네비스(Mnevis), 암소임에도 머리에 뿔을 가지고 있는 신들의 여왕 이시스(Isis) 등을 직접적으로 공격하였다. 그 신들은 모두 무능한 사기꾼들임이 드러난 것이다.

여섯 번째 독종의 재앙은 하이크(Hike)등과 같은 마술과 치료의 신들의 무기력함을 보여준다. 술객들은 독종으로부터, 즉 여호와의 능력으로부터 막아줄 수 없었다.

일곱 번째 재앙인 우박 재앙과, 여덟 번째 재앙인 메뚜기(바람에 불려온) 재앙은 곡물들을 파괴하였고, 날씨를 주관하고 있다고 생각했던 여러 하늘 신들, 예를 들면 공기의 신인 슈(Shu), 습기의 신인 테프눗(Tefnut), 하늘의 신인 누트(Nut) 등과 같은 신들을 공격하였다.

아홉 번째 재앙인 흑암의 재앙은 애굽 최고의 신인 태양신 라(Ra)를 공격하였는데, 그 신들은 땅에 빛과 따뜻함을 가져다주는 것으로 믿고 있었다.

마지막으로, 장자가 죽는 열 번째 재앙은 바로(Pharaoh)의 신성을 공격하는 것이었다. 애굽인들은 바로를 생명을 주는 오시리스(Osiris)신과 태양신의 화신으로 믿고 있었다. 바로의 임무는 신들의 은총을 유지하고, 질서의 여신 마아트(Ma'at)의 법을 집행하는 것이었다. 그러나 그는 자기 아들의 죽음도 막지 못하는 무능한 자였음이 드러났다. 그의 아들은 '신성한 통치자'의 자리를 계승할 자였고, 애굽 땅의 어떤 아들과도 다른 아들이었다. 따라서 여호와만이 홀로 죽음과 삶을 주관하시는 절대적인 분이시라는 것이 이 장자를 죽이는 재앙에서 입증되었다.

하나님은 이와 같이 수백 년을 자기 백성을 압제하고 수많은 이스라엘의 남자 아이들을 살해했던 애굽 땅에 10가지의 재앙으로 융단 폭격을 퍼부우시어 그 능력을 바로와 애굽인에게 그리고 주변 나라의 온 천하에 증거하셨다. 이제 그들은 알게 되었다. '여호와의 백성들을 건드리면 큰 일 나는구나!' 애굽에서 이스라엘을 인도하여 내신 분이 오늘 나와 여러분이 섬기는 동일한 하나님이시다. 이 능력의 하나님을 믿고 오늘도 담대히 세상 속에서 살아가자. 아멘.

● 오늘의 말씀에 대한 나의 묵상 ●

오늘의 본문 성경을 읽으시고 깨달은 점이나 기억하고 싶은 점 혹은 기도문을 기록합니다.

1년 1독 365일 성경통독, 꿀송이 보약큐티

출 11장~14장

묵상 자료

1. 너희는 가만히 있으라(출 14:10~14)

이스라엘 백성들이 아주 절박한 상황에 놓여 있었다. 그들 앞에는 홍해가 가로막고 있고, 뒤에서는 애굽의 군대가 밀고 들어왔다. 그야말로 사면초가요, 진퇴양난이었다.

세상을 살면서 이런 막막하고 캄캄하고 길이 전혀 보이지 않는 상황을 맞이할 때가 있다. 이런 위기 상황에 이스라엘 백성들은 모세에게 "애굽에 매장지가 없어서 당신이 우리를 이끌어 내어 이 광야에서 죽게 하느냐 어찌하여 당신이 우리를 애굽에서 이끌어 내어 우리에게 이같이 하느냐"라고 대들었다. 모세는 자칫하면 돌에 맞아 죽을 상황에 놓였다. 이스라엘 백성들은 노예 출신이다. 그들은 천박하고 이기적이었다.

이 상황에서 하나님은 모세를 강하게 붙드셨다. 부르짖고만 있지 말고 믿음의 행동을 하라고 하셨다. 하나님이 쥐어 주신 능력의 지팡이를 손에 들고 홍해를 가르라는 놀라운 말씀을 주셨다.

모세는 놀랍게도 믿음으로 반응했다. 모세는 조금도 흔들리지 않고, 백성들에게 "너희는 두려워하지 말고 가만히 서서 여호와께서 오늘 너희를 위하여 행하시는 구원을 보라 너희가 오늘 본 애굽 사람을 영원히 다시 보지 아니하리라"라고 선포했다(출 14:13).

이런 캄캄한 악조건 속에서 모세는 백성들에게 하나님의 능력이 역사하실 것을 당당하게 선포한것이다. 이것이 진정한 믿음이다.

왜 모세는 너희는 가만이 있으라고 외쳤는가? 그것은 하나님이 너희를 위하여 싸우실 것이기 때문이라는 것이다(출 14:14). 인간이 할 일이 아무 것도 없었다. 그저 서서 하나님이 하시는 일을 감상만 하면 되는 것이었다. 10가지 재앙의 능력을 이미 보고서도 이스라엘은 위기에 처하자 원망 모드로 돌변했다. 출애굽을 계획하신 이가 하나님이셨고 감독하신 이가 하나님이셨고 역사하시는 이가 하나님이셨다. 모세와 아론은 하나님의 하시는 일을 증거하는 증인에 불과했고 출애굽의 시작과 끝은 하나님 자신이셨다.

그대여! 오늘도 삶의 무게에 지쳐 있는가? 홍해 앞에 서 있는 기분인가? 뒤에서는 애굽 군인들의 칼 날이 찌르려고 하는 위기 앞에 있는가? 사실 이런 상황이 되면 인간이 할 일은 별로 없다. 이제는 하나님께 나의 목숨을 맡겨야만 한다. 죽이든지 살리든지 하나님이 하실 것이다. 우리는 가만이 있어 여호와의 구원의 손길을 보기만 하면 된다. "주여, 역사하소서!" 아멘.

● 오늘의 말씀에 대한 나의 묵상 ●

오늘의 본문 성경을 읽으시고 깨달은 점이나 기억하고 싶은 점 혹은 기도문을 기록합니다.

1년 1독 365일 성경통독, 꿀송이 보약큐티

출 15장~18장

묵상 자료

1. 만나의 신비(출 16:15)

인간은 간사하다. 참 빨리도 감사와 찬양을 잊어버리고 불평과 원망 모드로 쉽게 바뀐다. 출애굽 한 이스라엘 백성들이 광야에 사는 동안 직면한 가장 큰 문제는 먹을 양식이었다. 200만 명이 넘는 인구가 농사도 못 짓는데, 사먹을 시장도 없는데 40년을 먹고 살 양식을 어디서 구한단 말인가? 그래서 애굽의 가마곁에서 고기 먹던 일을 그리워하고 모세와 하나님을 원망했다. 그러나 하나님은 그 문제를 해결해 주셨다. 메추라기 새떼를 몰아다 이스라엘 진 중에 퍼부어 주었고 만나를 이슬처럼 내려 주시어 자기 백성들을 친히 40년 동안 먹여 살리신 것이다. '이것이 무엇이냐?'란 뜻을 가진 이 만나라는 식품은 지금은 온 세계를 다 다녀 봐도 파는 데가 없다.

만나의 신비1 – 하늘에서 내린다. 만나는 사람이 만드는 것도 아니고 재배하는 것도 아니다. 하늘에서 비가 내리듯 하나님이 매일 내려주셨다(출16:4). 만나는 돈 있다고 사먹을 수 있는 식품이 아니고 하나님의 백성이 되어야 먹을 수 있는 식품이었다. 지금도 불신자들은 성경을 살 돈이 없어서가 아니라 믿음이 없기에 하나님의 만나의 말씀을 못 먹고 하루하루 살아간다.

만나의 신비2 – 남지도 부족하지도 않는다. 모세는 만나를 한 사람당 한 오멜씩 취하라고 했는데 한 오멜은 2리터 정도의 분량이다. 신기하게도 많게 거둔 자나 적게 거둔 자나 남거나 부족하지 않고 똑같았다. 이스라엘 공동체는 실로 부자도 가난한 자도 없이 하나님의 공급하심 속에 한 가족처럼 광야를 지나갔다.

만나의 신비3 – 저장이 안 되는 식품이었다. 다음날 아침까지 남겨두면 다 썩어버렸다. 그래서 매일 그날의 양식을 거둬야 했다(안식일 예외). 이것은 오늘의 우리에게도 교훈을 준다. 이 땅에 필요 이상 쌓아두는 것 자체가 하나님이 싫어하시는 것이며 우리 신앙에 부패를 가져오기 쉽다. 보물은 땅에 쌓아 두는 것이 아니라 하늘에 쌓아두어야 한다고 예수님은 가르쳐 주셨다.

만나의 신비4 – 공짜지만 부지런 해야 먹을 수 있었다. 만나는 아침에 거둔다. 그러나 너무 늦게 나가면 구할 수 없다. 해가 뜨거워지면 사라져 버리기 때문이다. 크기도 갓씨나 진주만큼 작아서 거둬들일 때 제법 시간을 요한다. 허리도 아플 것이다. 마찬가지로 하늘의 만나인 하나님의 말씀도 부지런 해야 먹는다. 1년 성경 1독을 게으른 자가 어찌 하겠는가? 평생 교회 다니면서도 성경 한 번 제대로 자기 눈으로 읽어 본적이 없는 사람들도 수두룩하다. 읽어도 대충 읽으면 아무것도 안 남는다. 세밀하게 정성껏 사모하는 마음으로 안내하는 교사의 가르침을 귀담아 들으면서 기도함으로 읽어야 한다.

만나의 신비5 – 안식일에는 내리지 않는다. 6일 동안만 내린다. 주일 성수를 훈련시키시는 하나님이시다. 안식일은 세상 근심을 내려놓고 하나님께 집중해야 하는 날이다.

만나의 신비6 – 광야 길에서만 내린다. 출애굽 한 후 45일쯤 지났을 때 애굽에서 가져온 양식이 바닥나고 백성들이 웅성거리기 시작한 날부터 시작하여 내렸고, 가나안에 들어가 첫 소산을 먹은 날부터 만나는 그쳤다.

만나의 신비7 – 맛은 백성들의 심령상태에 따라 달라진다. 출애굽기16:31에 처음 먹었을 때는 '꿀섞은 과자' 같았다고 했다. 그러다가 2년 정도 지나 어느 정도 익숙해졌을 때 그들은 이제 '기름 섞은 과자'맛 같았다고 했다(민11:8). 약간 평가절하 된 것이다. 그러다가 불뱀사건 때 그들은 만나를 '박한 식물'이라고 악평했다. 여기 박하다는 뜻은 가치없는, 시시한, 쓸모없는 이란 뜻이다.

백성이 하나님과 모세를 향하여 원망하되 어찌하여 우리를 애굽에서 인도하여 올려서 이 광야에서 죽게하는고, 이 곳에는 식물도 없고 물도 없도다 우리 마음이 이 박한 식물을 싫어하노라 하매 민 21:5

지금 나에게는 하나님의 말씀이 꿀 섞은 과자 같은가, 기름 섞은 과자 같은가, 아니면 박한 식물 같은가? 다 자기 마음 밭에 따라 다른 것이다.

만나의 신비8 – 신약에 보면 만나는 예수 그리스도라고 쓰여 있다. 요한복음 6:48~51을 읽어 보자. "내가 곧 생명의 떡이니라 너희 조상들은 광야에서 만나를 먹었어도 죽었거니와 이는 하늘에서 내려온 떡이니 사람으로 하여금 먹고 죽지 아니하게 하는 것이니라 나는 하늘에서 내려온 살아 있는 떡이니 사람이 이 떡을 먹으면 영생하리라 내가 줄 떡은 곧 세상의 생명을 위한 내 살이니라 하시니라"

● 오늘의 말씀에 대한 나의 묵상 ●

오늘의 본문 성경을 읽으시고 깨달은 점이나 기억하고 싶은 점 혹은 기도문을 기록합니다.

1년 1독 365일 성경통독, 꿀송이 보약큐티

출 19장~21장

● 묵상 자료 ●

1. 독수리 날개로 업어 인도하신 하나님(출 19:1-4)

이스라엘 백성이 애굽에서 나온 지 제3개월이 되는 때였다. 이들은 시내 광야에 이르러 산 앞에 장막을 쳤다. 이스라엘 백성이 장막을 친 후 모세가 하나님 앞에 올라갔는데 아마도 기도하러 올라간 것 같다. 애굽에서 도망쳐 나와 양 똥이나 치우며 풀을 뜯기던 때, 바로 이 시내산 가시떨기나무에서 불기둥으로 나타나신 하나님을 맨발로 영접한 그 산이 자신에게 너무 감격적이어서 올라갔다. 양 똥이나 치우며 살 자에게 하나님의 위대한 사명을 맡기며 백성을 애굽에서 인도하도록 자신을 도구로 쓰신 하나님을 생각할 때 눈물이 앞을 가렸을 것이다. 한편으로는 하나님께 감사하며 한편으로는 이 광야에서 이 백성을 어떻게 인도해야 하나 걱정도 되었을 것이다. 모세는 바로 그러한 상황에서 기도하러 올라 간 것이다. 이때에 하나님께서 모세를 불러 말씀하셨다.

> 너는 이같이 야곱 족속에게 이르고 이스라엘 자손에게 고하라 나의 애굽 사람에게 어떻게 행하였음과 내가 어떻게 독수리 날개로 업어 내게로 인도하였음을 너희가 보았느니라 출 19:4

하나님께서 애굽 사람들에게 어떻게 행하셨는가? 하나님께서는 교만하여서 하나님의 말씀을 거역하고 이스라엘 백성을 끝까지 내놓지 않고자 발악을 하는 그들에게 10가지 재앙으로 애굽을 초토화시키셨다. 후에는 마병과 군대를 거느리고 끈질기게 추격하는 애굽 병사들을 홍해 바다에 다 수장시켜 버리셨다. 이는 애굽의 우상숭배에 대한 심판이요, 하나님의 택한 백성을 압제하고 착취한 것에 대한 심판이었다. 이로써 이스라엘 백성들은 머리카락 하나 상하지 않고 완벽하게 출애굽을 할 수 있었던 것이다. 이 하나님의 구원의 은혜는 이스라엘 백성들이 자자손손 대대로 잊어버려서는 안될 소중한 역사적 사실이었다.

우리도 모두 일생 동안 결코 잊어버려서는 안될 구원의 은혜가 있다. 어떤 사람은 지독한 정욕과 음란의 세력 가운데서 구원해 주신 하나님의 은혜가 있다. 어떤 사람은 패배감과 열등감의 수렁에서 건져주신 은혜가 있다. 어떤 분은 컴퓨터 오락과 술 중독에서 구원하신 은혜가 있다. 우리는 모두 과거에 사단의 노예가 되어 비참한 인생을 살고 있었다. 그러나 하나님께서 이런 사단의 권세를 파하시고 우리를 죄로부터 구원해주셨다. 우리는 일생 동안 이 구원의 은혜를 결코 잊어버려서는 안 된다. 구원의 은혜를 까먹었을 때 다시 세상의 욕심과 정욕을 좇아 방황하다가 과거의 죄악 된 삶을 되풀이 할 수밖에 없기 때문이다.

하나님께서는 이스라엘 백성들을 지금까지 어떻게 인도해 오셨는가 기억하라고 말씀하셨다. 성경을 보면 하나님께서는 독수리 날개로 업어 그들을 인도해 오셨다고 한다. 이는 하나님께서 이스라엘에게 베푸신 사랑이 어떠했는가를 잘 보여주는 말씀이다. 신명기 32:11, 12에 보면 독수리 날개로 업어 그들을 인도하는 것이 어떤 것인가 잘 나타나 있다.

> "마치 독수리가 그 보금자리를 어지럽게 하여 그 새끼 위에 너풀거리며 그 날개를 펴서 새끼를 받으며 그 날개 위에 그것을 업는 것 같이 여호와께서 홀로 그들을 인도하셨고 함께 한 다른 신이 없었도다"

여기 "그 보금자리를 어지럽게 한다"는 의미는 독수리가 새끼들의 비행 훈련을 위해 둥우리를 흔들어서 새끼들을 떨어뜨리는 것을 가리킨다. 독수리는 자기 자식이 연약하고 소심한 새가 되기를 원치 않고 새의 왕자가 되기를 원한다. 이 때문에 강훈련을 시키는데 어미 독수리는 둥우리를 높이 짓고 보금자리를 어지럽게 하여 떨어지는 새끼를 등에 업어 더 높은 곳으로 올라가서 사정없이 또 떨어뜨린다. 그러면 그 새끼는 어쩔수 없이 안 죽을려고 있는 힘을 다해 파닥거리지만 속절없이 아래로 떨어져 간다. 땅에 떨어지기 일보직전에 어미 독수리는 그 넓은 날개로 살짝 받는다. "휴, 살았다." 하지만 다시 올라 간다. 이런 반복된 강훈련을 통해 새끼는 강하고 튼튼하게 자라나 모든 새 위에 군림하는 새의 왕자가 된다는 것이다. 만일 독수리 새끼가 훈련을 받지 못한다면 모양은 독수리지만 연약한 독수리가 되어 아무 쓸모 없게 될 것이다.

하나님은 사랑하는 자를 훈련하신다. 하나님은 애굽에서 죽은 고기나 뜯어먹고 희희낙락 하는 자가 되길 원치 않으셨다. 조금은 고생스럽더라도 제사장 나라, 거룩한 백성이 되어 세상을 축복하는 삶을 살기를 원하셨다. 하나님께 쓰임 받은 사람들은 모두가 다 훈련을 통해 하나님의 고차원적인 사랑을 체험한 사람들이다. 우리가 다 하나님의 훈련을 잘 받아서 장차 창공을 박차고 올라가 세계를 품고 섬기는 독수리와 같은 힘 있는 인생들로 성장할 수 있기를 소망한다. 아멘.

● 오늘의 말씀에 대한 나의 묵상 ●

오늘의 본문 성경을 읽으시고 깨달은 점이나 기억하고 싶은 점 혹은 기도문을 기록합니다.

1년 1독 365일 성경통독, 꿀송이 보약큐티

출 22장~24장

● 묵상 자료 ●

1. 재산권 침해에 관한 규례(출 22:1-15)

사람이 소나 양을 도적질하여 잡거나 팔았다면 그는 소 한 마리에 소 다섯 마리로 갚고, 양 한 마리에 양 네 마리로 갚으라고 했다. 그런데 여기서 왜 하나님께서 소는 다섯 배로 갚으라고 하고, 양은 네 배로 갚으라고 하는 것일까? 소는 노동력을 제공하기 때문에 더 비싸고 귀한 것이므로 그것을 도적질 한 죄가 더 크다는 뜻이다. 다만 도적질 한 것이 아직 살아서 그의 손에 있으면 소나 나귀나 양을 무론하고 두 배로 보상을 하라고 하셨다. 이는 아직 살아 있기 때문에 다시 돌려받을 주인에게 짐승이 이미 처분된 상황보다는 적은 피해를 준 것이기 때문일 것이다.

출애굽기 22:2~3을 보면 "도적이 뚫고 들어옴을 보고 그를 쳐 죽이면 피 흘린 죄가 없으나 해 돋은 후이면 피 흘린 죄가 있으리라 도적은 반드시 배상할 것이나 배상할 것이 없으면 그 몸을 팔아 그 도적질한 것을 배상할 것이요"라고 했다.

하나님께서는 밤에 도적이 오는 것을 보고 쳐 죽였을 경우에는 그것이 정당방위가 되어서 피 흘린 죄가 없다고 하시지만 그러나 해가 돋은 후에 그를 쳐 죽이면 피 흘린 죄가 있다고 하신다. 이는 과잉대응이라는 것이다. 주인은 자신의 재산을 보호해야 할 권리가 있지만 과도하게 그 힘을 사용하면 안 된다는 것이다. 그리고 만일 도적이 보상할 수 없는 경우에는 그 몸을 팔아서라도 반드시 배상을 하게 하라고 하신다. 하나님께서는 이렇게 도적들에 대해서 엄정하게 그 보상을 규정함으로써 원천적으로 도적질을 봉쇄하고자 했던 것을 알 수 있다.

그러면 우리는 여기서 왜 이런 법을 주셨을까를 생각해 볼 필요가 있다. 단지 도적질하지 말라는 것과 손해 배상에 관한 것을 말씀하시기 위함만은 아니다. 시내산 언약에서 언약법전들은 이스라엘 백성들이 약속의 땅에 들어가서 지키며 살아가야 할 규범들이다. 애굽에서 종살이 하고 있었던 그들을 여호와께서 약속의 땅에 들여 놓으신 것은 그들에게 무슨 자격이 있어서가 아니라 하나님의 언약 때문이었다. 하나님의 언약의 바탕은 긍휼과 자비이다. 그러므로 이스라엘 백성들이 약속의 땅에 들어가서 차지하게 될 모든 것들은 다 하나님의 은혜로 말미암은 것이다. 따라서 하나님께서는 이와 같은 법을 통해서 자신의 소유를 더 늘이기 위해 도적질을 하면 안 된다는 것을 알게 하시는데 도적질하여 자기 재산을 늘리는 것은 애굽의 방식이라는 것이다. 어린 양의 피로 구원함을 받아 나온 이스라엘 백성들은 이제 약속의 땅 가나안에 들어가서 소유의 넉넉함으로 사는 것이 아니라 하나님의 은혜로 사는 것임을 알아야 한다. 그래서 하나님께서는 이스라엘로 도적질하지 못하게 하시는 것이다.

출애굽기 22:5~6 말씀은 곡식 피해에 관한 규례이다. "사람이 밭에서나 포도원에서 먹이다가 그 짐승을 놓아서 남의 밭에서 먹게 하면 자기 밭의 제일 좋은 것과 자기 포도원의 제일 좋은 것으로 배상할찌니라 불이 나서 가시나무에 미쳐 낟가리나 거두지 못한 곡식이나 전원을 태우면 불 놓은 자가 반드시 배상할찌니라"고 했다(5-6절).

곡식 피해에 관한 이 규례에는 두 가지 상황을 말씀하고 있는데 가축에 의해 곡식이 피해를 입었을 경우와 불에 의해 곡식이 피해를 입었을 경우이다. 사람이 밭에서나 포도원에서 짐승을 먹이다가 그 짐승을 놓아서 남의 밭에 들어가 먹게 하여서 피해를 입혔으면 자기 밭에서 제일 좋은 것과 자기 포도원에서 제일 좋은 것으로 배상을 해야 한다. 이 경우는 주인이 가축을 제대로 단속하지 못한 과실로 인해서 발생한 것이기 때문에 자기 밭에서 가장 좋은 소출로 보상을 하라는 것이다.

그리고 불이 나서 가시나무에 미쳐 낟가리나 거두지 못한 곡식이나 전원을 태웠으면 불 놓은 자가 반드시 배상을 해야 한다. 이 경우는 사고이기 때문에 반드시 보상은 하되 자신의 가장 좋은 소출로 보상 할 필요는 없다. 만일 사고로 인한 불이 아니라 일부러 불을 놓아서 이웃에게 피해를 입혔다면 이 기준은 적용이 되지 않을 것이다. 이처럼 하나님의 은혜로 출애굽을 하여 약속의 땅에 거하게 된 하나님의 백성들은 다른 사람들에게 피해를 입혀서는 안 되는 것을 교훈 받는다. 도리어 다른 사람들에게 하나님의 긍휼과 자비를 나타내야 한다. 이와 같은 삶의 원리는 오늘을 사는 신약의 모든 하나님 백성들에게도 그대로 적용된다. 우리의 모든 삶을 통해서 하나님의 긍휼과 자비가 나타나야 하는 것이다.

출 22:7~15 말씀은 보관 사고에 관한 규례이다. 여기서는 돈이나 물품이나 짐승을 맡겼다가 분실하였을 경우에 관한 규례를 다루고 있다. 대체로 보관에 대한 대가가 커질수록 분실에 대한 보상과 책임이 커지는데 7~8절에 보면 "사람이 돈이나 물품을 이웃에게 맡겨 지키게 하였다가 그 이웃의 집에서 도둑을 맞았는데 그 도적이 잡히면 갑절을 배상할 것이요, 도적이 잡히지 아니하면 그 집 주인이 재판장 앞에 가서 자기가 그 이웃의 물품에 손 댄 여부의 조사를 받을 것이며"라고 했다. 이 말씀에 보면 돈이나 물건을 이웃에게 맡겼다가 도적을 맞았을 경우에 그 도적이 잡히면 두 배로 보상을 해야 하지만 도적이 잡히지 않았을 경우에는 보관하던 사람이 제사장 앞에 가서 자신의 결백을 입증해야 한다. 자신의 결백이 입증되면 그 사람에게 보상의 책임이 없다는 것이다. 보관을 맡은 자는 그 물건을 자신의 소유와 함께 집안에 보관하기 때문에 특별한 조치를 취할 의무는 없는 것이다.

그런데 9절에 보면 같은 물건을 두고 두 사람이 서로 소유권을 주장할 경우에는 하나님 앞에 가서 재판을 받아야 한다고 하셨다.

> 어떠한 과실에든지 소에든지 나귀에든지 양에든지 의복에든지 또는 아무 잃은 물건에든지 그것에 대하여 혹이 이르기를 이것이 그것이라 하면 두 편이 재판장 앞에 나아갈 것이요, 재판장이 죄 있다고 하는 자가 그 상대편에게 갑절을 배상할 찌니라 출 22:9

이 말씀에 보면 서로 자신의 소유권을 주장할 때 그 두 편은 재판장 앞에 나가서 재판을 받아야 하는데 유죄 판결을 받은 사람은 두 배로 물어주어야 한다고 한다. 이것은 자기 것이 확실하지도 않으면서 무조건 자기 것이라고 우기는 일을 막기 위한 조치인 것이다. 또한 이러한 경우 진짜 주인도 심리적으로 상당한 피해를 입기 마련인데 이 율법은 이와 같은 심리적인 피해에 대해서도 보상을 하도록 규정을 하고 있는 것이다. 이 규례는 남의 물건을 가지고 자기 것이라고 억지를 쓰는 경우에 적용이 된다. 자기 것이 확실하지도 않으면서 자기 것이라고 우기는 것은 곧 탐심에서 나오는 것이다. 이것은 하나님의 긍휼과 은혜로 사는 하나님의 백성에게서는 나타나서는 안 되는 죄악인 것이다.

출애굽기 22:10~13 말씀은 보관하는 물건이 가축일 경우에 관한 규례이다. "사람이 나귀나 소나 양이나 다른 짐승을 이웃에게 맡겨 지키게 하였다가 죽거나 상하거나 끌려 가도 본 사람이 없으면 두 사람 사이에 맡은 자가 이웃의 것에 손을 대지 아니하였다고 여호와로 맹세할 것이요 그 임자는 그대로 믿을 것이며 그 사람은 배상하지 아니하려니와 만일 자기에게서 도적맞았으면 그 임자에게 배상할 것이며 만일 찢겼으면 그것을 가져다가 증거할 것이요 그 찢긴 것에 대하여 배상하지 않을찌니라"고 했다. 보관하는 물건이 가축인 경우에는 각별한 주의가 필요한데 만일 보관 중이던 짐승에게 이상이 생기면 적절한 대응이나 보상이 필요하다는 것이다.

보관자가 어찌할 수 없는 상황에서 짐승이 죽거나 다치거나 사라진 경우에는 보관자는 어떤 보상도 할 필요가 없다. 그런데 그때 본 사람이 없으면 곧 증인이 없으면 그 맡은 자가 이웃의 것에 손대지 않았다고 여호와로 맹세를 해야 한다. 곧 본인의 무죄와 무과실을 증명해야 한다는 것이다. 그러면 그 임자는 그것을 믿어야 하고, 그 짐승을 맡은 자는 배상할 필요가 없다. 그리고 그 손실이 도적에 의해 발생한 경우에는 보관자의 과실이 인정이 되기 때문에 주인에게 적절한 보상을 해 주어야 한다. 그리고 보관 중이던 짐승이 맹수에게 찢겨서 죽게 된 경우에는 어떻게 하라고 하셨는가? 이때는 보관자가 맹수에게 찢긴 그 짐승을 주인에게 증거로 제시를 해야 하며, 이 경우에는 보상을 하지 않아도 된다고 하셨다(13절).

출애굽기 22:14~15 말씀은 짐승을 이웃에게서 빌려온 경우에 대한 규례이다. “만일 이웃에게 빌어온 것이 그 임자가 함께 있지 아니할 때에 상하거나 죽으면 반드시 배상하려니와 그 임자가 그것과 함께 하였으면 배상하지 않을찌며 세 낸 것도 세를 위하여 왔은즉 배상하지 않을찌니라”(14-15절).

빌려온 짐승이 죽거나 다칠 경우는 두 가지 상황이 있는데 주인이 함께 하지 않은 경우이거나 짐승이 죽거나 다친 경우이다. 이때는 빌려온 사람이 반드시 물어주어야 한다고 한다. 그런데 주인이 보고 있는 상태에서 짐승이 죽거나 다친 경우에는 빌린 사람이 물어줄 필요가 없다고 하셨다. 다만 빌려온 삯만 지불하면 된다. 이처럼 율법은 이스라엘 백성들에게 같은 결과를 두고도 모든 정황을 고려하여 융통성을 발휘할 것을 요구하고 있다. 참으로 세밀하고 자상한 하나님의 율법의 말씀이다. 이스라엘 백성들은 이런 삶을 통해서 하나님의 긍휼과 자비를 나타내야 했다. 이것이 하나님의 백성 된 특징이다.

예수 믿는 우리는 성령 안에서 이웃들에게 하나님의 사랑을 드러내야 한다. 친절하고 지혜롭고 세밀하게 공의와 사랑을 실천할 의무를 우리는 가지고 사는 것이다.

● 오늘의 말씀에 대한 나의 묵상 ●

오늘의 본문 성경을 읽으시고 깨달은 점이나 기억하고 싶은 점 혹은 기도문을 기록합니다.

1년 1독 365일 성경통독, 꿀송이 보약큐티

출 25장~27장

● 묵상 자료 ●

1. 성막(출 25장)

성막은 천막으로 만들어진 하나님이 거주하는 공간이다. 그런데 거처가 필요한 존재는 형상이 있는 존재이다. 하나님은 스스로 말씀하시기를 어느 것의 형상이라도 만들지 말라고 하셨다. 어느 것의 형상도 만들지 않는다면, 형상을 두어야 하는 성소도 만들 필요가 없는 것이다. 또한 하나님은 이제껏 존재하시지 않다가 이제서야 존재하시는 분이 아니시다. 그동안 성소가 없이도 하나님은 존재하셨고 갑자기 하나님이 거하실 처소가 필요하신 분이 아니셨다.

하나님이 인간과 함께 동거하기 위해서 처소가 필요하셨다면 가장 먼저 아담에게 말씀하셨어야 한다. 아니면 노아에게라도, 정 아니면 아브람에게라도 부탁을 하셨어야 한다. 그러나 하나님은 전혀 처소에 대한 언급을 하지 않으셨었다. 처소가 없어서 불편하셨거나 처소가 없어서 만남이 이루어질 수 없었다거나 하는 내용이 없었던 것이다. 하나님은 늘 존재하셨고, 백성들과 만나셨고, 백성들의 삶을 돌보시고 보호하시고 동행하시고 인도하시고 주관하셨다. 이로보건대 결국 성막은 하나님이 거할 장소를 의미하는 것이 아닌 것이다. 그러므로 성막은 하나님을 위해서 필요한 것이 아니라 인간을 위해서 필요한 것이었다는 의미를 우리는 이해해야 한다.

이스라엘 진중에 정 가운데 위치한 성막을 볼 때마다 광야를 행진하는 이스라엘 백성들이 얼마나 용기를 얻고 힘을 얻었겠는가? 하나님이 우리와 함께 계시는 것을 직접 눈으로 확인하면서 그들은 날마다 사막에서도 찬송의 삶을 살 수 있었고 자신들이 하나님이 다스리는 특별한 백성들임을 자각할 수가 있었다.

재료

출애굽기 25:3에 성막의 재료로 가장 눈에 띠는 것이 '금과 은'이다. 보석이요 비싼 것이요, 귀한 것이요, 가치있는 것이라는 생각이 드는 것이다. 성막이 온통 우리 주 예수 그리스도를 상징하는 것이라면 이 세상에서 가장 귀한 것으로 성막을 지어도 예수님을 온전히 드러낼 수는 없을 것이다. 임마누엘 되시는 예수님은 성막이 하나님의 백성들과 함께 있었던 것처럼 성령으로 우리와 함께 계신다. 예수님은 우리의 가장 귀한 것으로 항상 우리에게 섬김을 받으셔야 할 존귀하신 우리의 구세주이시다. 성막은 겉에서보면 염소털이나 해달의 가죽으로 덮여 있었고 안에는 황금과 향기로 찬란하였다. 이는 예수 그리스도의 이 땅에서의 모습을 너무나 생생하게 보여준다. 주님은 겉으로 보기에는 흠모할 만한 아름다운 것이 없었지만 그를 깊이 아는 자들에게는 순교를 하면서도 섬겨야 할 절대적으로 존귀한 분이셨다. 아! 예수 믿는 가치를 아는 것이 얼마나 중요한 일인고.

제작자와 성막의 가치

성막을 만드는 사람은 백성 중에서 선발하는 것이 아니다. 재주 있는 자, 능력 있는 자를 골라내는 작업이 아니다. 하나님이 그런 자를 진 중에 있게 하셨다(출31:1~6). 만약 재주 있고 능력 있는 사람을 고르면 사람들은 그런 사람에게 집중하기 마련이다. 다음에 그런 사람을 찾아가서 다른 형상을 만들어 달라고 할 것이다. 또한 성막은 그 자체로 절대로 품위를 가지지 않는다. 성막이 가치를 가지는 것은 하나님이 가치 있게 하시기 때문이다. 출애굽기 29:43과 출애굽기 40:34과 같이 '구름이 회막에 덮이고 여호와의 영광이 성막에 충만하매 모세가 회막이 들어갈 수 없었으니 이는 구름이 회막 위에 덮이고 여호와의 영광이 성막에 충만함이었으며'의 말씀을 보면 알 수 있다.

여호와의 영광이 임하지 않으면 그것은 그냥 천막에 불과하다. 성막을 지으시는 이도 하나님이시고, 거룩하게 하시는 이도 하나님이시다.

성막에 대한 반응

성막은 하나님이 이렇게 만들라고 지시하시는 내용이 출애굽기 25~31장에 길게 나오고, 그래서 백성들이 어떻게 만들었다는 내용이 출애굽기 32~40장에 나온다. 재미있는 것은 성경에는 성막에 대한 '인간의 반응' 또는 '인간적 묘사'가 없다는 것이다. 성막이 얼마나 아름다웠는지, 성막이 얼마나 웅장했는지, 성막이 보기만 해도 위엄이 넘쳐났다든지, 백성들이 보고 모두 눈이 휘둥그래지고 감탄해서 입을 다물지 못하였다든지 등의 말이 없다. 왜냐하면, 처음부터 그런 용도가 아니었기 때문이다.

처음부터 성막은 규모와 치장에 중점을 둔 것이 아니고, 하나님의 처소로서의 하나님의 위엄과 격이 맞느냐에 중점을 둔 것이 아니고, 종교적 장소로서 얼마나 거룩성이 묻어 있고 그곳을 찾는 인간들에게 얼마나 종교심을 일으킬 수 있느냐에 중점을 둔 것이 아니었다는 것이다.

성막에서 하나님이 하실 일은 '여호와가 백성과 만나신다.'는 것이다(출 25:22). 성막에서 영광을 받겠다, 그곳에서 찬양을 받겠다, 그곳에서 예물을 받겠다, 그곳에서 통치하시겠다는 것이 아니다. 당연히 성막은 하나님의 왕궁이 아니고, 하나님의 침소가 아니고, 하나님의 집무실이 아니다. 하나님 때문에 만들어진 곳이 아니라는 것이다. 하나님이 절기를 만드신 이유, 하나님이 성막을 만드신 이유는 장차 이 땅에 오시는 예수 그리스도를 예표하기 위해서 시키신 일이었다. 우리는 성막과 관련한 모든 측면에서 예수 그리스도를 발견해야 한다.

성막 기구들

출애굽기 25장 이후로는 성막과 성막에 둘 기구들을 만드는 것에 대하여 자세히 모세에게 지시하시는 말씀이다. 우리 인간이 어찌 하나님이 거하실 집을 감히 지을 수 있겠는가마는 하나님은 자비와 사랑으로 자기 백성과 함께 거주하시겠다는 표지로 성막을 지으라고 하셨다. 장차 하늘 시온성에서 자기 백성과 영원히 함께하실 것을 분명히 보여주신 것이다.

가장 중요한 성막 기구들은 십계명을 담은 언약궤와 그 뚜껑인 속죄소, 번제단, 물두멍, 진설병, 분향단, 등잔대 들이다. 모두가 거의 순금으로 입혀 만들었다. 가장 소중한 성막의 기구들이니 가장 귀한 재료로 만들어야 하리라. 이 모든 성막과 기구들은 한결같이 우리 주 예수님을 예표하고 있다. 예수님은 하나님이 우리와 함께하시는 성막이시다. 누구나 그에게 나아가 죄사함을 받을 수 있다. 언약궤는 말씀으로 오신 그리스도이시다. 번제단은 희생당한 어린양 예수 그리스도의 십자가이다. 물두멍은 날마다 우리를 정결케 하시는 죄를 씻어주시는 그리스도의 피를 상징한다. 진설병은 하늘의 만나로 오신 그리스도이시다. 분향단은 그리스도가 하나님이 받으실 향기이심을 나타내신다. 등잔대는 빛으로 오신 그리스도이다.

● 오늘의 말씀에 대한 나의 묵상 ●

오늘의 본문 성경을 읽으시고 깨달은 점이나 기억하고 싶은 점 혹은 기도문을 기록합니다.

1년 1독365일 성경통독, 꿀송이 보약큐티

출 28장~29장

● 묵상 자료 ●

1. 옷

출애굽기 28장 전체와 출애굽기 39:1~7은 제사장의 옷에 대해 기술하고 있다. 일단 엄청나게 화려하다. 속옷, 겉옷, 에봇, 머리에 쓴 관, 가슴의 흉패, 허리띠… 그 옷을 입고 움직이면 금방울 장식에서 소리가 "찰랑찰랑" 난다. 구약의 모세시대 대제사장 아론의 값비싸고 금빛 찬란한 의상을 보고 있자니 지상에 계실 때의 우리의 대제사장이신 예수님의 초라한 모습이 오버랩 된다. 선지자 이사야가 묘사한 글에 의하면 "그는 고운 모양도 없고 풍채도 없은 즉 우리의 보기에 흠모할만한 아름다운 것이 없도다 그는 멸시를 받아 사람들에게 버림받았으며 간고를 많이 겪었으며 질고를 아는 자라. 마치 사람들이 그에게 얼굴을 가리는 것 같이 멸시를 당하였고 우리도 그를 귀히 여기지 아니하였도다"(사 53:2~3)라고 되어 있다.

왜 구약의 대제사장 의상은 화려하게 입히신 하나님이 영원한 참 대제사장이신 우리 구주 예수님은 마구간에 초라하게 오게 하셨을까? 답은 간단하다. 아론은 자신의 몸을 드려 희생제물이 되는 일과 상관이 없었지만 예수님은 제사장이신 동시에 희생양이 되어 우리 위해 죽으러 오셨기에 그럴 수밖에 없었다. 아론의 머리에는 멋진 금관이 있었지만 예수님은 가시관을 쓰셨다. 아론의 허리에는 금 띠가 둘러 있었지만 예수님의 허리는 창으로 찔려 피가 터져 나왔다. 영광을 버리시고 우리 위해 낮아지신 대제사장이신 우리 구주께 영광과 찬송과 존귀가 영원 무궁하기를… 아멘.

예수 믿는 성도들은 모두가 왕 같은 제사장들이라고 베드로는 말했다(벧전 2:9). 왕 같은 제사장인 우리들은 장차 화려한 옷을 입고 하나님 앞에 서서 그를 경배하며 살 것이다. 요한계시록 7:9에 장차 흰옷을 입고 종려나무 가지를 손에 들고 보좌에 앉으신 하나님과 어린양을 찬양하는 장면이 나온다. 이 성도들이 입고 있는 흰옷이 바로 제사장의 옷이다. 이 옷값은 너무 비싸 아무나 사 입을 수 없다. 일억도 아니고 천억도 아니고 예수의 핏값이다. 예수를 구주로 믿는 보배로운 믿음을 가진 자들만이 입을 수 있는 옷이다.

일반적으로 옷의 기능은 세 가지다. 첫째는 가려주는 기능이다. 창세기에 아담과 하와가 자기들의 나체가 부끄러워 가릴려고 입었던 것이 첫 번째 의상의 시작이다. 예수님이 입혀 줄 흰옷은 값만 비싼게 아니고 그 기능 또한 엄청나다. 평생에 지은 죄악의 부끄러움이 다 가려진다. 영원히 가려진다. 그리고 옷의 두 번째 기능은 추위와 햇볕에서 신체를 보호하는 기능이 있다. 평창 올림픽 특수를 타고 한 때 한국은 롱패딩 방한복이 유행했다. 예수님이 입혀 주실 흰옷을 입으면 어떤 해로운 것도 침범치 못하고 보호된다. 천사들이 부러워하지만 미안하게도 주님은 천사들을 위해서 그 옷을 준비하지 않으시고 자기 백성들을 위해 하셨다. 세 번째 옷의 기능은 패션 기능이다. 옷이 날개라고 멋진 옷을 입으면 달라 보이고 예뻐 보인다. 나중 주님이 주신 흰옷을 입은 나의 모습은 천사보다 아름답게 나를 보이게 할 것이다. 바로 그 옷을 주님이 그 피로 예비하시고 우리에게 입혀 주셔서 하나님 보좌 앞에 당당히 서게 하실 것이다. 할렐루야. 아멘.

● 오늘의 말씀에 대한 나의 묵상 ●

오늘의 본문 성경을 읽으시고 깨달은 점이나 기억하고 싶은 점 혹은 기도문을 기록합니다.

1년 1독 365일 성경통독, 꿀송이 보약큐티

출 30장~32장

● 묵상 자료 ●

1. 향기

출애굽기 30장을 읽으면 하나님이 얼마나 향기를 좋아하는 지를 절감하고 새삼 놀라게 된다. 1~10까지는 향을 피울 향단을 만들 것을 지시하는 내용이고 그 후로 향기름(관유)과 향 제조법에 대해 말씀하시는데, 조심할 것은 인간이 사사롭게 성막에 바를 향기름이나 하나님께 태워 드릴 향을 만들어 개인적으로 사용하면 그는 죽음을 면하지 못하게 된다는 것이다. 하나님이 향기를 너무 좋아하셨기 때문에 하나님의 성막에 가까이 가면 일단 향기로운 냄새가 안팎으로 가득했다. 성막의 모든 기구에 향기름을 발랐고 아침, 저녁으로 성소안에서 향을 향단에서 태웠기 때문에 소경이라도 그 향기로 인하여 '아! 여기가 하나님이 임재하시는 성막이구나.' 하고 알 수 있었다.

하나님의 형상을 가진 인간이라 그런지 좋은 냄새를 싫어하는 인간은 아무도 없다. 또 더러운 똥냄새를 좋아하는 인간도 없다. 나는 한국에 안식년으로 가서 집회를 인도할 때면 그 교회에서 강사 숙소에 갖다 놓은 포도, 딸기 등 과일들을 먹는 용도로 사용 안하고 향기가 좋아 방에 둔다. 책에 보니 세상에서 제일 비싼 향수는 발칸반도에서 생산되는 흑장미 향수라고 한다. 그들은 그 향기를 체취할 때 새벽 1시에서 4시 사이에 밤이슬 머금은 흑장미에서 원액을 추출한다고 한다. 향수의 값도 천차만별이다. 싼 향수도 있고 무척 비싼 향수도 있다.

신약 성경은 우리가 다 그리스도의 향기라고 말한다(고후 2:14~16). 똑 같은 신자라도 흑장미 향 같은 향기로운 사람이 있고 냄새가 나기는 나는데 요상한 냄새가 나는 신자도 있다. 좋은 향기를 내는 신자는 기도를 많이 하고 말씀을 늘 가까이하는 성도이다. 시편 141:2을 보자. "나의 기도가 주의 앞에 분향함 같이 되며 나의 손드는 것이 저녁 제사같이 되게 하소서" 나의 기도가 하나님께 올리는 분향이다. 향기를 좋아하시는 하나님은 우리의 기도를 좋아하신다. 그래서 예수님도 늘 기도하셨다. 요한계시록 5:8에는 '이 향은 성도의 기도들이라'고 하였다. 향기를 좋아하시는 하나님을 알면 우리는 기도의 향을 아침, 저녁으로 하나님께 드리게 되고 어디에서나 예수를 증거하는 냄새를 풍기는 삶을 살게 되어 있다. 아멘.

● 오늘의 말씀에 대한 나의 묵상 ●

오늘의 본문 성경을 읽으시고 깨달은 점이나 기억하고 싶은 점 혹은 기도문을 기록합니다

1년 1독 365일 성경통독, 꿀송이 보약큐티

출 33장~36장

● 묵상 자료 ●

1. 주의 영광을 내게 보이소서(출 33:1~23)

이스라엘 백성은 금송아지 우상을 만들어 섬김으로 하나님에 대한 언약을 배신하였다. 하나님과 이스라엘 백성들이 시내 산에서 언약을 맺은 지 40일도 안 되어 금송아지 우상을 만들어 섬김으로 언약을 파기한 것이다. 하나님과 이스라엘은 피로 언약을 체결했기 때문에 그 언약을 어기면 어긴 쪽이 죽임을 당해야 마땅하였다. 그런데 모세는 언약의 두 돌 판을 던져서 깨뜨려 버리므로 이스라엘 백성들의 진멸을 우선적으로 멈추기를 원했다. 그러나 두 돌 판이 깨어진다고 해서 하나님께서 이스라엘 백성과 맺은 언약이 깨어지는 것은 아니다. 나중에 모세는 돌 판을 다시 만들어서 올라 간다. 이는 모세가 혹시 속죄가 될까 하고서 다시 여호와 앞에 나아간 것이다.

여호와께서는 모세에게 "네가 애굽에서 인도하여 낸 백성과 함께 여기를 떠나서 내가 아브라함과 이삭과 야곱에게 맹세하여 네 자손에게 주기로 한 그 땅으로 올라가라"고 한다. 하나님께서 이스라엘 백성을 가리켜 모세에게 "네가 애굽에서 인도하여 낸 백성이라"고 하는 것은 아직 하나님께서 이스라엘을 용서하지 않으신 것을 말하고 있다. 그러나 하나님은 자신의 약속을 지키시기 위해 약속의 땅으로는 올라가라고 하셨다. 여호와께서 사자를 앞서 보내셔서 가나안 족속을 쫓아 내고 젖과 꿀이 흐르는 땅으로 이르게 하겠다고 하신다.

그런데 문제는 하나님께서 이스라엘 백성들과 함께 가시지 않겠다는 것이다. 천사만 함께 보내고 하나님은 함께 가지 않겠다는 것이다. 이유는 이스라엘 백성들이 목이 곧은 백성이라서 길에서 그들을 진멸할까 염려한다고 하셨다.

여호와 하나님께서 거룩하신 분이시기 때문에 거역하는 백성들과 함께 동행하시면 그 거룩함의 속성상 거룩하지 못한 자들이 진멸을 당한다는 말씀이다.

이 준엄한 말씀을 듣고 슬퍼하여 한 사람도 자기의 몸을 단장하지 아니하였다. 하나님께서 함께 가시지 않는 약속의 땅이 무슨 의미가 있단 말인가? 여호와께서 이스라엘을 구원하신 이유가 무엇인가? 시내산 언약에서 밝히신 것처럼 "나는 너희의 하나님이 되고 너희는 내 백성이 되리라"는 것이었다(출 19:5~6). 그런데 하나님께서 함께 가시지 않겠다고 하시자 그들은 슬퍼서 한 사람도 자신을 단장하지 않았다.

출애굽기 33:7~11을 보면 하나님께서는 아예 장막을 옮겨버리신다. 이 회막은 광야의 성막과 다르다. 제사장들이 상주하며 제사하는 곳이 아니라 모세 홀로 하나님과 만나는 장소였다. 이곳은 다른 사람이 아무도 오지 않고 여호수아만 그 장막을 지켰다.

그러면 왜 모세가 이스라엘 진 안에서 하나님을 만나지 않고 진 밖에서 만나야 했는가? 거룩하신 하나님께서 목이 곧은 백성과 함께 하시면 백성들이 진멸당하기 때문이다. 그래서 하나님과 모세가 만나는 회막을 이스라엘 백성의 진에서 격리시킴으로 하나님의 거룩하심을 상징적으로 보여주었다. 나중에 성막이 만들어지면 항상 진 가운데 하나님의 성막이 세워진다. 그런데 지금은 이스라엘의 진에서 멀리 떨어진 곳에 회막을 짓고 모세가 그곳으로 나아가 하나님을 만났다. 모세의 이 행동을 알아차린 백성들은 모세를 따라 진 밖으로 나갔다. 이들이 여호와를 앙망하는 자들이라고 쓰여있다. 그리고 모세가 회막에 들어가면 자기들의 장막문에 서서 모세가 회막에 들어가는 것을 보았다. 그때 구름기둥이 내려 회막문에 선다. 이것은 여호와의 임재를 보여주는 것이었다. 그런데 출애굽기 33:11에 보면 여호와께서 모세와 말씀하시기를 마치 친구에게 말씀하시듯이 하셨다고 쓰여있다. 이때 이스라엘 백성들은 장막문에 서서 여호와께 예배를 하였다. 모세가 돌아가면 여호수아만 그 장막을 지키고 있었다.

하나님께서는 아브라함과 이삭과 야곱에게 약속하신 땅에 올라가라고 하시면서 하나님께서 친히 가시지 않으시고 천사만 보내겠다고 하셨을 때 모세는 "원하건대 주의 길을 내게 보이사 내게 주를 알리시고 나로 주의 목전에 은총을 입게 하시며 이 족속을 주의 백성으로 여겨 달라"고 간청한다. 이때 여호와께서 "내가 친히 가리라. 내가 너를 편케 하리라"고 하셨다. 하나님께서 이스라엘 백성들과 함께 가시는 길이 모세가 쉬는 편안한 길이다. 이 말씀을 들은 모세는 주께서 친히 가지 아니 하시려거든 우리를 이곳에서 올려 보내지 말라고 한다. 그리고 "나와 주의 백성이 은총 입은 줄을 무엇으로 알겠습니까? 주께서 우리와 함께 행하시는 것이 아닙니까?"라고 하였다. 그렇다. 가장 큰 은총은 무엇보다도 하나님이 우리와 함께 계시는 은총이 가장 크고 중요한 은총이다. 그보다 중요한 것은 성도에게 없다.

여호와께서 모세에게 친구처럼 말씀하셨다는 것은 놀라운 은혜가 아닐 수 없다. 모세는 이 은혜를 통해서 참된 복이 무엇인지 알았다. 젖과 꿀이 흐르는 가나안 땅에 들어가는 것이 문제가 아니다. 그곳에 하나님이 계시지 아니하시면 지옥이 되는 것이다. 그래서 모세는 여호와께서 함께 가시지 아니하시면 차라리 자신들을 가나안에 들여 놓지 말라고 하소연했다. 하나님께서 함께 가시지 않으면 이 광야에서 죽는 것이 낫다는 것이다. 이런 간구는 하나님의 뜻을 알았기에 할 수 있는 간구이다. 그런데 이런 모세조차도 이스라엘 백성들이 들어 간 약속의 땅에 들어가지 못하고 광야에서 죽었다(신 34장). 이것이 율법의 한계이다.

출애굽기 33:18에 보면 모세는 하나님께 영광을 보여 달라고 한다. "원컨대 주의 영광을 내게 보이소서"(18). 하나님의 영광이 어떤 것이라고 생각하는가? 세상 사람들이 부러워할 만한 것들을 하나님의 영광이라고 착각하지 말라. 성경에서 하나님의 영광을 본 사람이라면 "나는 죽어 마땅합니다"고 하는 자세가 나온다. "화로다 나여 망하게 되었도다"(사 6:5) 이렇게 나오는 것이다. 그래서 하나님의 영광을 보여 달라는 모세에게 하나님께서 말씀하신다. 20절을 보면 "나를 보고 살 자가 없음이라"고 했다. 하나님의 얼굴을 보고서는 살 자가 없다고 한다. 모세가 본 하나님의 영광이 어떠했는가? 자세한 묘사가 없다. 출애굽기 33:21~23을 보면 하나님을 보고서는 살 자가 없기에 하나님은 모세를 한 반석 위에 서라고 한다. 하나님이 내 영광이 지나 갈 때에 "내가 너를 반석 틈에 두고 내가 지나도록 내 손으로 너를 덮었다가 손을 거두리니 네가 내 등을 볼 것이요 얼굴을 보지 못하리라"고 하신다. 여기서 하나님의 얼굴, 손, 등의 표현이 나오는데 이런 표현은 신인동형론적 표현이다. 우리가 알아들을 수 없으니 우리가 알아들을만한 표현으로 말씀하신 것이다. 정말 하나님께서 앞과 뒤가 있고 등과 손이 있다는 말이 아니다. 요한복음 4:24에 보면 "하나님은 영이시니 예배하는 자는 영과 진리로 예배할지니라"고 했다. 영은 사람이 볼 수 없다. 야고보서 1:17을 보면 "온갖 좋은 은사와 온전한 선물이 다 위로부터 빛들의 아버지께로부터 내려오나니 그는 변함도 없으시고 회전하는 그림자도 없으시니라"고 했다. 이 말씀에 보면 빛들의 아버지라고 한다. 변함도 없으시고 회전하는 그림자도 없다고 한다. 그림자가 없다는 말은 우리와 같은 형체가 아니라는 말이다. 그러므로 아버지를 본 사람은 아무도 없다. 오직 하나님에게서 온 예수님만이 아버지를 보았다고 한다(요 6:46). 그러므로 예수님을 아는 것이 아버지를 아는 것이고 아버지를 보았다는 말이 된다.

출애굽기 33:19을 보면 "여호와께서 가라사대 내가 나의 모든 선한 형상을 네 앞으로 지나게 하고 여호와의 이름을 네 앞에 반포하리라 나는 은혜 줄 자에게 은혜를 주고 긍휼히 여길 자에게 긍휼을 베푸느니라"고 하셨다.

하나님의 하시는 주권적인 일을 우리는 다 이해하지 못하지만 우리가 확실히 아는 것은 하나님은 공평하신 분이시며 은혜 줄 자에게 은혜를 주시며 긍휼히 여길 자를 긍휼히 여기신다는 사실이다. 모세는 하나님의 영광의 뒷 모습을 목도했고 하나님의 기도응답을 받았다. 백성들의 타락으로 멀어져 가던 하나님의 마음을 중보기도로 다시 돌아오게 하였다. 예수님은 모세보다 탁월한 지도자요, 중보자가 되시는 분이시다. 모세는 하나님의 영광의 뒷 모습을 보았지만 예수님은 그 영광을 항상 정면에서 보시고 함께 사신 분이시다. 모세는 죽어 백성을 떠났지만 예수님은 항상 살아계셔서 성령으로 우리와 함께 계신다 아멘.

● 오늘의 말씀에 대한 나의 묵상 ●

오늘의 본문 성경을 읽으시고 깨달은 점이나 기억하고 싶은 점 혹은 기도문을 기록합니다.

1년 1독 365일 성경통독, 꿀송이 보약큐티

출 37장~40장

● 묵상 자료 ●

1. 출애굽기 40장에서 강조되고 있는 세 가지

1) 성막이 세워진 날짜가 강조되고 있다

날짜가 두 번이나 기록되어 있는데, 2절에 "너는 첫째 달 초하루에 성막 곧 회막을 세우고"라고 기록되어 있고, 17절에도 "둘째 해 첫째 달 곧 그 달 초하루에 성막을 세우니라"고 기록되어 있다. 출애굽 제2년 1월 1일에 성막을 세웠다는 것이다.

이스라엘 백성들은 정월의 기준을 출애굽의 경험으로 삼는다. 계절의 변화를 따르지 않는다. 출애굽기 12:2에 "이 달을 너희에게 달의 시작 곧 해의 첫 달이 되게 하고"라고 기록되어 있다. 하나님은 유월절이 있는 이 달을 이스라엘의 정월이 되게 하셨다. 그래서 유대력으로 이 달을 '니산월'이라고 하는데 니산월 14일이 유월절이다. 이스라엘 백성들은 고센 땅, 라암셋에서 발행하여 숙곳을 거쳐 광야 끝 에담에 진을 친 다음 홍해 앞 비하히롯에서 갈라진 홍해를 건너 애굽 군대가 수장되는 것을 두 눈으로 목도하였다. 이후 수르 광야를 지나 마라에 도착했던 이스라엘 백성들은 쓴물을 단물로 바꾸시는 하나님의 역사를 경험했고, 물샘 열 둘과 종려나무 칠십 주가 있는 엘림에 도착하였다. 그리고 신광야에서 먹을 것이 없다고 불평하다가 여기서부터 만나를 먹기 시작했고, 르비딤으로 가서 반석의 생수로 해갈을 하였다. 이런 여정을 거치며 석 달 만에 시내산에 다다르게 되었었다.

이스라엘 백성들은 40년 광야생활을 하면서 네 개의 광야를 거쳤다. 첫째가 수르광야, 둘째가 신광야, 셋째가 시내광야, 넷째가 바란광야이다. 그런데 모세는 시내산에 도착해서 사십 주 사십 야를 두 번이나 꼭대기로 올라갔다. 모세가 그렇게 하나님으로부터 계시를 받고 내려와서 백성을 가르치고, 브살렐과 오홀리압을 중심으로 성막의 모든 기구를 제작한 다음 정월이 되었을 때, 성막을 세우게 된 것이다. 그리고 50일 후에 시내산을 떠나게 된다.

유명한 성경주석가 메튜 헨리는 1월 1일이 매우 중요한 날짜라고 했다. 언제나 새로운 결심을 하고 새로운 출발을 하기 때문이다. 남 유다의 왕이었던 히스기야도 즉위 원년 1월 1일에 부왕 아하스가 더럽혀 놓은 성전을 깨끗하게 청소하였다. 출애굽 한 지 제2년 1월 1일은 성막이 완공됨으로 이스라엘 백성들에게 새로운 시대가 열리게 된 것이었다. 하나님이 그들 가운데 거하시고 그들과 함께 하시고 그들은 하나님을 경배하며 하나님의 보호와 인도가운데 살게 된 것이다.

우리에게 성령이 임하시고 예수가 나의 구주로 믿어진 것이 내 인생의 정월 초하루이다. 진정한 내 인생의 출발점이다.

2) 성막의 '모든 기구와 제사장들의 기름 부음 받은 것'이 강조되고 있다

출애굽기 40:9에 "또 관유를 가져다가 성막과 그 안에 있는 모든 것에 발라 그것과 그 모든 기구를 거룩하게 하라 그것이 거룩하리라"고 기록되어 있다. '관유'는 '바르는 기름'이다. 하나님이 모세에게 관유 만드는 법을 계시해 주셨다. 관유는 계피향이 많이 나는 기름이다. '향기로운 육계 이백오십 세겔'에서 '육계'는 시나몬(계피)을 의미하기 때문이다. 또 창포를 넣었다. '창포'는 산에서 나는 블랙베리, 라즈베리와 같은 열매에서 기름을 짜낸 것을 의미한다. 그러니까 계피 기름, 베리 기름, 올리브 기름을 섞어 만든 것이 바로 '관유'이다. 모세는 이 관유를 성막의 모든 기구와 아론과 그의 아들들에게도 발랐다. 기름 부음을 받는 대상은 오직 하나님을 위해서만 사용하고 개인의 사사로운 유익을 위해 그 물건들을 사용할 수 없게 된다.

관유는 예표이고, 신약의 성령을 상징한다. 우리 성도들은 관유가 아닌 성령으로 기름 부음을 받은 존재들이다. 요즘 신사도운동을 하는 이상한 사람들이 자기들에게만 기름 부음이 있다고 하면서 기름을 부어주시도록 간구하는 모습을 자주 보게 되는데, 이것은 성경적인 기도가 아니다. 기름부음은 어떤 영적인 체험을 가리키는 것이 아니라 구원받은 우리 성도 안에 임하여 있다고 성경은 가르친다. 요한일서 2:20에 "너희는 거룩하신 자에게서 기름 부음을 받고 모든 것을 아느니라"고 하였고, 또 27절에 "너희는 주께 받은 바 기름 부음이 너희 안에 거하나니 아무도 너희를 가르칠 필요가 없고 오직 그의 기름 부음이 모든 것을 너희에게 가르치며 또 참되고 거짓이 없으니 너희를 가르치신 그대로 주 안에 거하라"고 기록되어 있다. 기름 부음이 이미 우리 안에 거하신다는 것이다. 목사만 기름 부음을 받은 존재가 아니다. 목사는 안수를 받은 것이지 특별한 기름 부음을 받은 것이 아니다. 장로만 기름 부음을 받은 것도 아니다. 장로는 장립을 받은 것이다. 기름 부음이라는 것은 참된 성도 안에 거하시는 성령을 가리켜 말씀하시는 것임을 명심하자.

3) 성막에 임한 '영광의 구름'이 강조되고 있다

출애굽기 40장에 또 중요하게 강조되고 있는 것은 모세가 세운 성막에 영광의 구름이 충만하게 임했다는 것이다. 출애굽기 40:34~35에 "구름이 회막에 덮이고 여호와의 영광이 성막에 충만하매 모세가 회막에 들어갈 수 없었으니 이는 구름이 회막 위에 덮이고 여호와의 영광이 성막에 충만함이었으며"라고 기록되어 있다.

이 구름은 '보이지 않으시는 하나님의 가시적 현현'이다. 이 영광의 구름은 이스라엘 백성들이 홍해를 건너 수르, 마라, 엘림을 지날 때에 늘 함께하였다. 출애굽기 13: 21에 "여호와께서 그들 앞에 행하사 낮에는 구름 기둥으로 그들의 길을 인도하시고 밤에는 불기둥으로 그들에게 비춰사 주야로 진행하게 하시니"라고 기록되어 있다. 출애굽 이후에 영광의 구름은 늘 이스라엘 백성들과 함께 했다.

그런데 이 구름이 이스라엘 백성들을 떠나버린 적이 있다. 아론이 금송아지를 만들었을 때, 백성들이 그 앞에서 벌거벗고 춤을 추며 우상숭배에 빠져 있었을 때, 영광의 구름이 떠나가 버렸다. 모세가 이스라엘 진영 밖에 회막을 만들어 놓고 그곳에서 기도했더니 진밖에 영광의 구름이 다시 임하게 되었지만, 이스라엘 백성 진영 가운데로 임하지는 않았다. 그러다가 오늘 본문 출애굽기 40장에 성막을 세우고 나서야 영광의 구름이 다시 임한 것이다. 이것은 하나님이 우상 숭배했던 이스라엘 백성들을 용서해 주시고, 이스라엘 진영 한가운데로 다시 임하셨다는 것을 의미한다. 하나님이 이들을 보호하시고, 함께 하시며 이들과 함께 가나안 땅으로 올라가시겠다는 하나님의 의지를 엿볼 수 있는 것이다.

어느 시대에나 하나님의 백성들이 하나님을 기쁘시게 하지 못할 때, 우상숭배가 극에 달할 때 하나님의 영광과 임재는 떠나가 버렸다.

오늘 모든 한국 교회의 성도들은 스스로 기름 부음이 있는 존재라는 사실을 명심하고 하나님의 영광을 위해 다시 헌신해야 한다. 이것이 부흥이 오는 지름길이다.

● 오늘의 말씀에 대한 나의 묵상 ●

오늘의 본문 성경을 읽으시고 깨달은 점이나 기억하고 싶은 점 혹은 기도문을 기록합니다.

1년 1독365일 성경통독, 꿀송이 보약큐티

레 1장~3장

묵상 자료

1. 레위기는 어떤 책인가?

이제 구약의 히브리서라고 불리우는 어려운 레위기에 당도했다. 계속되는 제사법에 관한 성경을 읽으면 지루할 수도 있다. 그러나 아이가 자랄 때 음식을 단 거나 사탕만 먹으면 정상적으로 자라기 힘들다. 아이가 싫어해도 음식을 골고루 먹여야 한다. 성경에 레위기를 포함시키신 이는 하나님이시다. 나의 선입관과 게으른 마음을 극복하고 주님의 은혜주심을 고대하며 레위기와 끝까지 씨름해 보자.

레위기의 키워드는 '거룩함'이다. 레위기 11:45에 "나는 너희의 하나님이 되려고 너희를 애굽 땅에서 인도하여 낸 여호와라 내가 거룩하니 너희도 거룩할지어다"라고 하셨다.

타락한 육신을 입고 소돔성 같은 환경에 둘러 쌓인 이 세상을 살아가는 오늘의 우리들에게는 "거룩하라"는 주의 음성이 무겁게만 다가온다. 천사들이야 거룩함이 제일 쉽겠지만 우리네 인생들은 그게 제일 어렵다. 기독교의 가장 뛰어난 신자라 할 수 있는 사도 바울 같은 사람도 원하는 선은 행치 못하고 원치 않는 악을 행하는 자신이 피곤하고 힘들다고 토로하지 않았는가!(롬 7:24) 그래도 어찌하랴? 집요하게 거룩함을 요구하시는 하나님 앞에 순종하는 시늉이라도 해봐야 하지 않겠는가? 하나님은 우리의 거룩함을 위해 아들을 보내셔서 속죄제물이 되게 하시고 십자가의 보혈로 우리를 거듭나게 하셨다. 그 피 아래 있는 우리는 안전하다. 그 십자가 공로를 의지하고 우리는 감히 하나님 보좌 앞에 나아갈 수 있다. 그리고 오늘 이 땅에서 주님의 향기를 발하며 경건하고 거룩하게 살아야 할 하나님의 자녀의 사명이 있다. 되고 안 되고는 둘째 문제다. 중요한 것은 넘어지고 수없이 실패하더라도 걸음마를 배우는 아이처럼 거룩한 삶을 살기 위해 포기하지 않고 끝까지 일어서는 것이다. 이것이 크리스천의 피할 수 없는 운명임을 레위기는 선포한다.

2. 제사법 총정리

레위기에 나오는 5대 중요 제사는 번제, 소제, 화목제, 속죄제, 속건제이다. 이 중 죄와 관련된 제사는 속죄제와 속건제인데 차이점은 속죄제는 배상이 불가능한 죄를 속하기 위해 드리는 제사이고 속건제는 하나님이나 사람에게 죄를 지었는데 배상이 가능한 경우에 드리는 제사였다. 이 5대 제사는 모두 불에 제물을 태워서 드리는 화제였다. 불에 태우는 방법이 아닌 제물을 손으로 높이 들어 올려서 드리는 방법(레7:32)은 거제라 하였고 제물을 사방으로 보이게 흔들어서 드리는 제사방법을 요제(레 7:30)라 하였다. 포도주나 기름 등을 부어드리는 제사는 전제(출 29:40)라 하였는데 디모데후서 4:6에 바울이 죽기 전 디모데에게 남긴 마지막 유언에 "내가 전제와 같이 부어지고 나의 떠날 기약이 가까왔다"고 언급한 대목이 있다.

5대 제사 중 번제는 하나님께 대한 완전한 헌신의 의미로 드렸는데 제물을 단에서 모두 재가 되도록 태워 하나님께 드렸다. 소제는 5대 제사 중 유일하게 피 없이 드리는 제사로 자신이 농사지어 얻은 소산물을 하나님께 헌납한다는 의미로 드렸다. 화목제는 하나님과 친교를 의미하는 제사로 소원이 있을 때 감사한 일이 있을 때 자원해서 화목제를 드렸다. 다른 제사는 짐승의 수컷을 드렸지만 유일하게 화목제만 암수 구별없이 드렸는데 이는 남녀 구별 없이 온 인류를 예수 안에서 화목케 하시려는 하나님의 섭리가 숨어 있다.

제사는 반드시 제사장이 집례해야만 드릴 수 있었고 홀로 자기 마음대로 제사할 수 없었다. 이걸 엉뚱하게 오늘날 잘못 해석하여 목사 없으면 예배드릴 수 없다고 착각하면 큰일 난다. 베드로전서 2:9 말씀대로 우리 예수 믿는 사람들은 다 왕 같은 제사장들이다. 누구나 예수 이름을 의지하면 하나님께 나아갈 수 있다. 제물을 가지고 제사하러 나아오면 제사장은 일단 그 짐승에게 제사자의 손을 얹게 하여 안수케 하고 그 사람의 죄가 그 동물에게 전가되는 의식을 치른 후 짐승을 죽이고 각을 떠 하나님께 단 위에서 태워 바쳤다. 제물에 소금을 치고 유향을 바르고 드렸는데 이는 소금처럼 변함없는 하나님의 언약을 상기하기 위한 것이고 또한 하나님께 향기로운 제사가 되도록 함이었다. 제사를 드리고 나면 제사한 음식 중 일부를 정해진 장소에서 제사장과 함께 먹었는데 먹지 않고 3일 이상 남겨두면 안되었다.

나중 레위기 10장에서 제사장 나답과 아비후가 하나님이 지시하지 않은 방법으로 하나님께 제사하다가 그 자리에서 즉사한 것을 보면 모세를 통해 전달된 제사법은 엄중하게 말씀하신 그대로 실행되어야 했다. 이와는 대조적으로 오늘날 우리가 하나님께 드리는 제사(예배)는 너무나 간편하고 쉽다. 짐승의 피 비린내도 나지 않는다. 이는 우리 주 예수 그리스도가 단번에 이루신 십자가 피 공로가 얼마나 위대한 가를 보여준다. 레위기의 제사는 일회적인 효과만 있었다. 다시 범죄하면 또 다른 짐승의 피가 흘려져야 사함받을 수 있었다. 그러나 예수님의 피 흘리심은 단회적이었지만 영구한 효능을 나타내는 피였다. 히브리서 9:11 ~ 15까지 천천히 읽어보자.

> 그리스도께서 장래 좋은 일의 대제사장으로 오사 손으로 짓지 아니한 것 곧 이 창조에 속하지 아니한 더 크고 온전한 장막으로 말미암아 염소와 송아지의 피로 하지 아니하고 오직 자기의 피로 영원한 속죄를 이루사 단번에 성소에 들어가셨느니라 염소와 황소의 피와 및 암송아지의 재를 부정한 자에게 뿌려 그 육체를 정결하게 하여 거룩하게 하거든 하물며 영원하신 성령으로 말미암아 흠 없는 자기를 하나님께 드린 그리스도의 피가 어찌 너희 양심을 죽은 행실에서 깨끗하게 하고 살아계신 하나님을 섬기게 하지 못하겠느냐 이로 말미암아 그는 새 언약의 중보자이시니 이는 첫 언약 때에 범한 죄에서 속량하려고 죽으사 부르심을 입은 자로 하여금 영원한 기업의 약속을 얻게 하려 하심이라 히 9:11~15

결국 새 언약(신약)의 관점에서 보니 레위기의 모든 제사와 제물은 다 예수 그리스도의 십자가 희생의 모형이었음을 알게 된다. 우리는 나답과 아비후가 다른 불을 드리다가 심판 당한 것처럼 예수 외에 다른 이름을 의지하면 안 된다. 신천지나 통일교 하나님의 교회 같은 이단들은 한결같이 예수외에 다른 이름으로 하나님께 나아가다가 멸망할 어리석은 자들이다. 오직 예수! 그분만이 길이요 진리요 생명이시다. 다른 이름은 없다. 아멘.

● 오늘의 말씀에 대한 나의 묵상 ●

오늘의 본문 성경을 읽으시고 깨달은 점이나 기억하고 싶은 점 혹은 기도문을 기록합니다.

1년 1독365일 성경통독, 꿀송이 보약큐티

레 4장~6장

● 묵상 자료 ●

1. 제단의 불을 끄지 말라(레 6장)

이스라엘 백성들은 광야 여행 중 특별히 불 담는 그릇을 만들어 이동 중에도 불씨를 보존하였다. 백성들은 세심한 주의를 기울여 번제단의 불을 끄지 않았던 것이다. 불씨를 보존하는 일은 많은 수고와 희생이 뒤따랐을 것이다.

레위기 6:8~13을 통해서 하나님은 제단에 불을 끄지 말라고 3번이나 강조해서 명령하고 계신다. 성막이 완성된 후 하나님은 성막에서 어떻게 하나님을 예배하여야 하는지에 대해서 말씀하시면서 번제단에 불을 끄지 말라고 명령하셨다. 이 제단 위의 불은 바벨론 포로 전까지 거의 꺼진 적이 없었다고 한다.

번제(Burnt Offering)는 아침과 저녁에 상번제로 드렸다. 아침은 서원과 결단의 의미로 드렸고 저녁은 사죄와 감사로 제사를 드렸다. 저녁 번제를 드린 후에 그 불을 밤새도록 지펴서 레위기 6:8~9을 보니 제사장은 다음날 아침 제사 드릴 때까지 불을 붙여 놓아야 했다.

> 하나님께서 모세에게 말씀하여 이르시되 아론과 그 자손에게 명령하여 이르라 번제의 규례는 이러하니라 번제물은 아침까지 제단 위에 있는 석쇠 위에 두고 제단의 불이 그 위에서 꺼지지 않게 할 것이요 레 6:8-9

이 불이 꺼지면 제사를 드릴 수가 없었다. 이스라엘 민족이 가장 타락한 시기는 제단에 불이 꺼진 시기였다. 불이 꺼지지 않는 방법은 무엇인가? 레위기 6:12에 보면 제사장은 아침마다 그 나무를 그 위에 태우라고 말씀하신다.

제단 위의 불은 항상 피워 꺼지지 않게 할지니 제사장은 아침마다 나무를 그 위에서 태우고 번제물을 그 위에 벌여 놓고 화목제의 기름을 그 위에서 불사를 지며 불은 끊임이 없이 제단 위에 피워 꺼지지 않게 할지니라 레 6:12~13

불이 꺼지지 않게 하기 위해선 나무를 올려 놓아야 했다는 것이다. 우리의 심령에 성령의 충만한 불이 항상 활활 타오르기 위해서는 말씀 묵상과 기도의 나무를 항상 나의 영혼에 올려 놓아야 한다. 역대하 7:1에 보면 솔로몬이 기도하기를 마치니 하늘에서 불이 내려와 성전에 주의 영광이 충만하였다고 하였다. 이것은 우리가 주를 기쁘시게 할 때 성령 충만함을 받을 수 있음을 나타내 준다.

● 오늘의 말씀에 대한 나의 묵상 ●

오늘의 본문 성경을 읽으시고 깨달은 점이나 기억하고 싶은 점 혹은 기도문을 기록합니다.

1년 1독365일 성경통독, 꿀송이 보약큐티

레 7장~9장

묵상 자료

1. 레위기와 향기

레위기를 읽은 후 만일 우리가 핵심 단어 중의 하나인 "향기"를 마음에 새기지 못한다면 우리는 레위기의 핵심중의 하나를 놓친 것이다.

성경 전체에 향기라는 단어가 총 71번 나오는데 레위기에서 무려 18번이나 나온다. 66권의 성경 중 레위기에서만 향기라는 단어가 18번이나 등장한다면 레위기서가 향기를 몹시 강조하고 있다는 것을 생각이 있는 독자라면 금방 인지할 것이다.

우리가 보통 효자라고 하면 부모의 마음을 잘 헤아리는 자녀를 일컬어 효자라 한다. 부모의 마음을 헤아리지 못한 채 자기 마음대로 부모를 섬기는 자를 아무도 효자라고 하지 않는다. 하나님의 자녀도 마찬가지이다. 우리가 하나님을 기쁘시게 하는 하나님의 효성스런 자녀가 되고자 한다면 무엇보다도 하나님이 무엇을 좋아하시고 무엇을 싫어하시는 지를 명백히 아는 것이 급선무이다. 사울 왕은 이런 감각이 둔하여 하나님이 싫어하셨고 다윗 왕은 이런 센스가 뛰어나 하나님이 그토록 사랑하셨다. 우리가 성경을 열심히 상고하는 이유도 하나님의 기뻐하시는 것이 무엇인지를 알려고 하는 것이 가장 큰 목적이다.

구약에는 하나님이 제사를 통해 드려지는 희생의 제단을 향기로운 냄새로 흠향하셨다면 신약의 성도들은 무엇으로 하나님이 좋아하시는 향기로운 냄새를 올려 드릴 수 있겠는가? 고린도후서 2:14에서 바울 사도는 우리가 그리스도의 '향기'라고 하였다. 우리의 기도와 우리의 전도와 우리의 예배와 우리의 헌신이 하나님에게 향기로운 냄새인 것이다. 그야말로 로마서 12장에서 말씀하신 대로 우리 몸을 거룩한 산 제물로 드려야 하는 것이다. 내가 예수님을 믿기 때문에 이웃에게 사랑으로 대하였다면 하나님은 나의 행실을 통해서 향기로운 냄새를 흠향하신 것이다. 만일 구원받은 내가 연약하여 죄를 지었다면 나에게는 악취가 진동하기 때문에 하나님이 나를 기뻐 받으실 수가 없다. 그때는 재빨리 구약의 물두멍에 제사장들이 자신의 손발을 씻었던 것처럼 예수님의 보혈을 의지하고 나의 죄를 회개해야 한다. 만일 우리가 우리 죄를 자백하면 주님은 그 피로 우리 죄를 말갛게 씻어 주신다.

그런데 한 가지 더 기억해야 할 것은 우리 성도들이 그리스도의 향기로서 균형 잡힌 향기를 발해야 하나님이 좋아하시는 향기가 된다는 것이다. 기도는 많이 하는데 말씀에는 무지하다면 그것은 좋은 향기가 아니다. 말씀에는 유식한데 기도와 인격이 성숙치 못하다면 그 역시 좋은 향기가 아니다. 기도와 말씀과 인품이 좋은데 경건함이 없다면 그건 소금을 치지 않은 향기름이 되어 역시 하나님이 좋아하시는 스타일의 향기가 아니다.

● 오늘의 말씀에 대한 나의 묵상 ●

오늘의 본문 성경을 읽으시고 깨달은 점이나 기억하고 싶은 점 혹은 기도문을 기록합니다.

1년 1독 365일 성경통독, 꿀송이 보약큐티

레 10장~12장

묵상 자료

1. 먹으면 안 되는 부정한 동물들

레위기 11장은 먹으면 안 되는 부정한 동물들을 말씀하신다. 웬만하면 다 먹어 치우는 우리 한국인으로서는 유대인이 아니고 예수 믿는 크리스천 된 것이 감사할 따름이다. 그 맛있는 제육볶음도 구약에 묶여 있는 유대인은 못 먹고 산다. 낙타와 사반(너구리), 토끼, 돼지고기는 못 먹게 하셨다. 발에 굽이 갈라지지 않았거나 되새김질하지 않는 짐승은 부정하다고 못 먹게 하셨다. 광야 길에 무슨 물고기가 있었겠는가만은 가나안에 가서도 지느러미와 비늘 없는 것은 가증하다고 먹지 말라 하셨다. 새 중에는 짐승 잡아먹는 맹금류와 고독한 새(올빼미, 부엉이, 까마귀 같은 녀석들…), 더러운 것 먹고 사는 것들(뱀 먹는 황새 같은 종류)은 먹으면 안 된다고 하셨다.

곤충 중에서는 세례 요한이 먹고 살았던 메뚜기류는 먹어도 되지만 다른 곤충은 거의 먹지 말라 하셨다. 뱀 같은 파충류는 거의 다 금지되었다. 파충류는 그래서 그런지 인간에게 차갑고(나는 개인적으로 뱀과 쥐가 제일 징그럽다), 음흉하고 혐오감을 준다. 물론 뱀을 목에 감고 사는 예외적인 사람들도 있지만…. 그런데 냉정하게 생각해 보면 부정하니 먹으면 안 된다고 분류된 동물들도 자기들 나름대로는 서운함이 있을 것이다. 만들기는 하나님이 만들어 놓고 왜 그들을 무시한단 말인가?

우리는 하나님의 깊은 경륜과 의도를 다 파악할 수 없다. 왜 돼지고기를 먹으면 안 되는지 이유를 다 수긍할 수도 없다. 그러나 하나님은 에덴동산에서도 선악과를 두시고 그것은 먹지 말라 하셨다. 우리가 하나님께 순종하는지 안 하는지를 하나님은 알고 싶으셨던 것이다. 특히 먹거리는 우리의 일상생활과 밀

접하게 관련되어 있다. 하루 세 번 식사자리에 앉을 때마다 유대인은 이 음식이 하나님이 금하신 것인가 허락하신 것인가를 점검해야 했다. 계속 하나님을 의식하며 살 수밖에 없었던 것이다. 또한 이 정결법 때문에 유대인들은 이방인들과 함께 하기가 까다로웠다. 유대인이 못 먹는 음식이 많았기에 이방인들과 쉽게 교제할 수 없었을 것이다.

그런데 사도행전 10:11~16에 이상한 장면이 나온다. 기도하던 베드로에게 하나님은 환상 중에 레위기에 부정하니 먹지 말라고 금지한 동물들을 보여주시면서 "일어나 잡아 먹으라"고 하신 것이다. 베드로가 놀라 "주여, 그럴 수 없나이다. 저는 그런 부정한 것을 결코 먹어 본적이 없나이다."라고 대답하니 하나님은 "내가 깨끗하게 한 것을 네가 부정하다 하지 말라"고 하셨다. 그 환상을 본 후 베드로는 세계 최초로 유대인으로서 이방인의 집에 가 공적으로 함께 교제하며 복음을 전하는 이방 선교의 첫 장을 열었다.

구약 레위기에서 부정한 것들도 하나님이 예수의 피 아래서 정결케 하면 정결해 진다. 우리는 더 이상 구약의 율법아래 있지 않고 예수님의 피 아래 있는 새 언약의 백성들이다. 신약에 사는 우리는 예수님의 피 흘리신 십자가의 공로 때문에 이것을 만지지 말라, 저것을 먹지 말라는 것에 얽매일 필요가 없게 되었다.

디모데전서 4:4~5은 이렇게 선포한다. "하나님이 지으신 모든 것이 선하매 감사함으로 받으면 버릴 것이 없나니 하나님의 말씀과 기도로 거룩하여 짐이니라" 아멘. 토끼고기 안 먹는다고 거룩해지는 것이 아니라 말씀과 기도로 거룩해진다. 레위기의 정결법을 읽으면서 우리는 율법에서 우리를 자유케 하려고 단번에 영원한 속죄의 피를 흘려주신 우리 구주 예수님께 감사와 찬양을 드리지 않을 수가 없다.

어떤 집사님은 소감을 보내주시며 요즘 레위기 읽으며 계속 눈물로 산다고 하셨다. 짐승의 피로 가득한 레위기에서 날 위해 친히 속제 제물이 되셔서 고귀한 피를 쏟아 주신 주님의 사랑과 희생이 너무 감사하여 절로 감사의 눈물이 흐른다는 것이다. 부산 기장에서 목회하시는 김주석 목사님은 레위기는 자신에게 러브레터와 같다고 하시며 지금이라도 레위기 시대로 타임머신을 타고 돌아가 날마다 하나님의 성막에서 하나님의 영광을 보며 제사하고 예배하고 싶다고 하셨다.

2. 출산과 관련된 부정

레위기 12장은 여성이 아이를 출산할 때의 부정에 대해 가르친다. 산모가 아들을 낳았을 때 40(7일+33일)일간 부정하고 딸을 낳았을 때는 80(14일+66일)일간 부정하다고 했다. 그 기간이 지난 후 산모는 성소에 비로소 출입할 수 있었는데 그것도 속죄제와 번제를 드리고 난 후에야 가능했다. 예나 지금이나 여성들의 수고와 고난이 남자보다 두 배는 되는 것 같다. 아이를 낳을 때의 수고는 말할 것도 없고 아기에게 젖 먹이고 키우는 어머니의 수고 외에도 성소에 예배 참석하는 것까지 남자와는 차별을 받았으니… 이렇게 출산 후 오랜 부정기간이 지나고도 속죄제사를 요구하신 이유는 무엇이었을까? 그리고 남녀차별 하듯이 왜 딸 낳으면 두 배나 길게 부정하다 하셨을까?

일단 아이를 낳을 때 피를 많이 흘리는데 하나님은 피에 민감하셨다. 피는 생명을 의미하기 때문이다. 장차 독생자 예수님을 이 땅에 보내어 피 흘리게 하시려는 하나님이셨기에 피에 민감하셨음이 이해가 된다. 그리고 태어난 아이가 죄인이기 때문이다. 인류의 시조인 아담과 하와의 범죄 때문에 태어나는 모든 아이가 다 죄인으로 태어난다. 하나님은 하와에게 범죄 후 벌을 줄 때 아담보다 더한 해산의 수고와 남편의 다스림 아래 있을 벌을 주셨다. 신약의 바울까지도 디모데전서 2:13에 "이는 아담이 먼저 지음을 받고 하와가 그 후며 아담이 속은 것이 아니고 여자가 속아 죄에 빠졌음이라"라고 상기시키며 교회에서 여자가 정숙할 것임을 명했다. 그래서 여자가 태어나면 두 배나 부정했다.

여기에 불만이 많은 진보적인 여성분들은 이러한 성경의 가르침에 반발할 것이다. 성경도 엉터리고 하나님도 잘못되었고 바울도 그런 발언을 한 걸 보니 문제가 많다고 따질 것이다. 그러나 믿음이 있는 그리스도인이라면 내 생각과 진리의 말씀이 다르더라도 하나님께 부당하다고 따질 것이 아니라 우리의 죄와 허물을 순순히 인정하고 하나님이 하시는 일에 복종하고 따라야 한다. 그리고 예수 십자가 공로 안에서 남녀차별도 없애주시고 우리를 거저 받아주시는 신약의 아버지 하나님께 감사함으로 나가야 한다.

● 오늘의 말씀에 대한 나의 묵상 ●

오늘의 본문 성경을 읽으시고 깨달은 점이나 기억하고 싶은 점 혹은 기도문을 기록합니다.

1년 1독 365일 성경통독, 꿀송이 보약큐티

레 13장~15장

묵상 자료

1. 여인들의 주기적인 하혈(下血)은 생리현상인데 왜 부정하다고 했는가?

어떤 의미에서 여인들의 하혈이 없으면 어떤 생명도 태어날 수 없고 생육하고 번성하라는 하나님의 명령도 수행할 수 없는데 생명의 잉태에 필수적인 여성의 월경이 왜 7일 동안 부정하단 말인가?

레위기 15장은 한 술 더 떠 그 월경하는 여인의 침상도 부정하고 그녀를 접촉하는 자도 부정하며 심지어 앉았던 자리까지도 부정하다 하셨다(레 15:19~24). 너무하다는 생각이 사알짝 들려고 한다. 마귀가 하나님은 이상한 분이라고 부추기려 할 수도 있다. 그러나 우리는 주님 앞에 겸손해야 한다. 우리 인간이 알면 얼마나 알며 지식이 있으면 얼마나 있겠는가? 하나님이 하시는 일을 피조물인 우리가 어찌 다 헤아리고 파악할 수 있겠는가? 그저 우리는 "예" 하고 주님의 말씀을 따라가면 되는 것이다.

여인의 월경은 출산과 관계된 것으로 창세기 3:16에 기록된 저주, 곧 해산의 수고와 관련되어 있다. 하와의 범죄를 생각나게 하는 것이기에 거룩하신 하나님은 부정하다 하셨다. 그러나 신약에 와서 우리는 12년 동안이나 유출병을 가진 여인이 감히 하나님의 아들을 만진 놀라운 사건을 접하게 된다(눅 8:43~48). 유출병을 가진 자는 부정하여 성전에도 들어갈 수 없었는데 성전 자체이신 예수님을 언감생심 어찌 만진단 말인가? 그러나 이 여인은 새 언약의 중보자이신 예수님에 대한 신약적인 믿음을 가진 여인이었다. 그녀는 율법을 초월하여 예수님을 만졌다. 그리고 유출병이 치료되는 기적을 체험했다. 율법의 저주를 뛰어 넘어 예수님을 접촉하면 자신의 병이 나을 거라는 성령의 감동을 받고 행동으로 옮겼다.

오늘 우리에게도 마귀는 끊임없이 송사를 한다. "네가 그 따위로 살면서 예수님의 은혜를 기대하느냐? 율법 앞에서 네 자신의 모습을 생각해 보아라. 하나님이 너를 받아 주시겠느냐?" 라고 죄책감을 준다. 그때 우리는 이 여인의 믿음을 본받아야 한다. 율법을 초월하는 십자가를 의지하는 믿음을 가지고 주께 나아가 주를 붙잡아야 한다. 이것이 신약의 믿음이다. 아멘.

● 오늘의 말씀에 대한 나의 묵상 ●

오늘의 본문 성경을 읽으시고 깨달은 점이나 기억하고 싶은 점 혹은 기도문을 기록합니다.

1년 1독 365일 성경통독, 꿀송이 보약큐티

레 16장~18장

○ 묵상 자료 ○

1. 아사셀을 위한 염소(scapegoat=속죄 염소)

두 마리의 염소:

해마다 대 속제일이 되면 두 마리의 흠 없는 염소가 선택된다. 제비를 뽑아 하나는 하나님을 위하여 희생시키고 하나는 아사셀을 위하여 남겨 둔다. 제사장은 하나님을 위하여 구별한 첫째 염소의 각을 뜬 후 육체는 영문 밖에서 불사르고 그 피는 지성소로 가지고 들어가 언약궤에 뿌린다. 그러면 지성소 안에 하나님 쉐키나의 영광이 가득 차게 되고, 이는 이스라엘의 죄가 속해져 하나님의 진노가 사라졌다는 것을 상징한다. 이것이 첫 번째 염소의 죽음과 그 의미이다. 둘째 염소는 이와 사뭇 다르다. 제사장은 아사셀을 위하여 준비한 둘째 염소에 백성들의 죄를 전가하고 그것을 광야로 몰아내어 1) 굶어 죽이거나 2) 들짐승에게 찢겨 죽게 한다. 그때 염소가 백성의 죄를 짊어지고 광야에서 아사셀 앞에 죽으므로 더 이상 백성들의 죄를 아사셀은 물을 수가 없게 된다. 그러면 아사셀은 도대체 누구이고 그에게 염소를 보내는 이유는 무엇이며, 그를 위한 염소는 무엇을 나타내나? 바로 이것이 오늘 레위기 16장에 나타난 아사셀 염소의 비밀을 풀 수 있는 열쇠이다.

아사셀:

아사셀(לזאזע)이란 '쫓겨난 귀신', '추방 당한 악령' 이라는 뜻의 히브리어 아잘젤의 유음화어로써 타락한 천사의 우두머리인 사탄을 나타낸다. 이 단어는 모세 이전의 사람들이 타락한 천사들의 우두머리인 사탄을 일컫기 위해 사용했고, 유대인들도 사탄을 일컫기 위해 그들의 문헌에 사용했다. 아사셀이란 신학적으로 광야에 거주하는 사탄을 나타내는 것이다.

염소를 보내는 이유:

그렇다면 염소를 사탄에게 보내는 이유는 무엇인가? 이는 사탄에게 염소를 바치기 위함이 절대 아니다. 사탄을 예배하기 위함도 아니다. 오히려 그 반대로 참소자 사탄 앞에서 이스라엘의 죄를 전가 받은 염소를 굶어 죽이거나 들짐승을 통해 찢어 죽임으로써 그의 참소를 합법적으로 잠재우기 위함이다. 우리가 알듯이 성경이 증거하는 사탄의 일은 인간의 죄를 합법적으로 참소하는 것이다. 요한계시록 12:10을 보면 하나님께 우리를 밤낮 참소하는 사탄을 볼 수 있다. 스가랴 3:1을 보라. 더러운 죄의 옷을 입고 있는 제사장 여호수아를 사탄이 계속 대적하고 참소한다. 바로 이것이 사탄의 일이다. 사탄은 밤낮 쉬지 않고 이스라엘 백성의 죄를 참소했고, 백성들은 그로 인한 영적 죄책감과 수치심으로 고통받았던 것이다. 그러나 우리 하나님께서는 죄는 물론 죄책감으로부터도 우리를 구원하시는 하나님이시다. 때문에 사탄의 참소로부터 오는 죄책감으로부터 우리를 구원하시기 위하여 아사셀 앞에서 굶겨 죽이거나 찢어 죽일 흠 없고 깨끗한 염소를 마련하사, 그에게 이스라엘의 죄를 전가시키고 광야로 보내어 죽이심으로써 사탄의 참소를 온전히 막으셨던 것이다.

"사탄아 보라! 네가 밤낮으로 참소하던 이스라엘의 죄가 어디에 있느냐? 네가 쉬지 않고 고발하던 이스라엘의 죄가 어디에 있느냐? 이 염소에게 있다. 이 염소가 어떻게 되었느냐? 이스라엘 백성의 죄값으로 이처럼 비참하게 죽었다. 너는 더 이상 이스라엘을 참소할 수 없다. 내가 그 참소의 이유를 합법적으로 잠재웠기 때문이다."

이로써 사탄은 더 이상 이스라엘을 합법적으로 참소할 수 없다. 시도할 수도 없다. 그는 이스라엘이 지었던 과거의 죄를 입밖에 꺼낼 수도 없다. 왜? 죄값이 사탄의 눈앞에서 치러졌기 때문이다. 하나님께서는 당신의 백성을 죄책감으로부터 해방시키기 위하여 아사셀의 염소를 준비시킨 것이었다.

아사셀의 염소, 예수:

아사셀의 염소는 예수님이다. 예수님께서 인간의 죄를 대신 지고 골고다 광야에 나가사 사탄 앞에서 찢겨 돌아가심으로써 인간을 향한 사탄의 참소를 합법적으로 온전히 잠재우실 아사셀의 염소가 되었다. 인간의 죄를 전가 받은 두 마리의 염소는 전부 다 우리의 죄를 담당하신 예수 그리스도를 예표하는 것이다. 그 누구도 인간의 죄를 대신 질 수 없다. 천사도, 사탄도, 인간들도 말이다. 그럼으로 대속죄일 날 인간의 죄를 전가 받은 속죄 염소 두 마리는 이중적 대속의 의미를 갖고 돌아 가실 예수님을 상징하는 것이었다.

나의 죄를 속량하시고 나를 사단의 고소에서 방어하시려 아사셀을 위한 염소가 되시어 십자가에서 희생당하신 우리 구주의 은혜를 우리는 무엇으로 갚을 것인가?

● 오늘의 말씀에 대한 나의 묵상 ●

오늘의 본문 성경을 읽으시고 깨달은 점이나 기억하고 싶은 점 혹은 기도문을 기록합니다.

2월 3일

1년 1독 365일 성경통독, 꿀송이 보약큐티

레 19장~21장

● 묵상 자료 ●

1. 너희는 거룩하라

여호와께서 모세에게 말씀하여 이르시되 너는 이스라엘 자손의 온 회중에게 말하여 이르라 너희는 거룩하라 이는 나 여호와 너희 하나님이 거룩함이니라 레 19:1~2

레위기 19장은 성경에서 매우 중요하게 여기는 말씀 가운데 하나이다. 우리가 그리스도인 된 다음에 받게 되는 중요한 명령 두 가지가 있다. 하나는 사랑하라는 것이다. 하나님은 당신의 백성이 '하나님을 사랑하고 이웃을 사랑하는' 사랑의 삶을 살기 원하신다. 레위기 19:18에도 "네 이웃 사랑하기를 네 자신과 같이 사랑하라"라는 말씀이 나온다. 예수님이 인용하셨던 말씀이다.

또 하나의 명령은 거룩하라이다. 그리스도인의 그리스도인 됨은 사랑하며, 거룩할 때 나타날 수 있고, 이것을 통해 세상을 감동시킬 수 있다. 레위기는 거룩하기를 원하시는 하나님이 분부하신 거룩함의 법이고, 교과서이다. 사랑하기가 힘들고, 거룩하기가 힘든 게 사실이지만 작은 것부터라도 실천해 가면서 거룩한 삶을 사는 것이 우리가 취할 자세이다.

거룩은 우리의 일상 생활에서 다른 이들과의 관계속에서 이루어져야 한다. 주님은 "주여 주여" 한다고 천국에 들어 가는 것이 아니고 하늘에 계신 아버지의 뜻대로 행할 때 들어간다(마 7:21)고 하셨는데, 거룩도 거룩한 폼만 잡고, 거룩한 말과 기도를 한다고 해서 이루어지는 것이 아니라 내 삶의 자리에서 다른 이들과의 관계 속에서 '하나님의 대리자'로 살 때 나타나야 하는 특성이다.

교인들에게 존경받는 목사님이 있었다. 하지만 집에서는 그러지를 못했던 모양이다. 아내를 학대하고, 아이들에게도 폭군이었다. 그러자 참다 못한 사모님이 이불 보따리를 들고 이사를 했는데 강대상 옆으로 이사를 한 것이다. 설교는 잘 하는데 집에서는 다르니 강대상이 좋다는 것이다.

거룩은 철저히 내 삶의 자리에서 나타나야 한다. 거룩한 삶이 어떤 것인가를 레위기 19장은 구체적으로 나열한다.

3절에는 너희 각 사람은 부모를 경외하고, 나의 안식일을 지키라고 하셨고, 18절에는 네 이웃 사랑하기를 네 자신과 같이 하라고 하셨다. 부모 공경하고, 주일을 지키면서 하나님을 사랑하고, 하나님 보다 더 중요하게 여기는 우상 같은 것을 만들지 말고. 이웃을 사랑하면서 사는 것이 거룩하게 사는 것이라는 구체적인 가르침을 우리는 기억해야 한다. 가난한 자들을 생각하는 것도 거룩한 일이다.

"내가 거룩하니 너희도 거룩하라"는 레위기의 주제 말씀을 우리는 오늘도 삶의 현장에서 잊지 말고 실천해야 한다. 아멘.

● 오늘의 말씀에 대한 나의 묵상 ●

오늘의 본문 성경을 읽으시고 깨달은 점이나 기억하고 싶은 점 혹은 기도문을 기록합니다.

1년 1독 365일 성경통독, 꿀송이 보약큐티

레 19장~21장

묵상 자료

1. 제사장이 지켜야 할 규례들

레위기 21장은 성소에서 제사를 집례하는 제사장들에 대한 규례를 말씀한다. 일단 시체를 만지면 안 된다고 하신다. 가족의 장례시에는 보통의 제사장들은 시체를 만질 수 있지만 대제사장은 그것도 금지되었다(레 21:11). 이는 하나님이 사망을 싫어하시고 미워하시기 때문이다. 하나님은 생명의 원천이시요, 모든 생명 있는 것의 주인이시다. 사망은 사탄의 말을 따른 인간의 범죄로 말미암아 온 것이었다. 하나님은 생명의 하나님이시다. 하나님의 아들 예수님이 이 땅에 오신 목적은 마귀의 일을 멸하고 사망에 매여 종노릇 하는 인간들을 자유케 하시고 영생을 주시러 오셨다. 오늘날도 목사님들의 입술에는 항상 생명의 말씀이 있어 생명의 복음만을 증거해야 한다. 사람을 살리는 것이 복음에 수종 드는 자들의 첫째 사명이다.

그리고 레위기 21:12에 제사장들은 성소에서 나오지 말라고 하셨다. 성소에서 아침, 저녁으로 상번제를 드려야 하고 향을 피워야 하고 등잔에 불이 꺼지지 않도록 돌보며 떡상에 떡을 진설해야 한다. 수시로 제물 들고 찾아오는 백성들의 형편을 살피며 제사에 집중해야 한다. 성소를 떠나 진중에 돌아다니며 세상 것을 즐길 여유가 없는 것이다. 죄를 지어 속죄 제물을 가지고 성소에 찾아 갔는데 제사장이 어디 놀러 나가고 없으면 어떡하겠는가?

결혼도 부정한 창녀나 이혼당한 여인이나 과부하고 하면 안되고 정결한 처녀와 하라고 두 번이나 반복하여 말씀하셨다(레 21:7, 14). 사모가 절반 목회란 말이 있다. 많은 성도들이 사모님 때문에 시험받아 교회 안 나가는 경우가 발생한다. 목사는 얼굴 반반하고 돈 많은 자매가 아니라 하나님을 경외하고 예수님을 사랑하는 믿음의 자매를 만나 결혼하는 것이 목회의 성패를 좌우한다.

그리고 아무리 아론의 자손이라 할지라도 그 신체에 결함이 있으면 제사장이 되지 못했다. 선교지에서 교통사고로 다리를 저는 장애인이 된 나 같은 사람은 구약 같으면 목사 옷 벗어야 한다. 레위기 21장을 읽으며 구약의 율법 시대에 살지 않고 예수님 십자가 신약시대에 살게 된 것이 얼마나 큰 은혜인가를 거듭 감사하게 된다. 영원히 찬송할 노래 제목 "예수의 보혈이 귀하도다" 그래서 우리의 평생 자랑은 예수님 십자가 일 수밖에 없다. 아멘.

● 오늘의 말씀에 대한 나의 묵상 ●

오늘의 본문 성경을 읽으시고 깨달은 점이나 기억하고 싶은 점 혹은 기도문을 기록합니다.

1년 1독 365일 성경통독, 꿀송이 보약큐티

레 22장~24장

묵상 자료

1. 여호와의 절기

레위기 23장에 일곱 절기가 나온다. 그래서 레위기 23장을 '절기장'이라 부른다. "여호와의 절기"라 할 때의 절기란 말은 히브리어로는 MOADIM(모아딤)이다. 모아딤은 '만나기로 약속한 시간'이란 뜻을 가지고 있다. 절기를 통하여 하나님께서 백성들을 모아서 만나는 시간을 가진다는 의미이니 하나님과의 데이트 날이다. 어려서 몇 밤만 더 자면 추석이지… 손가락을 세면서 사모하고 애타게 추석을 기다리던 일이 생각난다. 추석이 되면 새 옷을 입고 맛있는 음식을 먹으며 친구들과 신나게 놀았다. 엄마가 사 주신 새 운동화를 신고 폼 재며 동네를 쏘다녔다. 레위기에 일곱 절기를 제정하시고 이스라엘 백성에게 축제를 제공하시며 자기 백성과 성회를 갖기를 기뻐하신 하나님은 장차 인류 최고의 축제일을 열려고 준비하고 계신다. 이름하여 '그리스도 예수의 날'이다(빌 1:6).

어린이 날은 어린이가 주인공이고 어버이 날은 부모가 주인공이듯 그리스도의 날은 당연히 우리의 구세주이신 예수님이 주인공이시다. 이날 어린양의 혼인잔치가 열리고 주께서 피로 값 주고 사신 그의 신부들이 흰 드레스를 입고 만국 가운데서 집결한다. 천군천사가 함께하고 하나님의 보좌가 우리 앞에 나타나며 그의 영광이 온 우주에 가득 차게 된다. 이 성회에 초대받은 자들은 그의 신부가 되어 영광 중 신랑 되신 예수님을 맞이하지만 그렇지 못한 자들에게는 이 날이 무서운 심판의 날이 된다. 이사야 선지자의 말을 들어 보라.

"너희는 애곡할지어다 여호와의 날이 가까웠으니 전능자에게서 멸망이 임할 것임이로다 그러므로 모든 손의 힘이 풀리고 각 사람의 마음이 녹을 것이라 그들이 놀라며 괴로움과 슬픔에 사로 잡혀 해산이 임박한 여자 같이 고통하며 서로 보고 놀라며 얼굴이 불꽃 같으리로다" 아멘. 이 날에 대하여 베드로 사도는 이렇게 말했다. "하나님의 날이 임하기를 바라보고 간절히 사모하라 그 날에 하늘이 불에 타서 풀어지고 물질이 뜨거운 불에 녹아지려니와 우리는 그의 약속대로 의가 있는 곳인 새 하늘과 새 땅을 바라보도다(벧후 3:12~13)" 아멘.

레위기 23장에서 여러 절기들을 제정하시고 절기들을 지키라 명하신 그 동일하신 하나님은 장래 인류 최고의 절기를 준비하고 계신 것이다. 유월절은 출애굽 당시 이스라엘에게 장자 죽임의 심판을 면케 하신 것을 기념하여 제정하신 것이고 무교절은 출애굽 당시의 고난과 감격을 기억하게 하는 절기이며 곡물의 첫 이삭을 바치는 초실절은 첫 열매에 대한 감사를 표시하는 절기였다. 모든 죽은 자 가운데서 부활하시어 잠자는 자들의 첫 열매가 되신 부활의 예수님을 예시하는 절기였다. 오순절은 초실절 후 7주가 지난 다음 날 50일째 지키는 절기로 보리 추수가 본격적으로 되었을 때이므로 맥추절이라고도 불리우는데 예수님 승천하시고 성령이 강림하실 것을 예표하는 절기였다.

여기에 7월 1일 나팔절을 지켰고 7월 10일 대속죄일 그리고 초막절을 지켰다. 초막절에는 이스라엘 백성들이 광야에서 고생하던 일을 추억하고 나뭇가지로 움막을 만들어 일주일을 거처하며 초막절을 기념했다. 이 시기는 추수를 다 마치고 지키는 절기였으므로 수장절(收藏節)이라고도 불렀다. 이 칠대 절기 중 가장 중요한 삼대 절기는 유월절, 오순절, 초막절로서 이 절기에는 모든 이스라엘 남자 중 20살 넘은 남자들은 매년 예루살렘 성전으로 올라가 이 절기에 반드시 참석해야 했다. 이 모든 절기의 기본은 안식일이었다. 오늘날 우리들은 매 주일 예배당에 모여 하나님을 경배하는 신앙생활을 성실하게 하면서 다가올 주님과의 혼인 잔치를 준비해야 한다. 주일 성수 잘하는 것이 신앙생활의 가장 중요한 기본 중의 기본이다.

● 오늘의 말씀에 대한 나의 묵상 ●

오늘의 본문 성경을 읽으시고 깨달은 점이나 기억하고 싶은 점 혹은 기도문을 기록합니다.

1년 1독 365일 성경통독, 꿀송이 보약큐티

레 25장~27장

● 묵상 자료 ●

1. 서원에 대한 규례 (레 27장)

레위기 27:2~8까지는 서원하여 드리는 사람의 값에 대한 문제다. 사람을 여호와께 드리기로 서원하였으면 성소의 세겔대로 값을 정하는데 이 일을 제사장이 한다. 은의 세겔로 했다. 제일 비싼 사람이 20세부터 60세까지의 남자다. 그리고 가난한 자는 그의 형편대로 제사장이 값을 정하면 된다.

그다음 9~13절에는 생축으로 드리는 서원물에 대한 규례다. 서원물로 드리는 생축은 거룩하기 때문에 바꾸지 못하고 바꾸면 둘다 거룩하다. 부정한 생축을 드릴려면 정가를 하고 무르려면 오분의 일을 더한다. 부정한 생축은 예를들어 나귀 같은 것은 부정한 것이다.

14~15절은 집을 서원물로 드리는 경우다. 집을 드리려면 제사장은 정가하고 무르려면 오분의 일을 더해서 무른다.

16~25절은 밭을 서원물로 드리는 경우다. 자기 기업의 밭을 드리면 제사장은 정가하고 무르려면 오분의 일을 더한다. 만일에 무르지 않고 팔았으면 다시는 무르지 못하고 희년에는 여호와께 바친 성물이 되어서 제사장의 기업이 된다. 자기 기업의 밭이 아니라 사서 드린 밭은 희년에 본 주인에게로 돌아간다.

26~27절은 생축의 첫 새끼와 부정한 짐승을 드리는 경우다. 생축의 첫 새끼는 여호와의 것이기 때문에 그것으로는 서원물로 구별하여 드리지 못한다. 본래 여호와의 몫인 것이다. 그리고 부정한 짐승이면 오분의 일을 더해서 속량하고 속량하지 않으려면 정가 해서 팔아야 되고 판 값을 드리면 된다.

28~29절에는 아주 바친 물건에 대한 규례다. 여호와께 아주 바친 것은 팔지도 속하지도 못한다. 바친 것은 여호와께 지극히 거룩하기 때문에 아주 바친 사

람은 속하지 못하고 반드시 죽여야 된다. 죽이기 전에는 속량하는 방법이 없다.

30~33절은 산물의 십분의 일(그러니까 곡식이나 과일)과 우양의 십분의 일에 대한 규례다. 땅의 산물의 십분의 일은 본래 여호와의 것이다. 그래서 십분의 일을 속하려면 그것에 오분의 일을 더하면 된다. 그리고 우양의 십분의 일은 여호와의 거룩한 것이기 때문에 바꾸지 못하고 바꾸면 둘다 거룩하고 속하지 못한다.

결론적인 말씀이 34절에 있다. 34절에 이 모든 것은 여호와께서 시내산에서 이스라엘 자손을 위하여 모세에게 이르신 말씀이라는 말로 끝맺고 있다.

일반적으로 언약 체결의 방식은 '나는 여호와다' 이런 말씀을 하신 후 언약의 내용들을 말씀하고 제일 끝에 잘 들으면 복 주고 안 들으면 벌 준다라는 패턴으로 대개 마친다. 그렇게 하고 끝난다고 하면 26장이 끝이다. 26장에 언약에 대한 복과 저주가 쭉 나와 있다.

그런데 언약 체결을 마무리 짓고 나서 언약의 헌신 문제를 확증하기 위해서 한 번 더 27장에 부연하고 있는 것이다. 우리 식으로 하면 자식에게 여러 말을 쭉 하고 나서 자식이 일어나서 갈려고 하는데 다시 불러서 "알았냐?" 하는 것에 해당하는 말이 27장인 것이다.

구약의 이러한 헌신의 복을 하나님께서 신약에서 그리스도 안에서 온전케 하셨다. 자신의 몸을 온전히 헌신하신 그리스도로 말미암아 교회는 이제 몸으로 산 제사를 하나님께 드린다. 교회는 살든지 죽든지, 먹든지 마시든지 그리스도의 영광을 위해서 해야 한다.

신약에 오면 예수님은 우리의 초태생으로 하나님 앞에 드려지셨고 그분의 헌신에서 새로운 헌신의 시대가 열렸다. 구약 때는 모세의 제도를 따라 헌신했지만 이제는 그런 규례가 없고 우리는 예수님 안에서 자유함 가운데 사랑으로 헌신한다.

시내산 언약은 출애굽기와 레위기서를 일컫는 말씀이다.

이제 우리는 구약의 시내산 언약 같은 모세 율법의 감독관을 따라 그런 것을 행하는 것이 아니라 그리스도 안에서 자유자로 헌신하는 삶을 살도록 하나님이 복을 주셨다. 예수님 안에서 새로운 헌신의 시대를 열어 주신 것이다. 예수님 때문에 이제는 십분의 일과 십분의 구가 없고 전체를 드려야 한다. 십일조는 최소한의 우리의 헌금 생활에 대한 가이드라인으로서 자유함 가운데 드려지면 복된 것이다. 아멘.

● 오늘의 말씀에 대한 나의 묵상 ●

오늘의 본문 성경을 읽으시고 깨달은 점이나 기억하고 싶은 점 혹은 기도문을 기록합니다.

1년 1독 365일 성경통독, 꿀송이 보약큐티

민 1장~3장

묵상 자료

1. 민수기는 "광야의 체험"을 담은 책

출애굽하여 시내산에서 1년 가까이 머물며 하나님의 거룩한 백성으로서의 언약체결과 십계명, 그리고 레위기의 각종 규례들과 성막을 받고 이제 드디어 가나안 정복을 향하여 군사를 정비하고 가나안이 있는 바란 광야쪽으로 행군을 시작한다. 하나님의 성막이 진영 중앙에 위치하고 맨 선두에 유다지파가 깃발을 휘날리며 보무도 당당하게 전진한다. 드디어 가나안이 머지않은 바란 광야 가데스바네아에 도착하여 정탐꾼 12명을 각 지파의 우두머리에서 착출하여 가나안을 정탐케 했는데, 40일 만에 돌아온 그들의 보고서는 이스라엘 진영을 발칵 뒤집어 놓았다.

여호수아와 갈렙을 제외한 10명의 정탐꾼들이 가나안 공격의 부당성을 세 가지 이유를 대면서 조리 있게 설명했기 때문이다. 무엇보다 그들은 아낙 자손들로서 거인들인데 신장 차이가 너무 커서 우리는 그들에 비하면 메뚜기와 같고 그들의 성읍들은 너무 견고하여 함락하기 쉽지 않고 그들의 무기는 강력하며 그 땅은 거민을 삼키는 땅이라는 것이었다. 함부로 공격하러 들어갔다간 우리 처자식들이 그들의 노리개 감이 되고 우리는 멸절할 것이라는 보고였다. 아무리 여호수아와 갈렙이 그렇지 않다고 의견을 내도 이스라엘 백성들은 10명의 보고를 받아들이고 밤새 울며 모세와 하나님을 원망하였다. 하나님은 그들의 불신과 원망을 보시고 한탄하시며 그들이 말한대로 그들은 가나안에 못 들어가고 그들이 사로 잡힐 것이라고 말했던 그 자녀들이 가나안을 정복할 것임을 선언하셨다. 그리고 그 믿음 없는 패역한 백성들이 광야에서 다 죽기까지 40년 동안 사막을 헤맬 것임을 모세를 통해 말씀하셨다.

유명한 미국의 전도자 빌리그레이엄은 언젠가 이렇게 말했다. "세상이 커 보이면 하나님은 작게 보인다. 그러나 우리가 크신 하나님을 바라보면 세상은 작게 보인다."

열 명의 정탐꾼들에게는 세상이 너무 커 보였다. 그러나 갈렙은 더 크신 하나님을 바라보는 믿음의 눈이 있었다. 광야를 지나가는 민수기의 이스라엘의 역사는 오늘날 우리에게 거울처럼 본보기가 된다. 고린도전서 10:7~11을 읽어보면 그들 가운데 어떤 이들은 하나님을 시험하다가, 음행하다가, 원망하다가 멸망을 당하였으니 그들을 본보기로 삼아 우리는 이 말세에 믿음의 삶을 살자고 권면한다. 나에게는 하나님이 커 보이는가? 세상이 아낙자손처럼 커 보이는가? 민수기를 읽으며 자신을 체크해 보자.

2. 성막 중심의 행진

민수기를 읽어보면 이스라엘이 광야를 행진 할 때 성막을 가운데 중심으로 하여 12지파들이 세 지파씩 동서남북으로 포진하고 나아갔음을 알 수 있다(민 2장). 그런데 민수기 10:33에는 "여호와의 언약궤가 그 삼 일 길에 앞서가며 그들의 쉴 곳을 찾았다"고 했는데 민수기 2:17에는 분명 회막이 레위인의 진영과 함께 모든 진영의 중앙에 위치하였다고 쓰여 있다. 어느 것이 맞는 것인가? 회막이 앞서 갔는가? 중앙에 있었는가? 임진왜란 때 이순신 장군이 부산포의 왜군 본거지를 공격할 때 아군 진영 중앙에 위치하여 전쟁을 이끌고, 나중 이순신 장군이 전면에 나서서 왜군의 본거지를 유린하였다고 보도한다면 그것이 잘못된 보도라고 할 수 없을 것이다. 실제 전쟁에서 어느 위치에 장군이 있었느냐 하는 물리적인 위치가 중요한 것이 아니라 실제로 어느 장군이 그 전쟁을 지휘했느냐가 중요한 것처럼 하나님의 성막은 진 중앙에 있었지만 실제적인 역할은 이스라엘 백성들 앞서 행하며 그들이 쉴 곳을 찾아 주고 적의 위험에서 보호하는 보호자의 역할을 했던 것이다.

아니면 문자 그대로 이스라엘이 장막을 치고 머물 때는 성막이 중심에 있었고 이동할 때는 성막이 최선두에서 이스라엘 백성을 인도했다고 보아도 큰 무리는 없을 것이다. 그래서 모세는 늘 성막 앞에서 이렇게 기도했다.

궤가 떠날 때에는 모세가 가로되 여호와여 일어나사 주의 대적들을 흩으시고 주를 미워하는 자로 주의 앞에서 도망하게 하소서 하였고 궤가 쉴 때에는 가로되 여호와여 이스라엘 천만인에게로 돌아오소서 하였더라 민 10:35~36

우리도 모세처럼 이 광야 같은 세상 길을 살아 갈 때 항상 성막 중심으로 살아 가야 한다. 일하러 집을 나설 때 주께서 오늘도 앞서 행하시며 쉴 곳을 마련하여 주시고 원수에게서 보호해 주실 것을 기도하고 집에 있을 때 임마누엘 함께 해 주시라고 기도해야 한다. 여주동행(如主同行)이 광야 길의 최상의 축복이다. 신약시대를 사는 우리는 교회 중심의 신앙생활, 성경을 늘 묵상하는 신앙생활이 중요하다. 하나님 중심, 교회 중심, 성경 중심이 우리의 신앙의 핵심 원리가 되어야 한다. 아멘.

● 오늘의 말씀에 대한 나의 묵상 ●

오늘의 본문 성경을 읽으시고 깨달은 점이나 기억하고 싶은 점 혹은 기도문을 기록합니다.

1년 1독 365일 성경통독, 꿀송이 보약큐티

민 4장~6장

묵상 자료

1. 하나님 일을 하는데 하찮은 것은 없다

이스라엘 백성이 광야를 지날 때 하나님의 성막이 백성들과 함께 진행하는 것이 중요했다. 그래서 하나님은 제사장들과 레위인들에게 성막을 어떻게 해체해서 운반해야 하는지를 지시하셨다. 세부적인 하나님의 지시들은 모두 다 중요한 것이었고 인간의 지혜에 맡겨서는 안 되었다.

하나님의 일을 하는 사람들에게도 그들에게 하나님이 어떤 일을 맡기셨건 그 모두가 매우 중요하다. 하찮은 일은 하나도 없다. 말뚝들을 취급하는 일도 소홀이 해서는 안 되었다. 레위인들 중에는 다른 사람들보다 더 힘든 일을 맡은 사람들도 있었다. 그러나 하나님이 그들에게 일을 맡기셨고 맡은 일을 감당할 수 있도록 그들을 준비시키셨다.

성막을 세우고 해체하는 일은 예물을 드리는 것이나 향을 피우는 것 못지 않게 중요한 일이었다. 영적 사역은 영원한 삶과 지옥이 걸린 문제다. 따라서 나태한 방관자나 조심성 없는 일꾼들이 설 수 있는 자리는 없다(레 4:17~20).

2. 부정한 자는 진영 밖으로 내보내라

민수기 5장을 읽다 보면 하나님께서 얼마나 부정한 것을 멀리하시고 죄를 싫어하시는 지를 실감하게 된다. 아내의 부정이 의심되면 남편은 그녀를 제사장 앞으로 데리고 가 저주의 맹세를 하게하고 하나님의 판결을 받게 했다. 그리고 나병 환자나 유출병 환자 혹은 시체를 만져 부정케 된 자는 모두 진영 밖으로 내보내라고 명하셨다. 이스라엘 공동체는 거룩한 공동체였다. 하나님이 거룩하시니 그들도 거룩해야 했다. 만일 부정한 것이 함께 끼여 있으면 전쟁에서 승리를 보장할 수도 없었고 그들의 안위도 위태로웠다.

오늘날 교회에서나 가정에서도 마찬가지다. 나 한 사람이 그리 중요하지 않다고 생각하면 안 된다. 내가 속한 공동체의 전진과 부흥은 모두가 정결함을 유지하는 가운데 하나님이 함께 하시고 축복하실 때에만 가능하기 때문이다. 우리가 장차 들어가 하늘나라에는 부정한 자가 한 명도 없다. 거기는 거룩한 자들뿐이다. 주의 보혈이 그들에게 의의 옷을 입혀 놓았기 때문이다. 함께 찬송가 242장 '황무지가 장미꽃같이'를 불러 보자.

황무지가 장미꽃같이 피는 것을 볼 때에
구속함의 노래 부르며 거룩한 길 다니리
거기 거룩한 그 길에 검은 구름 없으니
낮과 같이 맑고 밝은 거룩한 길 다니리
거기 죄인 전혀 없으니 거룩한 자 뿐이라
주가 주신 면류관 쓰고 거룩한 길 다니리
거기 거룩한 그 길에 검은 구름 없으니
낮과 같이 맑고 밝은 거룩한 길 다니리 아멘.

3. 구약의 축도(민 6:24~26)

민수기 6:24~26에는 구약의 축복기도가 쓰여 있다. "여호와는 네게 복을 주시고 너를 지키시기를 원하며, 여호와는 그의 얼굴을 네게 비추사 은혜 베푸시기를 원하며, 여호와는 그 얼굴을 네게로 향하여 드사 평강 주시기를 원하노라"

이렇게 제사장들이 백성에게 축복을 선포하면 하나님께서 그들에게 복을 주리라고 약속하셨다. 이 구약의 축도는 우리의 영, 혼, 육을 축복하는 것으로 풀이 된다. 우리의 육신이 복을 받고 지킴을 받는 것이 처음 축복이다. 두 번째의 축복은 영혼의 축복이다. 하나님과의 관계가 올바르고 그의 얼굴 빛을 보면서 은혜를 받는 것이 영혼의 복인 것이다. 세 번째의 복은 나의 심령이 평안함을 누리는 복이다. 하나님이 나에게서 고개를 돌려 버리시면 나에게는 평강이 없다. 반드시 주의 얼굴이 나를 향하여야 한다. 그리고 주께서 내게 평강의 복을 주시면 이 험난한 세상 가운데서 강물 같은 평강을 누릴 수가 있다.

오늘도 함께 이 성경통독에 참여하시는 모든 분들께 이와같은 삼중 축복이 임하기를 기원한다. 아멘.

● 오늘의 말씀에 대한 나의 묵상 ●

오늘의 본문 성경을 읽으시고 깨달은 점이나 기억하고 싶은 점 혹은 기도문을 기록합니다.

1년 1독365일 성경통독, 꿀송이 보약큐티

민 7장~9장

묵상 자료

1. 지도자들이 가져온 예물(민 7장)

민수기에서 7장이 가장 길다. 이 장은 성막이 세워진 후 각 지파의 지도자들이 가져온 풍성한 예물에 대해 언급하고 있다. 지도자들은 항상 헌신의 본보기를 보여야 한다. 12일 동안 계속해서 똑같은 예물을 드렸지만 하나님이 보시기에는 그것은 각기 개별적인 것이었다. 12지파의 지도자들은 모두 하나님께 소중한 사람들이었고 하나님은 그들의 예물을 각각 개별적으로 받으셨다. 예물은 성막에서 섬기는 일을 위해 사용될 수 있는 실제적인 것이었다.

고핫 자손을 제외한 모든 사람에게는 수레가 주어졌다. 고핫 자손은 어깨로 성막의 기구들을 옮겨야 했다. 다윗이 처음 언약궤를 옮기려 할 때 이 사실을 잊어버려서 웃사가 죽는 비극을 초래했다. 우리가 진 짐을 다른 사람들이 조금은 덜어줄 수는 있겠지만 궁극적으로는 각각 자기의 짐을 스스로 져야 한다. 짐을 거부하지 말라. 하나님이 그 짐을 감당할 수 있는 힘을 주신다. 아멘.

2. 레위 지파의 사명(민 8장)

모든 사람이 다 지도자나 제사장이 되는 것은 아니다. 누군가는 레위인들처럼 돕는 사람이 되어야 한다. 하나님은 레위 지파를 아론 자손의 제사장들을 돕는 자들로 허락하셨다. 우리를 돕도록 우리에게 사람들을 보내 주시는 하나님께 감사하자. 레위인들은 이스라엘의 모든 처음 난 자를 대신하기 위해 하나님이 택하신 지파였다. 예수님이 우리 모든 죄인들을 구속하기 위해 하나님에 의해 택하신 바 되어 이 땅에 보내어 진 것과 같다. 그리고 성경은 레위 사람들이 하나님께 '요제'로 바쳐진 산 제물이었다고 기록하였다(민 8:13).

오늘날 교회에서 직분을 가지고 하나님을 섬기는 사람들은 다 레위인들 같은 사명감을 가져야 한다. 우리가 주님을 위해 어떤 일을 하건 그 일은 하나님께 드려진 제물과 같은 것이 되어야 한다.

3. 광야에서 지킨 유월절(민 9장)

유월절은 해마다 하나님이 이스라엘을 애굽의 억압에서 구원하셨고 이스라엘은 하나님께 속한 백성들이라는 사실을 상기시켜 주는 중요한 절기였다. 이 유월절이 광야에서 처음으로 지켜졌다. 유월절에 수만 마리의 양들이 도살된 것을 생각하면 온 세상을 위해 죽임을 당하신 하나님의 어린양 예수 그리스도를 생각하게 된다. 그러나 이 역사적인 광야에서의 첫 번째 유월절에 부정한 자들은 참석이 금지되었다. 그러나 예수 그리스도의 보혈을 의지하는 우리는 주님의 구원에 참여한 자가 되었다. 그리스도의 피 아래 있으면 안전하고 깨끗하다.

"그 피가 맘속에 큰 증거 됩니다. 내 기도 소리 들으사 다 허락 하소서." 아멘.

● 오늘의 말씀에 대한 나의 묵상 ●

오늘의 본문 성경을 읽으시고 깨달은 점이나 기억하고 싶은 점 혹은 기도문을 기록합니다.

1년 1독 365일 성경통독, 꿀송이 보약큐티

민 10장~12장

묵상 자료

1. 광야에서 하나님이 인도하시는 네 가지 방식(민 10장)

민수기 9장에서는 구름기둥과 불기둥에 관한 내용만을 다루지만, 민수기 10장으로 넘어오면 하나님이 자기 백성을 인도하시는 네 가지 방편을 동원하신다는 것을 알 수 있다.

1) 은 나팔 소리로 인도하시는 하나님

은 나팔은 오늘날의 '트럼펫'이다. 트럼펫 소리는 아주 멀리 가기 때문에 이백만 명이 넘는 이스라엘 백성들에게 하나님의 의사를 전달하기에 아주 좋은 악기이다. 그러면 왜 하필 금속 중에서도 은을 사용했을까? 그것은 '은'이 예수 그리스도의 구속, 구원을 상징하는 금속이기 때문이다. 그래서 성전에 생명의 속전을 낼 때도 은 반 세겔을 낸 것이다. 은은 구속의 상징이다. 그런데 은 나팔은 주물로 틀에 넣어 만드는 것이 아니다. 처음부터 끝까지 은덩어리를 쳐서 만드는 것이다. 이 일이 얼마나 어려운 일이었겠는가? 오직 성령의 능력을 받고 재능이 있는 사람만 만들 수 있었던 것이다.

이백만 명이 넘는 수많은 이스라엘 백성들에게 하나님의 정확한 뜻을 전달하는 것이 쉬운 일이 아니었을 것이다. 물론 구름기둥과 불기둥이 있기는 했지만, 장막에서 잠을 자다가 구름기둥과 불기둥을 보지 못하는 경우도 있었을 것이고, 시각 장애가 있어서 보지 못하는 경우도 있었을 것이다. 그래서 하나님은 시각적인 방법으로만 인도하지 않으시고, 청각적인 방법으로도 인도하신 것이다.

2) 구름기둥과 불기둥으로 인도하신 하나님

은 나팔은 인간 제사장이 부는 것이다. 그렇기 때문에 은 나팔은 결국 인간적인 의사소통 수단이라고 할 수 있다. 그러나 구름기둥과 불기둥은 철저히 하나님이 백성들과 의사소통하시는 수단이었다. 인간 제사장은 나팔을 불다가 착각해서 실수로 잘못 불수도 있고, 박자를 맞추지 못할 수도 있다. 사람이기 때문에 실수할 수 있다는 것이다.

그래서 하나님은 백성들을 인도함에 있어서 제사장의 은 나팔에 모든 것을 맡기지 않으신 것이다. 구름기둥과 불기둥은 결코 실수가 있을 수 없다. 왜냐하면 하나님이 직접 인도하시는 신적인 의사소통 수단이기 때문이다.

3) 깃발로 인도하시는 하나님

민수기 10:13~28까지는 진영 깃발이 인도하는 대로 따라가라는 내용을 다루고 있다. 이스라엘 백성들이 행진할 때, 선두에 서는 사람들은 법궤를 어깨로 멘 제사장들이었다. 언약궤가 선두이다.

그러면 이스라엘 백성들과 법궤는 어느 정도의 간격을 두고 행진했을까? 여호수아 3장 3~4에 "백성에게 명하여 가로되 너희는 레위 사람 제사장들이 너희 하나님 여호와의 언약궤 메는 것을 보거든 너희 곳을 떠나 그 뒤를 좇으라 그러나 너희와 그 사이 상거가 이천 규빗쯤 되게 하고 그것에 가까이 하지는 말라 그리하면 너희 행할 길을 알리니 너희가 이전에 이 길을 지나보지 못하였음이니라"고 기록되어 있다.

이천 규빗은 약 900m이다. 900m의 간격을 두고 행진하라고 하신 이유는 뒤에서 따라오는 사람들도 선두와 간격을 둔 법궤를 보고 따라갈 수 있도록 배려하신 것이다. 법궤 뒤를 따르는 지파들은 유다, 잇사갈, 스불론 지파이다. 그리고 성막의 앙장, 휘장, 기둥 등을 수레에 싣고 이동하는 게르손, 므라리 자손들이 그 뒤를 따른다. 그리고 남쪽 진영의 지파들인 르우벤, 시므온, 갓 지파가 이동한다. 그리고 행진 대열의 한 가운데 고핫 자손들이 지성물과 번제단을 어깨에 메고 그 뒤를 따라간다. 그리고 서쪽 진영의 지파들인 에브라임, 므낫세, 베냐민 지파, 그리고 마지막으로 북쪽 진영의 지파들인 단, 아셀, 납달리 지파가 따랐다.

중요한 사실은 선두에 법궤가 있다는 것과 순서가 마음에 들지 않는다고 해서 앞뒤의 순서를 임의로 바꿀 수 없다는 사실이다. 앞에서 가는 지파가 매일 앞서 간다고 뒤로 가고 싶다고 해도 순서를 바꿀 수 없으며, 뒤에서 따르는 지파가 왜 매일 우리는 뒤에서 따라가야 하느냐고 불평해도 소용없다는 것이다. 이것은 하나님의 질서이다. 하나님이 지시하신 대로 이동해야 하는 것이다. 마찬가지로 하나님의 교회이도 질서가 있다.

그런데 하나님은 각 진영의 대표 지파에게 진영 깃발을 하나씩 만들라고 하셨고, 각 진영에 속한 지파들은 그 깃발을 보고 따라가야 했다. 그래서 유다지파에는 사자 형상의 깃발, 르우벤 지파는 사람 얼굴 모습의 깃발, 에브라임 지파는 송아지 형상의 깃발, 단 지파는 독수리 형상의 깃발을 각각 세워 백성을 인도했던 것이다. 그러니까 구름을 보지 못한 사람, 나팔 소리도 제대로 듣지 못한 사람들은 밖으로 나가서 자기 진영의 깃발을 보고 따라가면 되는 것이었다. 중요한 사실은 이 네 가지 깃발은 모두 예수 그리스도의 다양한 모습을 상징한다는 것이다.

짐승의 왕 사자는 예수님의 왕 되심을 상징한다. 그래서 왕으로서 예수님의 모습을 보여주고 있는 복음서가 마태복음이다. 그래서 마태복음을 다른 말로 사자복음이라고도 한다. 사람의 아들, 인자로 예수님을 묘사하고 있는 복음서도 있는데 바로 누가복음이다. 그리고 소처럼 섬기는 종으로 오신 예수님을 보여주고 있는 복음서가 마가복음이다. 마지막으로 신성을 가지신 예수님을 상징하는 독수리의 모습은 요한복음이 묘사하고 있는 것이다. 그래서 마태복음을 사자복음, 누가복음을 인자복음, 마가복음을 송아지복음, 요한복음을 독수리복음이라고도 부르는 것이다.

네 개의 깃발을 따르라는 것은 곧 신약적인 의미로 보면 예수 그리스도를 따르라는 의미가 된다. 하나님은 광야에서 구름기둥과 불기둥, 은 나팔과 진영깃발로도 부족해서 사람도 붙여 주셨다.

4) 사람들을 통해 인도하시는 하나님

민스기 10:29~32에 "모세가 그 장인 미디안 사람 르우엘의 아들 호밥에게 이르되 여호와께서 주마 하신 곳으로 우리가 진행하나니 우리와 동행하자 그리하면 선대하리라 여호와께서 이스라엘에게 복을 내리리라 하셨느니라 호밥이 그에게 이르되 나는 가지 아니하고 내 고향 내 친족에게로 가리라 모세가 가로되 청컨대 우리를 떠나지 마소서 당신은 우리가 광야에서 어떻게 진 칠 것을 아나니 우리의 눈이 되리이다 우리와 동행하면 여호와께서 우리에게 복을 내리시는 대로 우리도 당신에게 행하리이다"라고 기록되어 있다.

모세는 하나님이 백성들을 인도하시므로 사람의 도움은 필요 없다고 말하지 않았다. 모세에게 호밥은 처남이다. 본문에 '그 장인 미디안 사람 르우엘의 아들 호밥'이라고 소개되어 있다. 그런데 사사기 4::11에 보면 '모세의 장인 호밥'이라고 기록되어 있는 것을 볼 수 있는데 문제는 히브리어로 장인과 처남은 한 단어로 사용된다는 것이다. 그러니까 문맥에 따라서 장인이 되기도 하고 처남이 되기도 한다.

모세는 처남인 호밥에게 우리와 함께 광야로 가서 살자고 제안했지만, 호밥은 그 제안을 거절했다. 호밥은 내 고향 내 친족에게로 돌아갈 것이라고 말했다. 그러나 누구라도 누나의 집에 얹혀 사는 것이 쉬울 리가 없다. 매형과 함께 한 집에서 먹고 사는 일은 결코 쉬운 일이 아니지 않는가? 그래서 호밥은 매형인 모세의 제안을 거절했을 것이다. 그러나 모세가 재차 간절히 부탁했다. 31절에 "모세가 가로되 청컨대 우리를 떠나지 마소서 당신은 우리가 광야에서 어떻게 진 칠 것을 아나니 우리의 눈이 되리이다"라고 기록되어 있다.

호밥에게 당신이 우리의 눈이 될 것이라고 말했다. 모세는 광야 사막의 지리에 밝은 처남인 호밥이 우리 모든 백성들의 눈이 되어줄 것이라고 믿었던 것이다. 전문 안내자가 되어 달라는 모세의 간청을 호밥이 마침내 받아들였다. 성도는 다른 사람에게 호밥과 같은 사람이 되어주어야 한다. 영적인 문제의 전문가들이 되어서 다른 사람들의 문제를 도와주는 호밥과 같은 사람이 되어야 한다.

하나님은 불기둥과 구름기둥으로 백성들을 인도하시고, 제사장이 부는 은 나팔을 통해 인도하시고, 그것도 부족해 족장들의 깃발을 보고 따라가라고 명하셨으며, 광야 생활의 전문가를 붙여주셔서 자기 백성을 철저하게 인도하셨다.

하나님은 광야 같은 인생길을 살아가고 있는 우리에게 구름기둥과 불기둥뿐만 아니라, 은 나팔, 깃발, 지리를 잘 아는 호밥과 같이 다양한 방편으로 갈 길을 인도해 주시는 자비로운 분이시다. 하나님은 여러 가지 방편으로 자기의 뜻을 계시해 주시는 것이다.

하나님은 성경을 통해, 설교자를 통해, 환경을 통해, 친구를 통해 다양한 방법으로 자기의 뜻을 가르쳐 주시며 우리를 인도하신다. 아멘.

● 오늘의 말씀에 대한 나의 묵상 ●

오늘의 본문 성경을 읽으시고 깨달은 점이나 기억하고 싶은 점 혹은 기도문을 기록합니다.

1년 1독 365일 성경통독, 꿀송이 보약큐티

민 13장~15장

묵상 자료

1. 경계선에서…

독일의 유명한 신학자였고 나치 정권에 저항을 하다가 추방되어 미국 하버드 대학에서 신학과 철학을 가르친 폴 틸리히(Paul Tillich) 교수는 『경계선에서』라는 유명한 책을 썼다. 그는 이 책을 통해 "인생이란 경계선상에 서 있다. 현실과 상상 사이에 서 있고, 이론과 실제 사이에 서 있고, 타율과 자유 사이에 서 있고, 교회와 사회 사이에 서 있다. 이런 경계선상에서 하나님께서는 끊임없이 우리에게 바른 결단을 내리도록 요구하고 계신다"고 했다. 다시 말해 우리 인생은 경계선의 삶이므로 경계선상에서 어디로 갈 것인지를 늘 결정하면서 살아야 된다는 것이다.

민수기 13장과 14장에 나타난 가데스바네아에 있었던 이스라엘 백성들이야말로 경계선에 있었다. 이들은 더 앞으로 나아가서 가나안 땅에 들어갈 수도 있었고, 뒤로 돌아가서 다시 애굽땅에서 노예생활을 할 수도 있었으며, 아니면 계속 광야의 방황생활을 할 수도 있었다. 이 가데스바네아라고 하는 경계선은 한 인간의 인생이나 한 가정의 운명을 결정하는 기로가 아니고 한 국가의 운명을 결정하는 기로였다. 그러나 그들은 우유부단했고, 하나님께서 비전을 주셨지만 그 경계선을 넘어가지 못했으며, 정체감의 혼란과 정서적인 불안으로 인해 한 장관을 세우고 애굽으로 다시 돌아가기를 원하였다. 가데스바네아라고 하는 경계선에서 믿음 없는 잘못된 결정을 내리는 바람에 결국 이스라엘 백성들은 광야에서 40년 동안 방황하는 벌을 받게 되었다. 왜 성경은 이와 같은 실패담을 기록하고 있을까? 고린도전서 10::11이 그 답을 준다. "저희에게 당한 이런 일이 거울이 되고 또한 말세를 만난 우리의 경계로 기록하였느니라" 오늘을 살고 있는 우리 성도들이 동일한 실패, 동일한 불신앙을 반복하지 말라는 의미에서 이와 같은 이야기들이 기록되어 있는 것이다.

하나님께서는 경계선에 선 이스라엘 백성들에게 명확한 방향을 제시하셨다. "너희는 가나안 땅으로 들어가라. 전진하라. 가데스바네아의 경계선을 넘어가라!"는 분명한 비전을 제시하신 것이다. 그럼에도 불구하고 이들은 이 비전을 이루지 못하고 경계선상에서 우물쭈물하다가 그만 뒤로 돌아가고 방황을 계속하는 실패를 겪게 되었다.

하나님께서는 우리 앞에 시시한 것을 놓고 가라고 말씀하지 않으신다. 고린도전서 2:9을 보면 "기록된바 하나님이 자기를 사랑하는 자들을 위하여 예비하신 모든 것은 눈으로 보지 못하고 귀로도 듣지 못하고 사람의 마음으로도 생각지 못하였다 함과 같으니라"고 했다. 모세가 하나님의 명을 받아 12정탐꾼을 파송했다. 파송할 때에 이들에게 세 가지 사명을 주었다. 첫째로 그 땅이 비옥한지 척박한지를 살피라고 했다. 둘째로 그 땅의 농산물을 탐지하라고 했다. 그 땅 위에 수목들이 제대로 자라고 있는지를 살피고 실과가 있다면 그 실과를 한 번 가지고 와보라고 명했다. 세 번째로 땅의 거민들을 살펴보라고 했다. 거민이 강한지, 약한지, 많은지, 적은지, 그들이 사는 성이 산 위에 담이 있는 성인지, 없는 성인지 이 모든 것들을 다 살펴보고 오라고 명했다.

12정탐꾼들이 40일 동안 탐지한 후에 돌아와서 모세에게 보고를 하였다.

"모세에게 보고하여 가로되 당신이 우리를 보낸 땅에 간즉 과연 젖과 꿀이 그 땅에 흐르고 이것은 그 땅의 실과니이다. 그러나 그 땅 거민은 강하고 성읍은 견고하고 심히 클 뿐 아니라 거기서 아낙 자손을 보았으며"라고 말하고 있다. 민수기 13:28의 '그러나'라고 하는 접속사는 불신앙의 접속사이다. 이 '그러나' 접속사가 한 번 들어와 버리면 앞에 나온 모든 축복들을 다 뒤집어 엎어버리게 된다. 이들이 말하는 요점은 하나님께서 우리에게 주신 비전은 분명히 크고 아름다운 것이지만 그 비전을 이루기 위해서 뛰어넘어야 할 장애물은 우리가 감당하기 어려운 것이라는 말이다.

하나님께서는 아무런 장애도 거치지 않고 가나안 땅에 들어가게 될 것이라고 약속하신 적이 없다. 믿음으로 가나안 땅에 들어가는 사람은 장애가 있어도, 방해요인이 아무리 많아도 그것을 뚫고 들어가게 될 것이라고 약속하신 것이지, 장애도 없고 방해도 없고 환란과 근심도 없이 가나안 땅에 들어가게 될 것이라고 약속하신 것은 아니었다.

민수기 13장과 14장을 통해 우리는 이스라엘 백성들이 직면한 몇 가지 장애물을 발견할 수 있다.

첫째는 부정적인 태도이다. 민수기 13:31 말씀을 보면 “그와 함께 올라갔던 사람들은 가로되 우리는 능히 올라가서 그 백성을 치지 못하리라 그들은 우리보다 강하니라”고 기록되어 있다. 사람의 태도가 부정적이면 “못하리라. 안되리라. 어려우리라”는 말이 쉽게 나온다. 이스라엘 백성들이 언제 강해서 이겼던가? 하나님께서는 단 한 번도 저들의 힘이 강하다고 말씀하신 적이 없었다. 부정적인 사람들은 과장도 잘한다. 민수기 13:32~33 말씀을 보면 “이스라엘 자손 앞에서 그 탐지한 땅을 악평하여 가로되 우리가 두루 다니며 탐지한 땅은 그 거민을 삼키는 땅이요 거기서 본 모든 백성은 신장이 장대한 자들이며 거기서 또 네피림 후손 아낙 자손 대장부들을 보았나니 우리는 스스로 보기에도 메뚜기 같으니 그들의 보기에도 그와 같았을 것이니라”고 기록되었다. “거기서 본 모든 백성은 신장이 장대한 자들이며” 이 “모든”이라는 단어를 과장해서 쓰고 있는 것이다. 모든 백성들이 다 신장이 장대하지는 않았을 것이다. 거인 몇 명 있는 사실을 가지고 과장해서 모든 백성이 다 거인이라고 말하는 것이다. 사람들은 이야기할 때도 과장해서 말하는 경향이 강하다.

더불어 이들은 스스로 보기에도 자신들이 메뚜기 같다는 자기 비하에 빠지고 말았다. 자기를 스스로 메뚜기 같다고 했을 뿐만 아니라 있지도 않은 사실까지 사실인양 생각했다. 가나안 거민들이 이스라엘 백성들을 메뚜기처럼 생각하는지 알게 무엇인가? 실상은 그들은 “벌벌” 떨고 있었다. 그런데도 이들은 남의 생각을 자기가 아는 것처럼 이야기하였다. 이와 같은 태도는 과장이요, 자기 비하요, 한마디로 불신앙이다. 신앙 있는 사람들의 태도는 언제나 밝고, 긍정적이고, 진취적이다.

둘째는 두려움의 장애물이었다. 14장 1~3까지의 말씀을 보자. "온 회중이 소리를 높여 부르짖으며 밤새도록 백성이 곡하였더라 이스라엘 자손이 다 모세와 아론을 원망하며 온 회중이 그들에게 이르되 우리가 애굽 땅에서 죽었거나 이 광야에서 죽었더면 좋았을 것을 어찌하여 여호와가 우리를 그 땅으로 인도하여 칼에 망하게 하려 하는고 우리 처자가 사로잡히리니 애굽으로 돌아가는 것이 낫지 아니하랴".

참으로 불신앙적인 슬픔이다. 이들은 울면서 두려워했다. 자신들이 죽을까 봐, 그들의 처자가 죽을까 봐 두려움에 사로잡혔다. 시편 27:1에 "여호와는 나의 빛이요 나의 구원이시니 내가 누구를 두려워하리요 여호와는 내 생명의 능력이시니 내가 누구를 무서워하리요"라고 기록되어 있다. 시편 27:3에는 "군대가 나를 대적하여 진 칠지라도 내 마음이 두렵지 아니하며 전쟁이 일어나 나를 치려할지라도 내가 오히려 안연하리로다"라고 다윗은 선언하고 있다.

두려움은 하나님께서 주시는 마음이 아니다. 두려움은 마귀가 주는 것이다. 사도 바울이 디모데후서 1:7에서 "하나님이 우리에게 주신 것은 두려워하는 마음이 아니요, 오직 능력과 사랑과 근신하는 마음이니"라고 말씀하셨다. 우리가 살다가 내가 이러다가 망하면 어떡할까? 내가 이러다가 병들면 어떡할까? 이러다가 우리 자식들이 잘못되면 어떡할까? 하는 두려움이 생길지라도 떨지 말아야 한다. 신앙의 위인들은 모두 두려움의 장애를 극복한 사람들이다.

모든 사람들이 두려워하고 떨 때 여호수아와 갈렙은 전혀 달랐다. 적들은 우리의 밥이라고 선포하였다. 세상은 믿음을 가진 사람들에게는 밥이다. 밥은 먹는 것이지, 두려워할 대상이 아니다. 한 번뿐인 인생인데 우리가 왜 메뚜기 의식을 가지고 살아야 하는가?

그때 경계선에 선 이스라엘 백성들에게 선택할 수 있는 옵션은 오직 세 가지뿐이었다. '전진해서 축복을 받을 것이냐? 후퇴해서 노예가 될 것이냐? 아니면 정지해서 방황을 계속할 것이냐?'

세 가지 중에 다른 옵션은 없었다. 그리고 이들이 나아갈 방향은 분명하였다. 전진해야 했다. 가데스바네아에서 경계선을 넘어가야 했다. 하나님께서 예비하신 영광과 부요의 축복을 쟁취해야 했다. 당신은 지금 어느 경계선에 서 있는가?

● 오늘의 말씀에 대한 나의 묵상 ●

오늘의 본문 성경을 읽으시고 깨달은 점이나 기억하고 싶은 점 혹은 기도문을 기록합니다.

1년 1독365일 성경통독, 꿀송이 보약큐티

민 16장~18장

묵상 자료

1. 고라의 반역과 그 아들들

민수기 16장은 고라와 그와 동조한 반역 도당들의 반란과 심판이 리얼하게 기록되어 있다. 그들은 레위인들로서 왜 똑같이 성막 일을 하는데 아론의 자손들만 제사장이 되고 레위인들은 찬밥신세인가 하는데 불만을 품고 지도자 모세와 아론에게 동조자들을 모아 대적했다.

고라는 레위 지파 고핫의 손자였다. 고핫 자손들은 성막의 물품을 옮기는 중요한 일을 맡고 있었다. 사람이 하나님께 받은 은사와 직분은 다를 수 있지만 남과 비교하지 말고 겸손히 나에게 맡겨진 사명을 기쁨으로 감당하는 것이 중요하다. 디모데후서 2:20에 보면 큰 집에는 금, 은 그릇뿐 아니라 나무와 질그릇도 있어 귀히 쓰는 것도 있고 천하게 쓰는 것도 있지만 중요한 것은 자기를 정결케 하여 주인의 쓰심에 부족함이 없는 것이라 하였다.

마태복음 25장에는 한 달란트 받은 자가 주인에게 불만을 품고 불충하다가 주인의 심판을 받는 장면이 나온다. 고라는 자기의 불만을 지인들에게 나누고 세력을 규합했다. 250명이나 되는 백성의 지도급 인사들이 이 반란에 동조했다. 결국 그들은 하나님의 진노를 피하지 못하고 고라 가족은 땅이 갈라져 산 채로 묻혔고 동조자들도 불에 타 죽었다. 참으로 어리석고 어리석은 인간들이다. 교만한 마귀의 꾐에 빠져 멸망을 자초했다.

그런데 역대상 9:19에 고라의 자손이 예루살렘 성전의 성막 문지기로 발탁되어 여호와의 출입문을 지키는 중요한 직분을 감당했다는 기록이 나온다. 그리고 시편 84, 85, 87, 88편을 보면 고라 자손의 찬송시가 나오는데 그 내용이 다윗이 쓴 것과 다름없이 신령하고 은혜롭다. 이것이 어찌된 일인가? 고라 가족들은 모세 반란 사건으로 땅이 갈라져 생매장 당했는데 그 후손들이 어떻게 살아서 이렇게 은혜생활을 했단 말인가? 민수기 26:10~11을 보자. "땅이 그 입을 벌려서 그 무리와 고라를 삼키매 그들이 죽었고 당시에 불이 250명을 삼켜 징표가 되게 하였으나 고라의 아들들은 죽지 아니하였더라"

왜 고라의 아들들은 죽지 아니하였을까? 그들은 아버지의 반란에 동조하지 않았던 것이 틀림없다! 아무리 아버지라도 아닌 것은 아닌 것이다. 고라의 아들들은 아버지가 교만의 영에 사로잡혀 분수를 넘어 모세와 아론에게 대적할 때 그들은 아버지의 죄에 동참하지 않았다. 오늘날도 우리는 선입견을 갖기 쉽다. 아버지가 안 좋으면 자식도 뻔하겠지… 그러나 하나님의 은혜는 항상 예외를 낳는다.

나도 날 때부터 편모 슬하에서 자라면서 아버지를 본 적이 없어 커서 우리 아버지가 누구냐고 어머니께 물어보았다. 홀로 사신 어머니는 나에게 느그 아버지는 하나님을 모르는 삶의 질이 안 좋은 분이었다고 알려 주셨다. 내가 아버지에 대해 아는 것은 어머니께 들은 그 한마디뿐이다. 나는 신령한 영향을 부모로부터 받지 못하고 자란 불신 가정의 자식인 것이다. 그러나 중1 때 예수님을 영접하고 나는 고라의 아들들처럼 하나님 장막에 문지기가 되어 복음의 수종자가 되었다.

예수님은 가계에 흐르는 저주를 끊어 주시는 분이시다. 김은해라는 부산 광안중앙교회에 다니던 경건한 아내를 얻어 자녀를 낳았는데 지금은 아들, 딸 아무도 불신자는 없다. 모두 하나님을 잘 섬기려고 하는 귀한 자녀들이다. 이와 같이 예수의 이름은 인생 역전을 일으키시는 이름이다. 고라의 아들들처럼 우리도 죄악 세상에 동조치 말고 예수 따라 살다가 멸망을 면하고 하나님께 쓰임받는 복을 누리며 살자. 아멘.

2. 아론의 싹 난 지팡이

민수기 17장에는 아론의 싹 난 지팡이 기적이 기록되어 있다. 고라의 일당들이 모세와 아론의 권위에 도전하는 사건이 일어난 후 하나님은 아론의 권위를 백성들에게 각인시키기 위해 모든 지파의 지도자들이 자기 지파의 이름을 써서 지팡이를 하나씩 가지고 나오라고 하였다. 모세는 거기에 아론의 지팡이도 함께 섞어서 여호와의 지성소 증거궤 앞에 두었다. 다음 날 꺼내보니 다른 지팡이들은 이상이 없었는데 아론의 지팡이만 싹이 나고 꽃이 피고 살구열매가 맺혀 있었다. 놀라운 기적이었다. 어떻게 죽은 지팡이가 살아서 하루 만에 움이 돋고 꽃이 피고 열매를 맺힌단 말인가?

그 기적이 예수 이름을 부르는 자들에게 동일하게 나타난다. 우리는 믿기 전 죄와 허물로 죽은 자들이었다. 그런데 예수 이름을 부르는 순간 죽었던 내 영혼이 살아나 움이 트고 자라고 열매를 맺는다.

● 오늘의 말씀에 대한 나의 묵상 ●

오늘의 본문 성경을 읽으시고 깨달은 점이나 기억하고 싶은 점 혹은 기도문을 기록합니다.

1년 1독 365일 성경통독, 꿀송이 보약큐티

민 19장~21장

묵상 자료

1. 모세의 결정적인 실수

민수기 20장을 보면 신광야 가데스에서 이스라엘 백성들이 물이 없어 다시금 모세와 하나님을 원망하는 장면이 나온다. 어려움이 닥치면 그동안 역사하신 하나님을 굳게 의지하고 기도하면 될텐데 이 백성들의 DNA에는 불평, 불만의 피가 흐르고 있어 걸핏하면 원망과 불평을 일삼았다. 한두 번도 아니고… 이번에는 그 온유하고 겸손한 모세도 단단히 뿔이 났다. 치명적으로 모세의 화를 돋군 백성들의 말은 "우리 형제들이 여호와 앞에서 죽을 때에 우리도 죽었으면 좋았겠다"(민 20:3)는 것이었다. 우상숭배하고 반역하다가 벌받아 죽은 백성들에게서 교훈을 받지는 못할 망정 그들이 죽을 때에 우리도 죽었으면 좋았겠다는 말이 도대체 무슨 말인가? 내친김에 그들은 파종도 못하는 광야, 석류같이 맛있는 과일도 못 먹는 광야생활이 지긋지긋 하다며 애굽에서 끌고 나와 광야로 이끈 모세를 원망했다. 모세는 기가 막혀 회막으로 나아가 회막문 앞에서 하나님 앞에 엎드렸다. 기도밖에 그런 경우 우리가 무엇을 더 할 수 있겠는가? 백성들과 말싸움하지 않고 모세는 회막으로 나아가 하나님께 기도했다.

그때 하나님은 모세에게 지팡이를 들고 반석으로 나아가 명령하여 물을 내고 그 물로 이스라엘 백성과 그 짐승들을 마시게 하라고 하셨다. 백성들의 총회를 그 반석 앞에 모은 모세는 "내가 너희를 위하여 이 반석에서 물을 내랴?" 하며 지팡이로 반석을 두 번 내리쳤다. 이때 물이 반석에서 콸콸 쏟아져 나오고 이스라엘 백성들은 벌컥벌컥 물을 마셔댔다. 그 짐승들도 충분히 먹였다. 이 놀라운 기적의 현장에 청천벽력 같은 하나님의 음성이 모세에게 떨어졌다.

여호와께서 모세와 아론에게 이르시되 너희가 나를 믿지 아니하고 이스라엘 자손의 목전에 나의 거룩함을 나타내지 아니한 고로 너희는 이 총회를 내가 그들에게 준 땅으로 인도하여 들이지 못하리라 하시니라 민 20:12

많은 사람들은 모세가 가나안에 못 들어간 이유를 말로 명령하지 않고 화가 나서 지팡이로 반석을 때렸기 때문이라고 생각한다. 물론 그것도 맞는 말이다. 그러나 문맥의 정황으로 볼 때 더 큰 이유는 모세가 하나님께 100% 순종치 않고 백성들에 대한 혈기를 삭이지 못하고 물이 나오는데 소극적으로 임했으며 그 입에서 나온 말이 하나님의 귀에 거슬린 것이 결정타였다. 이 사건에 대해 시편 기자는 이렇게 증언한다. 시편 106:32~33이다. "그들이 또 므리바 물에서 여호와를 노하시게 하였으므로 그들 때문에 재난이 모세에게 이르렀나니 이는 그들이 그의 뜻을 거역함으로 말미암아 모세가 그의 입술로 망령되이 말하였음이로다"

그렇다. 결정적인 모세의 실수는 그의 입술이었다. 하나님이 들으시기에 망령되고 믿음이 없으며 하나님의 거룩함을 백성들에게 드러내지 않는 말 실수를 한 것이다. 보통 부부간에 이혼까지 간 파괴적인 결과의 원인을 보면 결정적으로 하지 말아야 할 말을 참지 못하고 입술로 뱉어 버려서 일어난다. 보통 여성들은 남자보다 입 주변의 근육이 10배는 잘 발달되어 남자가 한마디 하면 열 마디가 속사포처럼 튀어나온다. 만일 누군가가 여성들 입 주변의 근육을 약하게 하는 약품을 개발하여 부부간에 싸울 때 사용하게 한다면 인류 평화에 이바지했다고 노벨 평화상을 받게 될 것이다. 남자들도 마찬가지다. 순간의 "욱"하는 성질을 조금만 죽여도 큰 싸움은 면한다. "내가 이 백성(후안무치한..)을 위해 물을 내랴?" 이 한마디가 하나님의 귀에 들렸을 때 하나님은 모세에게 마음을 닫으셨다. 다시는 그 일로 기도도 못하게 하셨다. 기도해도 소용없다는 말씀이었다.

야고보 선생님은 "우리가 다 실수가 많으니 만일 말에 실수가 없는 자라면 곧 온전한 사람이라(약 3:2)"고 하셨다. 나는 아내에게 만약 부부 싸움을 하더라도 절대 '이혼'이란 단어는 꺼내지 말라고 한다. 그리스도인은 아무리 화가 날 때도 할 말이 있고 못할 말이 있는 것이다. 성경은 모세만큼 지상에서 온유한

(겸손한) 자가 없다고 하셨다. 그토록 훈련되고 80년 동안 준비된 지상 최고의 겸손한 사람이라도 성질을 돋우는 이스라엘 백성들이 너무도 알미워서 하나님의 명령대로 순종하지 못하고 말실수를 하고 말았다. 주여! 오늘도 우리의 입술에 파숫군을 세워 주소서. 특별히 화가 날 때 말조심하게 하소서. 아멘.

● 오늘의 말씀에 대한 나의 묵상 ●

오늘의 본문 성경을 읽으시고 깨달은 점이나 기억하고 싶은 점 혹은 기도문을 기록합니다.

1년 1독 365일 성경통독, 꿀송이 보약큐티

민 22장~25장

● 묵상 자료 ●

1. 요사한 복술가(卜術家) 발람

민수기 22~24장은 이스라엘을 저주하려는 모압왕 발락이란 자가 당대의 유명한 복술가 발람을 초청하여 이스라엘을 저주하려는 기사가 계속된다. 혹자는 발람이 하나님의 선지자였는데 뇌물에 눈이 어두워 발락과 한패가 되었다고 하지만 결코 그는 하나님의 선지자가 아니었다. 여호수아 13:22에 분명히 발람을 가리켜 '점술가'라고 하는데 이 말은 하나님의 선지자들에게는 절대로 사용되지 않는 용어이다.

> 이스라엘 자손이 그들을 살륙하는 중에 브올의 아들 점술가 발람도 칼날로 죽였더라 수 13:22

신약에 사도 베드로가 그를 선지자라 칭한 것은 하나님의 참 선지자란 의미에서가 아니고 거짓 선지자란 뜻으로 얘기하였다. 어떤 사람들은 민수기 22장을 읽으면서 왜 하나님은 발람에게 가라고 허락해 놓고 막상 길을 떠나는 발람에게 나타나 그를 죽이려 하셨는지 의아해 한다.

처음부터 가지 않는 것이 하나님의 뜻이었지만 뇌물에 마음이 흔들렸는지 가고 싶어서 자꾸 물어보는 발람에게 네가 정 가고 싶으면 가도 된다. 하지만 가서 내가 일러준 말만 선포해야 한다는 취지로 허락하셨고 가는 도중에 다시 한 번 그 사실을 천사를 통해 강조하고 싶어서 그에게 나타나셨다. 그러나 말 못하는 짐승인 나귀는 하나님의 사자를 보았지만 점술가 발람은 영의 눈이 어두워 자기가 타는 나귀에게 꾸중을 들어야 했다. 어떻게 짐승이 말을 할 수 있었을까? 하나님에게는 불가능이 없다. 어떻게 홍해를 육지처럼 건넜을까? 어떻게 하늘에서 만나가 내렸을까? 어떻게 반석에서 물이 터져 나왔을까? … .

발람은 하나님의 사자를 만나고 짐승에게까지 꾸중을 듣는 사건을 통해 하나님의 말씀을 바로 전하지 않으면 자기 생명이 위험하다는 걸 알고 모압왕 발락에게 가게 되었다. 그리고 갖은 회유와 로비에도 불구하고 하나님의 백성들을 저주하지 못하고 그들을 번번히 축복하였다. 성경의 독자들은 세 번이나 이스라엘을 축복하고 떠난 발람이 왜 그토록 비참하게 나중 이스라엘 군대의 칼날에 살해되었는가에 대해 의문을 가질 수도 있을 것이다. 그 원인은 민수기 31:16이 밝혀 준다.

> 보라 이들이 발람의 꾀를 따라 이스라엘 자손을 브올의 사건에서 여호와 앞에 범죄하게 하여 여호와의 회중 가운데에 염병이 일어나게 하였느니라 민 31:16

브올의 사건이란 무엇인가? 민 25장 사건이다. 이스라엘 백성들이 모압 여인들과 음행하다가 이스라엘 진영에 하나님의 진노가 내려 염병이 퍼졌는데 이때 무려 24,000명이 그 전염병으로 목숨을 잃었다. 매일 사람들이 염병에 걸려 속절없이 죽어 갈 때 그 질병을 끝낸 이가 제사장 비느하스였다. 시므온 지파의 족장 시므리와 미디안 두령의 딸 고스비를 간음의 현장에서 창으로 찔러 죽였을 때 비로소 여호와의 진노가 그치고 염병이 멈췄다. 꼼꼼한 독자들은 민수기 26장의 새 세대의 인구조사를 세밀히 살펴보며 가장 인구가 감소된 지파가 바로 시므온 지파인 것을 발견해 낼 것이다. 40년 전 조사 때 59,300명 이던 인구가 22,200명으로 거의 3/2가 감소되어 버렸다. 브올의 음행사건 때 시므온 지파의 족장이 음행하다 발각되어 죽었으니 그 지파의 많은 젊은이들이 지도자를 따라 음행에 가담했다가 염병의 심판을 받고 많이 죽어 나갔음을 알 수 있는 대목이다.

이 모든 참극은 요사한 발람의 꾀에서 시작되었다고 성경은 밝힌다(민 31:16). 그는 여호와 하나님이 무서워 어쩔 수 없이 저주를 하지는 못했지만 내내 그 모압왕 발락의 뇌물이 탐났을 것이다. 발람이 못 본 천사를 나귀가 보았다. 발람의 눈은 탐심의 눈으로 어두워져 있었던 것이다. 그 탐심을 이기지 못하고 결국 길을 되돌아가 모압왕에게 이스라엘을 파괴할 수 있는 묘책을 알려준 것이다.

그것이 바로 아름다운 여자들을 내세워 이스라엘 남자들을 유혹하고 그들과 음행하며 그들로 이방신들에게 절하게 한다면 틀림없이 이스라엘 신이 노하여 이스라엘을 칠 것이고 그때가 이스라엘을 침공할 절호의 기회가 될 거라고 꾀를 빌려준 것이다. 발람의 이 요사한 꾀 때문에 죽어나간 이스라엘 사람들이 무려 24,000명이나 되었다. 음행이 얼마나 무서운 결과를 가져오는 것인지를 잘 보여준다.

요한계시록 2:14은 더욱 확실하게 발람의 죄를 드러낸다.

> 그러나 네게 두어 가지 책망할 것이 있나니 거기 네게 발람의 교훈을 지키는 자들이 있도다. 발람이 발락을 가르쳐 이스라엘 자손 앞에 걸림돌을 놓아 우상의 제물을 먹게 하였고 또 행음하게 하였느니라 계 2:14

지금 세상은 발람의 꾀인 음행의 덫으로 가득 차 있다. 이로 인해 영혼이 염병에 걸려 죽어가는 신자들이 부지기수다.

● 오늘의 말씀에 대한 나의 묵상 ●

오늘의 본문 성경을 읽으시고 깨달은 점이나 기억하고 싶은 점 혹은 기도문을 기록합니다.

1년 1독 365일 성경통독, 꿀송이 보약큐티

민 26장~28장

묵상 자료

1. 모세의 위대함

민수기 27장에 하나님은 모세에게 가나안 입성 전 임종할 것을 말씀하셨다. 이때 모세의 반응이 너무 감동스럽다. 그는 "하나님 너무 하시는 것 아닙니까?"하며 섭섭함을 토로하지 않았다. 뜻을 돌이켜 달라고 구차하게 다시 기도하지도 않았다. 다만 마지막 소원은 여호와의 백성으로 목자 없는 양과 같이 되지않게 해 달라는 간구를 드렸다(민 27:15~17). 그래서 그 응답으로 여호수아를 후계자로 세우고 기쁘게 하나님의 뜻을 따라 마지막을 장식했다. 마지막까지 그에게는 사심이 없었다. 오직 주님의 백성들의 안위와 여호와의 뜻을 최상으로 받들었다. 절로 고개가 숙여진다. 우리 같으면 교만할 것도 같은데… 섭섭할 것도 같은데… 오늘날의 목사님들이 모두 모세의 절반만 닮아도 주님의 재림은 훨씬 더 앞당겨 질 것이다.

모세가 죽기 전 마지막으로 느보산을 오르고 있을 때 하나님께서 조금 미안한 마음이 드셔서 모세가 어떻게 산을 오르는지 바라보고 계셨다고 한다. 그때 모세가 소리없이 눈물을 흘리면서 산을 오르고 있었다. 하나님은 모세에게 물으셨다. "왜 우느냐, 모세야. 가나안에 못 들어 간 것이 그렇게도 서운하냐?" 그때 모세가 이렇게 대답했다고 한다. "하나님… 오해하지 마십시요. 제가 서운해서 우는게 아니에요. 저를 나일강 갈대상자에서 구출해 주시고 120년 동안 나와 함께 해 주셔서 이 백성들을 애굽에서 해방시켜 가나안까지 이끌게 하신 하나님의 은혜가 너무 감사해서 저도 모르게 하염없는 감사의 눈물이 나네요."

역시 하나님이 얼굴과 얼굴을 대면하여 친구처럼 말씀하신 위대한 모세의 모습은 아무나 쉽게 흉내 내기 어려운 경지의 신앙을 지녔다. 성경은 모세 이후로 다시는 모세와 같은 위대한 선지자가 태어나지 않았다고 못박고 있다.

그러나 예수님은 모세보다 위대하신 우리의 지도자이시다. 모세가 이스라엘 백성을 애굽에서 해방시킨 것처럼 예수님은 하늘에서 애굽 같은 이 땅에 오셔서 십자가에 죽어 주심으로 우리를 죄의 심판에서 해방시켜 주셨다. 모세가 이스라엘이 범죄하여 하나님의 진노를 촉발했을 때 하나님께 엎드려 중보기도 함으로 그들을 멸망에서 건진 것처럼 예수님은 하나님의 보좌 우편에 계셔서 지금도 우리를 위해 중보기도 해 주신다. 모세는 실수하여 가나안에 못 들어 갔지만 예수님은 죄가 없으셨고 지상에 계시는 동안 단 한 번도 하나님의 말씀을 불순종하지 않으셨다. 그리하여 부활하셔서 영광스럽게 천사들에 이끌리어 하늘로 승천하셨고 만왕의 왕이 되셔서 다시 오실 것이다. 아멘.

● 오늘의 말씀에 대한 나의 묵상 ●

오늘의 본문 성경을 읽으시고 깨달은 점이나 기억하고 싶은 점 혹은 기도문을 기록합니다.

1년 1독 365일 성경통독, 꿀송이 보약큐티

민 29장~32장

묵상 자료

1. 민수기 31장이 주는 세 가지 중요한 의미

우선 민수기 31장의 진리는 하나님은 교회를 해치는 자들에게 보응하시는 하나님이시라는 것이다. 미디안이 구약시대 교회인 이스라엘 공동체를 미혹해서는 유혹하고 우상숭배에 빠뜨렸다. 그들은 이스라엘을 저주했고, 교회를 향하여 전쟁을 했다. 하나님은 믿지 않아도 꼬리를 내리고 가만히 있는 사람들은 그냥 최후 심판의 날까지 참고 계신다. 그러나 미디안은 하나님을 직접 대적했기 때문에 미디안 족속은 그냥 나두지 말고 죽이라고 하신 것이다.

스가랴 2:8에 "무릇 너희를 범하는 자는 그의 눈동자를 범하는 것이라"고 말씀하셨는데 하나님의 눈동자를 미디안이 찔렀다. 그래서 민족 말살을 당하게 된 것이다. 하나님은 신약시대에도 하나님의 교회를 해치는 사람들에게 보응하신다고 하셨다. 로마서 12:19에 "원수 갚는 것이 내게 있으니 내가 갚으리라"고 말씀하셨고, 데살로니가후서 1:6에는 "너희로 환난 받게 하는 자들에게는 환난으로 갚으시고"라고 하셨다.

오늘날 사람들이 예수가 믿어지지 않고, 하나님이 믿어지지 않는다면 가만히 있어야 한다. 하나님을 욕하고, 그리스도를 욕하면 그 사람들은 하나님의 보응을 받게 될 것이기 때문이다. 어차피 최후심판을 받겠지만 그 전에 보응이 올 수도 있다는 것이다.

둘째, 우리 생명을 위한 속전은 은과 금이 아니라 '예수 그리스도의 피'이다! 천부장, 백부장은 전쟁에서 아무도 죽지 않은 것을 감사해서 전리품 중에 금을 취하여 속전으로 하나님께 드렸다. 그러나 금과 은은 예표일 뿐이다. "너희가 알거니와 너희 조상의 유전한 망령된 행실에서 구속된 것은 은이나 금 같이 없어질 것으로 한 것이 아니요 오직 흠 없고 점 없는 어린 양 같은 그리스도의 보배로운 피로 한 것이니라"(벧전 1:18~19).

은과 금이 속전이 아니다. 그리스도의 피가 속전이다. 우리의 생명이 원수에게 희생되지 않고 지옥에 떨어지지 않는 이유는 은과 금을 가지고 속죄를 받았기 때문이 아니다. 어린 양 예수의 피가 속전이 되어 우리의 죄값을 치러 주었기 때문에 우리는 원수에게 망하지 아니하고, 지옥에 떨어지지 않게 된 것이다.

세째, 하나님은 구원받은 사람들에게 거룩함을 요구하신다는 것이다. 전쟁에 참여했던 군인이나 포로나 또 전리품이나 모두 다 성결의 과정을 거쳐야 이스라엘 진 안으로 들어올 수 있었다. 그러므로 신약시대에 와서도 하나님의 구원받은 백성들은 이 원리를 분명히 알아야 한다. "하나님이 우리를 부르심은 부정케 하심이 아니요 거룩케 하심이니"(살전 4:7).

● 오늘의 말씀에 대한 나의 묵상 ●

오늘의 본문 성경을 읽으시고 깨달은 점이나 기억하고 싶은 점 혹은 기도문을 기록합니다.

1년 1독 365일 성경통독, 꿀송이 보약큐티

민 33장~36장

묵상 자료

1. 민수기 36장의 깊은 의미

하나님이 이스라엘 백성들에게 가나안 땅에 들어가 살 때 주의해야 할 세 가지 규례를 주셨는데 두 가지는 민수기 35장에 기록되어 있고, 마지막 한 가지 규례는 36장에 기록되어 있다. 두 가지 규례는 레위인들에게 땅을 주지 않는 대신에 이스라엘 전역에 흩어진 48개 성읍에 살도록 하신 것과, 그 중 6개 성읍을 도피성으로 지정하여 과실치사를 행한 사람의 생명을 보전할 수 있도록 하신 것이었다.

민수기 36장에 기록된 마지막 규례는 딸들이 땅을 상속받은 경우 다른 지파의 남자에게로 시집가지 말라는 내용이다. 민수기에는 인구조사와 하나님이 주신 갖가지 명령, 규례, 예언, 족보 등 엄청난 내용들이 많이 기록되어 있는데, 마지막 36장의 내용은 좀 사소해 보인다. 거대한 내용들을 담고 있는 민수기의 결론 부분이 딸들이 상속받은 땅을 지키기 위해 다른 지파 남자에게로 시집을 갈 수 없도록 정하셨다는 내용으로 채워져 있다는 것은 의아해 보이기까지 한다.

그러나 이것은 민수기가 독립된 책이 아니라 모세오경의 큰 내용 속에서 스토리가 이어지고 있다는 것을 보여줌과 동시에 하나님의 구원 역사가 계속되고 있다는 것을 보여주고 있는 것이다. 민수기 36장의 내용으로 끝나는 것이 아니라 신명기에서 이어지고 있다는 것이다.

또한 민수기 36장의 내용은 사소한 내용 같아 보여도 사실 그렇지 않다. 40년간 불순종과 반역을 일삼고 살던 이스라엘 백성들에게는 대단히 중요한 내용이다. 사람 보기에는 다소 사소해 보일 수 있지만 하나님께는 전혀 그렇지 않다는 것이다. 이들이 광야 40년의 생활을 벗어나면서 이제 요단강만 건너면 가나안 땅으로 진입하게 된다. 이때 이스라엘 백성들이 믿음의 모습들이 나타나는데 그것을 중심으로 말씀을 상고해 보자.

민수기 36장에 기록된 내용은 므낫세 지파의 두령들이 모세와 이스라엘의 족장들에게 나아와서 시민법, 상속법 흠결의 문제를 제시하는 것으로 시작된다. 사람의 법은 어떤 법이든지 완전하지 않다. 항상 흠결이 있게 마련이다. 이들이 제시한 흠결의 문제는 이미 민수기 27장에 언급된 내용이다. 므낫세 지파의 슬로브핫이라는 사람의 다섯 딸이 광야에서 죽은 아버지의 땅을 상속받지 못한다면 아버지가 아들이 없다는 이유로 이름도 없어지고 땅도 사라지게 될 텐데 그러면 우리가 너무 억울하지 않느냐는 문제에서부터 시작된 내용이었다.

모세는 이 문제를 하나님께 아뢰었고, 하나님은 이들을 기특하게 여기시고 딸들이 땅을 상속할 수 있도록 허락하셨다. 그런데 므낫세 지파의 두령들은 다시 이 문제를 가지고 나왔다. 슬로브핫의 딸들이 므낫세 지파의 땅을 상속받아서 다른 지파 사람에게로 시집을 가면 상속받은 땅도 가지고 가게 되지 않겠느냐는 것이었는데, 그러면 거대한 완전체로서 므낫세 지파의 땅이 유지되지 못하고 타 지파에 귀속되어 중간 중간에 구멍이 나게 될 텐데 이를 어떻게 하면 좋겠느냐는 문제제기였다. 한 마디로 기업에 감소가 올 수 있다는 것이었다. 그러면 땅을 매매한 후 시집을 가도 되겠다는 말을 할 수 있겠지만, 이스라엘에는 희년제도라는 것이 있어서 므낫세 지파 사람들이 딸들로부터 그 땅을 구매했어도 희년의 때가 오면 다시 원 주인에게 돌려주어야 하니 매 한 가지라는 것이었다. 문제가 해결되지 않는다는 것이다.

그래서 하나님은 슬로브핫의 딸들에게 명하시기를 마음대로 시집을 가되, 오직 그 조상 지파의 가족에게로만 시집을 가라고 말씀하셨다. 므낫세 지파의 남자들에게 시집을 가면 이러한 문제는 발생하지 않게 되니 그렇게 함으로써 조상 지파의 기업이 삭감되지 않도록 하라는 것이었다.

그러면 왜 이렇게 사소해 보이는 문제를 민수기 2개의 장을 할애해서 기록해두고 있느냐는 질문이 생긴다. 그러나 앞서 말씀을 드렸지만 사람 보기에 사소해 보일 뿐, 하나님이 보시기에는 이것이 결코 사소한 문제가 아니라는 것이다.

이 내용 중에는 백성들의 삶에 매우 중요한 요소가 담겨져 있다. 먼저 이 문제를 제기한 시점은 아직 가나안 땅을 차지한 때가 아니었다는 사실을 기억해야 한다. 요단 강 동편 땅에 거하고 있을 때 일어난 문제들이다. 아직 가나안 땅을 단 한 평도 차지하지 못한 상태에서 일어난 문제라는 것이다. 하나님이 슬로브핫의 딸들을 기특하게 여기신 이유가 바로 여기에 있다.

출애굽의 1세대 사람들은 과거 40년 전 가나안 땅 입구인 가데스 바네아에서 "가나안 땅은 내가 너희에게 준 밥이니 가서 먹으라"고 했지만 그 땅을 먹지도 차지하지도 못했다. 그런데 지금 슬로브핫의 다섯 딸들은 아직 차지하지도 못한 땅을 이미 자기가 소유한 것인 양 말하고 있다는 것이다. 자기 땅인 것처럼 믿고 광야에서 소천한 아버지의 이름을 이어받게 될 땅을 우려했던 것이다. 그래서 하나님은 이들의 믿음을 이름답게 여기신 것이다.

● 오늘의 말씀에 대한 나의 묵상 ●

오늘의 본문 성경을 읽으시고 깨달은 점이나 기억하고 싶은 점 혹은 기도문을 기록합니다.

2월 17일

1년 1독 365일 성경통독, 꿀송이 보약큐티

신 1장~3장

묵상 자료

1. 신명기 서론

신명기의 핵심은 '기독교 국가 지침서'다.

출애굽 한 후 어느새 광야 40년 세월이 흐르고 출애굽 1세대들이 모두 죽었다. 모세가 죽음을 앞두고 자신은 가나안에 못 들어 가지만 약속의 땅에 들어가거든 어떻게 제사장 나라를 건설해야 하는지를 아비의 심정으로 절절하게 설교하고 있는 내용이 신명기이다. 이미 수없이 얘기했지만 새롭게 정리해서 명령하는 것이다. 제 1세대가 아닌 제 2세대들에게 다시 한번 시내산에서 했던 하나님의 말씀을 들려줄 필요가 있었다. 신명기 전체에 "주 너희 하나님"이란 단어가 무려 282번이나 나온다. 그만큼 이스라엘에게는 "주 너희 하나님"이 절대적으로 중요한 단어였다. 오늘 우리에게도 평생의 가장 중요한 이름은 "주 너희 하나님"이시다.

예수님이 마태복음 4장에서 마귀에게 시험받으시며 광야에서 마귀와 맞닥뜨렸을 때 세 번 모두 신명기의 말씀을 인용하셔서 마귀를 물리치신 것을 보면 우리는 이 책이 얼마나 중요한 책인지를 실감케 된다. 예수님은 신명기를 수없이 읽으셨고 그 말씀들이 주님 마음에 박혀 있었다. 그 위대한 하나님의 사람 모세가 죽기 전 심혈을 기울여 "들으라 이스라엘아" 피를 토하듯 외치는 쉐마의 말씀을 신명기를 통해 귀 기울여 들어 보자.

2. 그만해도 족하다

신명기 3:23~28에는 모세의 솔직한 기도가 나온다.

"나를 건너가게 하사 요단 저쪽에 있는 아름다운 땅, 아름다운 산과 레바논을 보게 하옵소서…(신 3:25)" 참 어렵게 꺼낸 말이었을 것이다. 그의 음성은 가늘게 떨렸을 것이다. 그러나 한 번쯤은 하나님께 아뢸 기도였다. 웬만하면 그 짠한 모세의 간구를 하나님께서는 들어주셨을 것 같은데 의외로 얼음장처럼 차갑게 말씀하셨다. "그만해도 족하다. 이 일로 다시 내게 말하지 말라(신 3:26)."

두 마디를 못하게 하시고 하나님께서는 모세의 청을 일언지하에 거절하셨다. 참 매정하시단 생각이 들지만 우리 인간이 어찌 하나님의 깊은 마음을 다 헤아릴 수 있으랴? 아마도 하나님의 마음도 그렇게 거절하신 후 많이 아프셨을 것이다. 그러나 하나님은 우리 인간과 다르다. 나 같으면 모세와의 그동안 쌓은 우정 때문에라도 한 번쯤 용서하고 그 청을 들어 주었을 것 같은데… "그만해도 족하다"는 말은 '알았으니 이제 그만 말하라'는 뜻으로 오해하기 쉬우나 전혀 그런 의미가 아니다. 모세가 이 일로 하나님께 자주 채근했거나 여러 번 간구한 사실이 없기 때문이다. 이 말은 사도 바울이 자기 몸의 질병을 고쳐 달라고 세 번이나 간청했을 때 주께서 주셨던 응답, "내 은혜가 네게 족하다"라는 말과 같은 뜻이다(고후 12:8~9). 즉 가나안에 비록 못 들어가더라도 "내 은혜가 네게 충분하다"라는 의미였다. 모세는 주님의 뜻을 담담히 받아들였다. 그리고 비스가 산에 올라가 자기 눈으로 약속의 땅을 직접 바라보는 것으로 만족했다.

성경에는 믿고 기도하면 다 들어준다는 구절도 있지만 이렇게 가장 하나님이 사랑하는 사람이 간구해도 안 들어주시는 경우도 있다. 기도하면 다 들어준다고 했을 때의 의미는 하나님의 뜻에 합한 경우에 해당되는 것이다. 모세의 기도가 거절된 것은 믿음이 부족해서가 아니라 하나님의 뜻이 모세의 기도와 달랐기 때문이다. 똑같이 암(癌)이 걸려도 어떤 분의 기도는 응답되어 낫고 어떤 분은 돌아 가신다. 다 하나님의 뜻대로 되는 것이다. 내 기도대로 안 되었다고 하나님이 내 기도를 안 들어주신 것이 아니다. 항상 주의 은혜는 내게 충분하다. 단지 내가 깨닫지 못할 뿐이다. 사실 모세는 율법을 대표하는 인물이다. 율법이 죽고 여호수아(예수의 히브리식 이름이 여호수아 이다)가 요단강을 건너 약속의 땅에 들어 가는 것이 하나님의 뜻이었다. 율법으로는 구원을 얻을 수 없고 오직 예수님을 따라가야 구원에 이른다. 그렇다고 모세가 구원을 못 받았다는 뜻이 아니다. 신약에 보면 모세는 영광 중 변화산에서 엘리야와 함께 예수님과 대화를 나누고 있다. 세상에서 잘 되는 것만이 축복이 아니다. 하늘의 영광이 더 크고 위대하다. 모세는 땅 위에서의 사명을 훌륭하게 완수하고 하늘에서 영원한 영광을 얻은 것이다. 하늘의 영광을 알고 있는 하나님이 다 모세를 위해서 그 기도에 더 좋은 것으로 응답하신 것이다. 하나님은 매정하시거나 의리가 없는 분이 아니시다. 항상 우리에게 더 좋은 것을 예비하시고 허락하시는 분이시다. 하나님이 족하다고 하시면 족한 것이다. 아들이시라도 하나님은 십자가의 쓴 잔을 받게 하셨다. 그 잔이 지나가도록 요청하는 아들의 기도를 하나님은 외면하시고 십자가의 쓴 잔을 마시게 하셨다. 그것이 우리에게나 독생자 예수님에게 유익이 된다고 하나님이 판단하셨기 때문이다.

● 오늘의 말씀에 대한 나의 묵상 ●

오늘의 본문 성경을 읽으시고 깨달은 점이나 기억하고 싶은 점 혹은 기도문을 기록합니다.

1년 1독 365일 성경통독, 꿀송이 보약큐티

신 4장~6장

묵상 자료

1. 출애굽기 20장의 십계명과 신명기 5장의 십계명중 다른 대목은 무엇인가?

두 성경에 나타난 십계명은 본질적으로 같은 것이므로 서로 다른 곳에 기록되었다고 해서 특별하게 달라진 것이 없다. 그러나 신명기의 말씀이 이미 말해진 율법을 단순히 반복하는 내용이 아니기 때문에 약간의 관점의 차이가 있다. 특별히 안식일에 관한 제4계명에 있어서 차이를 보이고 있다. 출애굽기 20:11에는 안식일의 근거를 하나님의 창조 사역에 두고 있는데, 신명기 5:15에는 안식일의 근거를 출애굽 사건 즉, 구속 사역에 두고 있다. 두 성경 구절을 비교해 보자.

> 이는 엿새 동안에 나 여호와가 하늘과 땅과 바다와 그 가운데 모든 것을 만들고 일곱째 날에 쉬었음이라. 그러므로 나 여호와가 안식일을 복되게 하여 그 날을 거룩하게 하였느니라 출 20:11

> 너는 기억하라 네가 애굽 땅에서 종이 되었더니 네 하나님 여호와가 강한 손과 편 팔로 거기서 너를 인도하여 내었나니 그러므로 네 하나님 여호와가 네게 명령하여 안식일을 지키라 하느니라 신 5:15

바로 이런 차이가 신약에 와서 우리 주 예수님이 우리를 구원하시려고 십자가에 달리신 그 날을 기념하여 안식일을 주일로 바꾸는 근거를 제공하는 것이다. 예수를 구주로 믿지 않는 유대인들에게는 지금도 안식일의 근거가 하나님의 창조 사역에만 있지만, 크리스천인 우리들에게는 예수님이 죄의 속박에서 우리를 구원하여 주신 구속사역에 있는 것이다. 그래서 우리는 주일을 지킨다.

● 오늘의 말씀에 대한 나의 묵상 ●

오늘의 본문 성경을 읽으시고 깨달은 점이나 기억하고 싶은 점 혹은 기도문을 기록합니다.

1년 1독 365일 성경통독, 꿀송이 보약큐티

신 7장~9장

묵상 자료

1. 광야학교

신명기 8장에는 광야학교를 마련하시고 졸업을 시키신 하나님의 의도가 어디에 있었는지를 설명한다.

> 네 하나님 여호와께서 이 사십 년 동안에 너로 광야의 길을 걷게 하신 것을 기억하라 이는 너를 낮추시며 너를 시험하사 네 마음이 어떠한지 그 명령을 지키는지 않는지 알려 하심이라 너를 낮추시며 너로 주리게 하시며 또 너도 알지 못하며 네 조상들도 알지 못하던 만나를 네게 먹이신 것은 사람이 떡으로만 사는 것이 아니요 여호와의 입에서 나오는 모든 말씀으로 사는 줄을 네가 알게 하려 하심이니라 이 사십 년 동안에 네 의복이 헤어지지 아니하였고 네 발이 부르트지 아니하였느니라 너는 사람이 그 아들을 징계함 같이 네 하나님 여호와께서 너를 징계하시는 줄 마음에 생각하고 네 하나님 여호와의 명령을 지켜 그의 길을 따라가며 그를 경외할지니라 신 8:2~6

- 광야학교를 통과하면 낮아지게 된다.- 하나님은 나를 낮추시기 위해 광야 길을 뺑뺑이 돌리신다. 하나님이 쓰시는 사람은 겸손한 자들이다. 낮아지지 않으면 쓰임 받지 못한다. 하나님은 날 쓰시고 싶으셔서 낮추시려고 광야학교에 집어넣으신다. 겸손보다 더 중요한 신앙의 덕목은 많지 않다.

- 광야학교에서 비로소 나의 믿음의 성적표가 나온다. - 하나님의 명령을 지키는지 않는지 광야 길을 걸어보니 알게 되었다. 무조건 가나안에 들어

가는 것이 중요한 것이 아니라 말씀에 어느 정도 순종하는 백성인지 점수를 확인하고 실력을 키워서 들어 가는 것이 더 중요하다.

- 사람이 떡으로만 사는 게 아니라 하나님의 말씀의 능력으로도 살게 됨을 배운다.

- 광야학교를 통해 하나님의 보호하시는 능력을 체험케 된다. 40년 동안 의복이 닳아지지 아니하고 발이 부르뜨지 않았다. 자식을 돌보듯 하나님이 자기 백성을 돌보셨기 때문이다.

우리도 광야학교의 학생들이다. 고난으로 다듬어지고 낮아져야 한다. 나의 믿음이 얼마나 보잘것없는지를 실감해야 한다. 하나님의 은혜 아니면 아무 것도 아닌 죄인임을 알아야 한다. 주여! 나의 믿음 적은 것을 도와 주소서. 아멘.

● 오늘의 말씀에 대한 나의 묵상 ●

오늘의 본문 성경을 읽으시고 깨달은 점이나 기억하고 싶은 점 혹은 기도문을 기록합니다.

1년 1독 365일 성경통독, 꿀송이 보약큐티

신 10장~12장

묵상 자료

1. 택하신 예배 처소

신명기 12장은 예배를 드릴 때 아무데서나 드리면 안되고 하나님이 정하신 곳에서 하나님이 세우신 제사장들의 집례하에 예배할 것을 가르친다.

> 오직 너희의 하나님 여호와께서 자기의 이름을 두시려고 너희 모든 지파 중에서 택하신 곳인 그 계실 곳으로 찾아 나아가서 신 12:5

당시의 가나안 족속들은 언덕이나 나무 아래에서 산당을 짓고 그들의 신에게 예배를 드렸지만 하나님은 아무데서나 예배하면 안 된다고 못 박으시고 오직 하나님이 택하신 곳에서만 예배해야 한다고 하셨다.

그러나 우리가 사사기나 이스라엘의 역사서를 읽어보면 이스라엘에 예루살렘 성전이 지어지기 전 성막이 있었던 에발산과 세겜과 실로와 예루살렘 다윗의 성막 외의 장소에서도 특별한 경우에는 하나님께 제사가 드려졌던 기록을 발견하게 된다. 하나님이 기드온에게 나타나셔서 우상을 파괴하고 그것들의 찌꺼기들로 불을 태워 하나님께 번제를 드리라고 하셨고 이에 기드온은 순종했다. 사무엘은 하나님이 사울 대신 다윗을 기름 부어 왕으로 세우라고 했을 때 하나님께 대답하기를 그렇게 하면 사울이 자기를 죽일 것이라고 아뢰었다. 그때에 하나님은 사무엘에게 베들레헴 방문 목적이 여호와께 제사를 드리기 위함이라고 말하고 이새의 아들들을 초청하라고 일러주셨다. 성막이 있는 중앙 성소에서만 제사할 수 있었다면 그런 명령은 있을 수가 없는 일이었다.

그런데 신약에 와서 우리는 주님의 입술을 통하여 예배 처소에 대한 새로운 개념의 말씀을 듣게 된다. 요한복음 4장을 보면 사마리아 여자가 예수님께 이렇게 말하는 대목이 나온다.

> 우리 조상들은 이 산(그리심산)에서 예배하였는데 당신들의 말은 예배 할 곳이 예루살렘에 있다 하더이다 요 4:20

그때까지만 해도 유대인은 예루살렘 성전에서 예배 드리고 사마리아인들은 그리심산에서 예배를 드렸다. 그때 예수님은 새로운 시대를 선포하시며 혁신적인 말씀을 이렇게 들려주셨던 것이다.

> 예수께서 이르시되 여자여 내 말을 믿으라 이 산에서도 말고 예루살렘에서도 말고 너희가 아버지께 예배할 때가 이르리라, 하나님은 영이시니 영과 진리로 예배할지니라 요 4:21, 24

옛날 성경에는 "신령과 진정으로 예배하라"고 되어 있어 많은 혼란을 주었지만 이제라도 번역이 제대로 되어 감사하다. 정성껏 드리라는 뜻이 아니다. 성령을 힘입어 우리의 영(spirit)으로 하나님께 예배하라는 것이요, 십자가의 진리를 의지하고 예배하라는 것이다. 십자가의 공로가 아니면 아무도 하나님께 나아갈 수 없다.

신약의 우리는 중앙 성소냐 지방 성소냐 하는 예배 장소가 중요한 게 아니고, 다만 거듭난 영혼이 성령의 감화 속에서 주 예수의 진리를 붙잡고 예배해야 하나님이 기뻐하신다는 것을 말하는 것이다. 그렇다고 정성 없이 아무 더러운 장소에서나 예배하라는 뜻은 아니다. 다만 구약에 얽매여 예배의 본질을 놓쳐버리고 천주교 미사처럼 형식에 치우친 예배를 탈피하고 피 묻은 십자가 진리 위에서 영이신 하나님을 예배해야 한다는 것이다. 주의 이름을 부르는 곳이라면 감옥이든, 가정이든, 어디든 우리는 예배할 수 있다. 아멘.

● 오늘의 말씀에 대한 나의 묵상 ●

오늘의 본문 성경을 읽으시고 깨달은 점이나 기억하고 싶은 점 혹은 기도문을 기록합니다.

2월 21일

1년 1독 365일 성경통독, 꿀송이 보약큐티

신 13장~15장

● 묵상 자료 ●

1. 가나안 땅에 들어 가서 주의해야 할 점들(신명기 13장)

하나님께서는 이스라엘 백성들이 가나안 땅에 들어가서 신앙의 순결을 잃어버릴 것을 염려하셨다. 그래서 다음과 같은 주의사항을 모세의 입술을 통하여 당부하셨다.

첫째, 거짓 예언자나 꿈꾸는 자를 주의해야 한다(1~5절).

거짓 선지자나 꿈꾸는 자는 옛날보다 오히려 지금이 더 많다. 예수님이 예고하신 것처럼 마지막 때에는 거짓 선지자가 많이 나타나서 우리를 미혹하기 때문이다. 저들은 때로 기적과 이사를 행하기도 한다. 그리하여 하나님을 떠나 다른 신을 섬기도록 유도한다. 그러할지라도 저들이 거짓 예언자임을 알고 그들의 말에 귀를 기울이지 말라고 하시며 더 나아가 거짓 예언자나 꿈꾸는 자를 죽이라고 하셨다. 그들은 사탄의 힘을 빌어서 기적을 행하고 병도 고치고 예언도 하고 과거를 딱딱 알아 맞춘다. 그러나 그들의 모든 행위는 모두가 다 사람을 미혹하기 위한 것이기에 항상 주의해야 한다. 우리는 끝까지 하나님의 말씀을 붙잡고 살아야 한다. 말씀이 기준이다.

둘째, 때로는 가까이 지내는 사람들도 경계해야 한다(6~11절).

피를 나눈 형제나 자녀, 사랑하는 아내나 우정 깊은 친구는 대단히 가까운 사이이다. 그런데 이렇게 가까이 지내는 이들이 하나님을 떠나 다른 신을 섬기자고 유혹하고 또 하나님을 바로 섬기지 못하도록 하면 어떻게 하라고 하는가?

그를 따르지도 듣지도 말고, 긍휼히 여기지도, 애석히 여겨 덮어 숨기지도 말고 심지어 그를 죽이라고 하신다. 구약시대에도 죄에 대한 심판은 아주 단호했다.

기독교는 사랑의 종교이다. 그리스도인은 모든 사람을 사랑해야 한다. 하지만 하나님을 떠나게 하는 자는 단호하게 대처해야 한다는 것이 성경의 가르침이다. 예수님께서 허다한 무리가 자기를 따르는 것을 보시고 이런 말씀을 한 적이 있다. "누구든지 나를 따라 오려거든 자기를 부인하고 자기 십자가를 지고 나를 좇을 것이니라 부모나 처자 형제나 자매나 심지어 자기 목숨까지 미워하지 아니하면 나의 제자가 되지 못하리라"

인간은 누구든지 자기가 사랑하는 사람의 영향을 받는다. 그러나 예수님을 따르려면 이 모든 것보다 예수님을 더 사랑해야 하기에 주에게서 멀어지게 하는 자는 아무리 가까운 자라도 엄격하게 행동해야 한다.

셋째, 우상 숭배자들의 유혹을 주의해야 한다(12~18절).

어떤 우상 숭배자가 일어나서 한 성읍 전체를 유혹하여 우상 숭배의 죄를 빠지게 하면 어떻게 하라고 하시는가? 먼저 자세히 묻고 살펴본 후 그 성읍을 진멸하라고 하신다. 하나님께서 이렇게 무섭고 엄격하게 명령하시는 것은 우상 숭배는 전염성이 있기 때문이다. 하나님의 백성을 사망으로 인도한다.

● 오늘의 말씀에 대한 나의 묵상 ●

오늘의 본문 성경을 읽으시고 깨달은 점이나 기억하고 싶은 점 혹은 기도문을 기록합니다.

1년 1독 365일 성경통독, 꿀송이 보약큐티

신 16장~18장

● 묵상 자료 ●

1. 모세와 같은 선지자

신명기 18:15에는 모세와 같은 선지자 한 명을 후일에 하나님이 세우실 것을 말씀하고 있다. 얼핏 신명기 34:10에 말씀하신 "그 후에는 이스라엘에 모세와 같은 선지자가 일어나지 못하였다"라는 내용과 모순되는 것처럼 보이지만 인간들 중에서는 그에 필적할만한 선지자가 없었다 할지라도 하나님의 아들로서 인간의 모습을 입고 이 땅에 오신 예수 그리스도가 바로 '모세와 같은 선지자'였다.

사도행전 3장에서 베드로는 군중들에게 예수님을 메시아로 증거하면서 모세가 예언한 그 선지자가 바로 예수 그리스도였다고 신명기를 알고 있는 유대인들에게 상기시켰다.

> 모세가 말하되 주 하나님이 너희를 위하여 너희 형제 가운데서 나 같은 선지자 하나를 세울 것이니 너희가 무엇이든지 그의 모든 말을 들을 것이라 행 3:22

예수님은 여러 측면에서 모세와 같다.

첫째, 이스라엘 백성을 노예에서 해방시켜 가나안으로 이끈 모세처럼 예수님은 그의 백성들을 멸망할 죄악 세상에서 구출하여 천국으로 이끄신다.

둘째, 아기 때 죽음을 면하셨다(출 2장, 마 2장).

셋째, 영광의 왕궁을 포기하셨다(빌 2:5~8).

넷째, 자신의 백성을 불쌍히 여기셨다(민 27:17. 마 9:36).

다섯째, 하나님과 얼굴을 맞대고 대화하셨다(신 34:10. 마 3:16~17).

여섯째, 언약의 중보자이셨다(신 29:1. 히 8:6~7).

그 외에도 찾으면 더 발견할 수도 있을 것이다. 이스라엘 백성에게 모세가 나타나 구원의 길을 개척하여 나아간 것처럼 우리에게는 예수님이 오셔서 우리를 험한 세상 지나가도록 보호하시며 우리를 천국 아버지 보좌 앞에까지 인도하여 주신다. 모세와 같은 선지자 예수님을 우리에게 보내 주신 하나님께 감사하지 않을 수 없다.

거기에 예수님은 모세보다 뛰어나신 선지자이시다. 모세는 왕이나 대제사장은 아니었지만 예수님은 왕이시고 대제사장이시며 선지자이시고 우리의 구원자이시다. 모세는 죽었지만 예수님은 죽은 지 삼일 만에 부활하시었다. 모세는 피조물이었지만 예수님은 창조주이시다. 모세는 죄를 지었지만 예수님은 한 번도 죄를 지으신 적이 없으시다. 모세가 땅이라면 예수님은 하늘이시다.

히브리어 격언에 "뮈 가돌 커 모세?"라는 말이 있다. 번역하면, "누가 모세와 같이 위대한가?" 라는 뜻이다. 이스라엘 사람들에게는 모세는 한마디로 민족의 전설이며 영웅인 것이다. 그러한 모세라 할지라도 예수님과 비교하면 피조물과 창조주의 비교라 비교 자체가 어불성설이다.

● 오늘의 말씀에 대한 나의 묵상 ●

오늘의 본문 성경을 읽으시고 깨달은 점이나 기억하고 싶은 점 혹은 기도문을 기록합니다.

1년 1독 365일 성경통독, 꿀송이 보약큐티

신 19장~21장

● 묵상 자료 ●

1. 이런 자는 전쟁에서 돌려보내라

가나안 정복전쟁을 앞두고 모세는 신명기 20장에서 전쟁에 참가시키지 말고 집으로 돌려보낼 자들을 언급한다.

일단 집을 새로 지었는데 낙성식을 하지 못하고 갑자기 군에 소집되어 나온 자, 포도원을 만들고도 그 과실을 먹어보지 못한 채 전쟁터에 불려 나온 자, 여자와 약혼을 하고서 아직 신혼을 누리지 못한 자, 결혼 예식을 올리고 1년이 아직 안된 자, 그리고 전쟁을 두려워하는 자들이었다. 정말 하나님은 여유가 있으시다. 자신이 있으시니까 군인들의 숫자에 연연하지 않고 전쟁에 집중하지 못할 자들은 아예 돌려보내시는 것이다. 특별히 전쟁을 두려워하는 자들은 오히려 전우들의 사기에 악영향을 미친다. 차라리 없는 것이 도움이 되는 것이다. 신명기 20:3은 제사장들이 전쟁에 임하는 군인들에게 일러주는 지침이 기록되어 있다.

말하여 이르기를 이스라엘아 들으라 너희가 오늘 너희의 대적과 싸우려고 나아왔으니 마음에 겁내지 말며 두려워 하지 말며 떨지 말며 그들로 말미암아 놀라지 말라 신 20:3

하나님이 함께 하시고 도우신다는 믿음이 우리의 두려움을 몰아 낸다.

할 수 있거든이 무슨 말이냐 믿는 자에게는 능치 못함이 없느니라 막 9:23

내게 능력 주시는 자 안에서 내가 모든 것을 할 수 있느니라 빌 4:13

2. 범인을 모르는 살인 사건

신명기 21장에는 범인을 모르는 살인사건이 발생한 경우에 어떻게 할 것인지를 말씀하고 있다.

일단 미결상태로 방치해서는 안 된다. 사건이 발생한 장소에서 제일 가까운 성읍의 장로들이 책임을 지고 최선을 다해 범인을 수사하고 그래도 알 수 없으면 속죄의식을 거행하여 그 사건을 처리해야 한다. 여기서 우리는 살인의 경우에는 어떤 방식으로든지 그 피 흘림에 대한 대가를 지불해야 한다는 것을 알 수 있으며 하나님이 얼마나 생명을 존중하며 중요하게 다루시는 분인지를 생각케 된다. 미결 살인 사건의 속죄를 위해 성읍 장로들은 어린 암송아지를 택하여 골짜기로 끌고 가서 목을 꺾어 죽였다. 이때 레위 지파의 제사장들이 반드시 입회해야 한다.

송아지의 목을 꺾는 것은 붙잡히지 않는 살인자에게 내리는 징벌을 상징하는 것이었다. 그 후 장로들은 손을 씻으며 맹세하기를 자기 마을 사람들은 이 사건과 관계가 없으며 그 장면을 목격한 사람도 없다고 증언해야 했다(신 21:6~7). 왜 하나님은 미제 살인 사건을 이렇게 처리하도록 명하셨을까? 그것은 살인의 범죄가 이스라엘 사회 전체에 공동책임이 있다는 것을 강조하기 위함이었다. 오늘날 사람들은 자기 개인의 일이 아니면 아무리 불의한 사건이라 할지라도 수수방관하는 경우가 많다. 그러나 자신이 속한 사회에서 일어나는 사건에 대해서 신자들은 책임을 통감하고 그 처리에 동참하는 것이 성경적인 삶이다.

이기적이고 자기밖에 모르는 그리스도인, 역사의식도 없고 정의감도 없는 사회에서 지탄받는 교회나 신자가 되어서는 안 된다. 누구보다도 사회 불의에 항거하고 서릿발 같은 시민의식을 가지고 민족의 앞 날을 선도해 가는 그리스도인들이 되어야 한다. 삼일 독립만세 사건 때 이 일을 주도한 33인의 민족대표 중 2/3가 기독교인이었다는 사실은 시사하는 바가 크다. 일제 강점으로 우리 민족이 신음하던 때 대부분의 기독교인들이 기도로 나라를 위해 도왔을 뿐 아니라, 실제 독립자금을 제공하고 독립군으로 활동하며 나라를 위해 희생한 것은 자랑스러운 일이다. 예수님을 어려서부터 믿었던 윤동주 시인이 20대의 젊음을 나라를 위해 바친 것도 너무 귀감이 된다. 신사참배 거부로 자기가 다니던 숭실중학교가 폐교되자 고향 용정으로 돌아가 민족의식을 담은 글들과 시를 잡지에 게재하며 힘없는 자기 동족들을 위로하고 독립의식을 일깨웠다. 대학을 연희전문학교를 나오고 동경의 릿쿄 대학 영문과에 입학한 그였지만 독립운동을 모의했다는 죄명으로 일본 순사들에게 잡혀가 갖은 고문을 당하다 꽃다운 20대에 그 목숨을 조국을 위해 바쳤다. 아무리 바빠도 유명한 그의 시 한편을 읽어보자.

별을 헤는 밤

계절이 지나가는 하늘에는 가을로 가득 차 있습니다.

나는 아무 걱정도 없이 가을 속의 별들을 다 헤일 듯 합니다.

가슴속에 하나 둘 새겨지는 별을 이제 다 못 헤는 것은 쉬이 아침이 오는 까닭이요, 내일 밤이 남은 까닭이요, 아직 나의 청춘이 다하지 않은 까닭입니다.

별 하나에 추억과 별 하나에 사랑과 별 하나에 쓸쓸함과 별 하나에 동경과 별 하나에 시와 별 하나에 어머니, 어머니, 어머님,

나는 별 하나에 아름다운 말 한마디씩 불러 봅니다. 소학교 때 책상을 같이 했던 아이들의 이름과 패, 경, 옥, 이런 이국 소녀들의 이름과 벌써 애기 어머니 된 계집애들의 이름과, 가난한 이웃 사람들의 이름과, 비둘기, 강아지, 토끼, 노새, 프랑시스 잠, 라이너 마리아 릴케 이런 시인의 이름을 불러 봅니다. 이네들은 너무나 멀리 있습니다. 별이 아스라히 멀듯이,

어머님, 그리고 당신은 북간도에 계십니다. 나는 무엇인지 그리워 이 많은 별빛이 내린 언덕 위에 내 이름자를 써 보고 흙으로 덮어 버리었습니다. 딴은 밤을 세워 우는 벌레는 부끄러운 이름을 슬퍼하는 까닭입니다. 그러나 겨울이 지

나고 나의 별에도 봄이 오면 무덤 위에 파란 잔디가 피어 나듯이 내 이름자 묻힌 언덕 위에도 자랑처럼 풀이 무성할 거외다.

그는 자신의 죽음을 예감한 듯 이 시를 썼다. 이처럼 청춘도 생명도 조국 위해 바쳤던 앞서간 믿음의 선진들을 생각하면, 오늘날 '개독교'란 욕을 먹으며 사회에서 지탄받는 한심한 우리의 자화상의 부끄러움에서 조금이나마 위안을 받기에 잠시 그리스도인이면서 민족을 사랑했던 윤동주님을 생각해 보았다.

● 오늘의 말씀에 대한 나의 묵상 ●

오늘의 본문 성경을 읽으시고 깨달은 점이나 기억하고 싶은 점 혹은 기도문을 기록합니다.

1년 1독 365일 성경통독, 꿀송이 보약큐티

신 22장~24장

● 묵상 자료 ●

1. 가정의 화목을 위한 율법

신명기 22:13~21은 부부 사이의 갈등에 대해 다룬다. 어느 남편이 결혼 한 지 얼마 지나지 않아 아내를 마음에 들지 않아 하며 헤어지고 싶어 하였다. 그가 택한 방법은 비겁하게 누명을 씌우는 것이었다. 그는 자신의 아내가 처녀가 아니라고 비방을 하고 다닌 것이다.

요즘 시대에도 이른바 "행실이 바르지 못한" 여성으로 공동체 가운데 낙인 찍힌다는 것은 이루 말할 수 없는 부담으로 다가온다. 하물며 여성을 천대하던 고대 중동 사회에서 그러한 악평은 곧 사회적 살인 행위였다. 설령 사실이 아니라 할지라도 불미스럽게 사람들 입에 오르내리는 것만으로도 해당 여성과 그녀의 가족으로서는 무척 힘겨운 상황이었던 것이다.

따라서 하나님께서는 그들이 스스로 명예를 보호할 방법을 제시하셨다. 5절에 따르면 "처녀인 표"를 성문에 있는 장로들에게 가져가는 것이다. 이를 가리켜 첫날 밤 처녀막이 파열된 혈흔으로 이해하는 견해가 대부분이다. 당시 첫날 밤 침실에 깔았던 천을 신부의 부모가 보관했던 풍습이 있었기 때문이다. 이 단락에서 중요한 점은 억울하게 모함당한 여성의 부모들에게 반론 기회를 주었다는 사실이다. 그리고 결백이 입증되면 성읍 장로들은 그를 때리고 벌금을 받는 처벌을 하였다. 이는 여성 인권을 철저히 무시했던 당시 문화를 염두에 두면 상당히 파격적인 내용이다.

이뿐만이 아니다. 신명기 22::25~27은 여성을 강간한 남성에 대한 형벌을 소개한다. 생각하기도 끔찍한 상황이지만 만약 어떤 남자가 어느 약혼한 처녀를 들에서 강간했다고 율법은 가정하고 있다. 이때 "들"로 옮긴 히브리어 "사데"는 개간하지 않아서 풀이 무성한 한적한 땅을 가리킨다. 그렇다면 그녀는 남성의 무시무시한 폭력에 저항하지도 도움을 구하지도 못한 채 무력하게 당할 수밖에 없었다.

그런 그녀를 향해 26절은 이렇게 선언한다. "처녀에게는 아무것도 행하지 말 것은 처녀에게는 죽일 죄가 없음이라" 사실 너무나 당연한 말이다. 그 여인에게는 아무런 죄가 없다. 몹시 두렵고 고통스런 범죄의 피해자일 뿐이다.

하지만 현실은 그리 간단하지 않다. 오늘날에도 성범죄 피해자를 향한 노골적인 2차 범죄가 적지 않게 일어난다. 엄연한 피해자를 마치 가해자처럼 취급하는 일들이 종종 있다. 하물며 신명기가 기록되고 편집될 당시는 두말할 것도 없이 자주 일어났던 일이다. 가해자인 남성을 두둔하고 도리어 피해자인 여성을 비난하는 상황을 충분히 예상할 수 있다.

그러나 신명기 율법은 그 남자는 단호히 사형에 처하고 여성은 무죄하다고 판결한다. 이는 앞서 살펴본 신명기 22:13~21 말씀과 마찬가지로 그 시대 남성 우월주의 문화에 비추어 볼 때 분명 매우 파격적인 선언이다. 우리는 이러한 율법들을 통해 당시 천대받던 여성들을 향한 하나님의 따뜻한 사랑과 관심을 충분히 느낄 수 있다.

하지만 그럼에도 본문 안에도 여전히 한계와 아쉬움은 녹아 있다. 우선 성적 순결을 여성에게만 강요하고 있다는 것이다. 그런 까닭에 신명기 22:20~21을 보면 남편이 아내의 순결을 의심할 때 처녀성을 입증하지 못하면 그녀는 죽임을 당해야 했다. 또한 신명기 22:23~24은 약혼자가 있는 처녀와 다른 남자가 성읍 안에서 동침할 경우 둘 다 돌로 쳐 죽이라고 명하는데 단지 소리를 질러 도움을 구하지 않았다는 이유로 강간의 가능성은 전혀 배제하고 있다.

이러한 내용들은 분명히 현대인의 시선으로 납득하기 어려운 것은 사실이다. 이렇듯 종종 접하는 과격한 내용들 때문에 사람들이 구약성경에 대해 의구심을 표하고 심지어 구약의 하나님을 부정하는 경우도 적지 않다.

여기서 꼭 명심해야 할 사실은 성경은 하늘에서 "툭" 하고 떨어진 책이 아니라는 점이다. 성경은 그것이 기록되고 최종 정리될 당시의 치열한 역사를 배경으로 하고 그 시대의 문화를 바탕으로 한다. 그렇기 때문에 현대 윤리로는 납득하기 힘든 거친 표현들도 적지 않게 포함되어 있다. 이것을 굳이 미화할 필요는 없다. 다만 그 안에 담긴 하나님의 본뜻을 놓치지 않고 귀를 기울이는 자세가 매우 중요하다. 오늘 본문의 경우 건강한 가정 공동체의 확립이 그 핵심이다.

고대 중동의 우상 숭배가 가진 주요 특징 중 하나는 성적 타락이었다. 바알과 아세라 성전에는 신전 창기들이 있었고 그들과 성관계를 맺는 것이 제사의 일부였다. 이것은 상당히 매혹적이었고 동시에 위험했다. 성의 문란이 곧 가정 파괴로 이어졌고 이는 더 나아가 이스라엘 국가 공동체를 파탄으로 몰아 갈 수 있었기 때문이다.

따라서 본문 말씀의 진정한 의도는 단순히 성 범죄를 저지른 사람에게 잔인하게 벌을 내리는 데 있는게 아니라 거룩하고 구별된 이스라엘이 건강하고 아름다운 가정을 이루도록 화목한 결혼생활을 이루는 데 있는 것이다.

현재 우리나라의 성문화는 몇 년 사이에 급격히 개방되었다. 지나친 정죄와 엄숙주의를 벗어난 것까지는 충분히 이해할 수 있지만 너무나 멀리 선을 넘었다는 안타까운 현실을 각종 미디어를 통해 마음 무겁게 확인하게 된다. 그 결과 책임 있는 가정을 이루고 아름다운 생명을 잉태하고 인격적인 깊은 교감을 나누기 위해 하나님께서 주신 소중한 성 생활이 쾌락을 위한 수단으로만 전락되고 있다는 느낌을 지우기 어렵다. 또한 그만큼 가정이 쉽게 무너지고 있다는 사실 역시 부인하기 어렵다.

그러므로 오늘 본문 말씀을 통해 우리는 마음에 경종을 울려야 한다. 하나님께서 우리에게 허락하신 가정을 더욱더 소중히 여겨야 한다. 아멘.

2. 모세가 가르친 이혼과 재혼(신 24:1~4)

신명기는 이스라엘 백성들이 가나안 땅에 들어가기 전에 모세가 모압 평야에서 전한 세 편의 설교 모음집이다. 율법이라는 뉘앙스 때문에 지극히 종교적이고 이상적인 문제만을 다루고 있는 것 같지만 사실은 대단히 현실적인 문제를 다루고 있다. 특별히 신명기 24장은 이혼과 재혼에 관한 문제를 다루고 있는데, 현대 사회처럼 구청에서 혼인신고를 받고 법원에서 이혼을 허락하는 제도가 없었음에도 불구하고 모세는 광야에서 이런 문제까지 심각하고도 깊이 있게 다루고 있는 것을 볼 수 있다.

모세의 율법이 말하고 있는 이혼 규례의 내용은 "사람이 아내를 취하여 데려온 후에 수치 되는 일이 그에게 있음을 발견하고 그를 기뻐하지 아니하거든 이혼 증서를 써서 그 손에 주고 그를 자기 집에서 내어보낼 것이요"(1절)이다. 그 당시에 결혼이란 아내를 취하여 데려오는 것이고, 이혼이란 집에서 내어보내는 것을 의미했다.

어떤 사람이 아내를 취하였는데 아내에게서 수치스러운 일이 발견되어 그 때문에 도저히 기쁘게 받아들일 수 없는 상황이 생기게 되었다. 이럴 때에 본문의 정의에 따르면 결혼이란 남편과 아내가 서로 기뻐하고 사랑하는 것인데, 남편과 아내가 서로 기뻐할 수 없는 처지가 되어 버렸다면 남편은 아내에게 이혼 증서를 주고 집에서 내보냄으로써 이혼이 성립된다. 그리고 이혼증서를 받은 여자는 다른 남자와 만나서 재혼할 수 있는 사회적인 권리를 갖게 된다.

그런데 이혼증서를 받은 여자가 재혼을 했는데, 재혼한 둘째 남편이 그 여자를 기뻐하지 않아서 또다시 이혼을 하게 된 경우나, 혹은 재혼한 둘째 남편이 죽는 바람에 이 여자가 다시 혼자가 되었을 경우, 모세의 율법은 이 여자가 다시 첫 번째 남편에게 돌아가서 결혼하는 것을 금지한다. 그것은 여호와께 가증한 일, 즉 범죄가 되는 것이라고 말씀하셨다.

성경에 나오는 결혼과 이혼, 재혼에 관한 다른 성경구절을 일체 고려하지 않고 본문의 모세의 율법만 고려해서 본다면 이혼이나 재혼은 죄가 아니다. 모세의 율법은 이혼이나 재혼을 죄로 정하지 않았다. 그러나 재혼한 사람이 혼자가 되었다고 해서 다시 전 남편과 결합하는 것은 죄가 된다고 모세의 율법은 분명하게 말씀한다.

오늘 이 본문의 의미에 관해서 이스라엘 역사 속에서는 논쟁이 끊이지 않았는데, 바로 남자가 이혼의 사유로 삼을 수 있는 수치 되는 일이라는 추상적인 표현이 구체적으로 무엇을 의미하는지가 논쟁의 핵심이었다. 이 문제에 관해서 이스라엘에 있는 두 가지 학파의 견해가 달랐다고 한다.

먼저 보수적인 샴마이 학파는 수치 되는 일을 아내에게서 성적인 부정이 발견된 경우에 국한하였다. 예를 들면 아내에게서 처녀인 표적을 발견할 수 없었다든가, 결혼생활 중에 다른 남자들과 바람을 피워서 성적인 부정이 발견되었을 경우에 국한하여 모세가 이혼을 허락한 것이라고 해석한다.

그러나 이 해석은 받아들이기가 조금 곤란하다. 왜냐하면 남편이 아내에게서 처녀의 표적을 발견하지 못한 경우에 대해서는 신명기 22장 13~21에서 이미 자세하게 설명하고 있기 때문이다.

처녀인 아내를 누명 씌워서 내쫓으려고 하는 사람은 태형과 은 일백 세겔의 벌금형을 받고 결국 자신의 아내를 데리고 살아야 하는 판결을 받게 된다. 그러나 남자의 말처럼 "그 일이 참되어 그 처녀에게 처녀인 표적이 없거든 처녀를 그 아비 집 문에서 끌어내고 그 성읍 사람들이 그를 돌로 쳐 죽일지니 이는 그가 그 아비 집에서 창기의 행동을 하여 이스라엘 중에서 악을 행하였음이라 너는 이와 같이 하여 너의 중에 악을 제할지니라"고 기록되었다. 상당히 엄하지만 이것이 모세의 율법이다. 이미 이와 같은 율법의 판결이 있기 때문에 여자에게 있어서 수치 되는 일이 성적인 부정에만 국한된다고 보기는 어렵다는 것이다.

반면에 자유주의적인 힐렐 학파는 이 수치되는 일을 자의적으로 너무 광범위하게 해석했다. 예를 들면 음식이 맛이 없다든가, 요리를 자꾸 태운다든가, 인상 쓰는 것이 밉다든가 하는 이유까지도 모두 포함이 된다고 해석을 한 것이다. 만약에 이 해석이 옳다면 어떠한 이유라도 트집을 잡아서 아무렇게나 이혼을 할 수가 있을 것이다.

이처럼 우리는 샴마이 학파의 보수적인 해석도 받아들이기가 어렵고, 힐렐 학파의 광범위하고 자의적인 해석도 받아들이기가 어렵다. 따라서 본문이 말하는 수치 되는 일이란 비록 성적인 부정까지는 가지 않았다고 할지라도 결혼생활을 지속하기가 어려운 결정적인 결함이라고 정의해야 할 것이다.

미국에 사는 한 한국인 부인이 백인과 살았는데 어느 날 목사님께 상담을 했다고 한다. 자기 남편이 부부싸움을 할 때마다 머리에 총을 들이대기에 이혼을 해도 되느냐는 것이다. 참 어려운 상담이다. 만약 그런 사람하고 당장 이혼하라고 답해 주면 남편 되는 사람이 목사님을 찾아와 머리에 총부리를 겨눌지도 모르고, 그래도 그냥 살라고 답변했다가 그 남편이 혹시라도 총을 발사해서 그 부인이 죽게 되면 이 여자의 가족들이 목사님께 쳐들어와서 당신이 잘못 상담해 준 탓에 우리 가족이 죽었다고 탓하지 않겠는가? 그래서 그 목사님은 "하나님께서 당신을 사랑하시고, 나도 주 안에서 당신을 사랑합니다. 하나님께서도 언제나 당신 편이고 저도 언제나 당신 편입니다. 당신이 그 남자와 계속 살아도 나는 당신의 편이 되어서 기도해 드릴 것이고, 이혼을 해도 당신의 편이 되어서 기도해 드릴 것이니 잘 생각해서 결정하십시오."라고 대답해 주었다고 한다. 이처럼 결혼 생활 중에는 성적인 부정이 아니라 할지라도 도저히 함께 살 수 없는 수치스러운 일이 생길 수도 있다.

보수파와 자유파의 이와 같은 해석에 대한 논쟁은 예수님 당시까지 계속되었다. 마태복음 19:3을 보면 바리새인들이 예수님을 시험하기 위해 "사람이 아무 연고를 물론하고 그 아내를 내어버리는 것이 옳으니이까?"라고 질문했다. 이 질문은 예수님 당시의 유대 사회에 힐렐 학파, 즉 자유주의 파가 우세했다는 사실을 암시한다. 예수님은 그 질문에 대해 이상적인 창조질서를 대답하셨다. "하나님께서 짝지어 주신 것을 사람이 나눌 수 없느니라" 하나님의 이상적인 질서는 이혼이 아니라는 사실을 명확히 말씀하셨다. 그러자 바리새인들이 또 물었다. "아니, 하나님께서 그런 이상적인 계획을 가지고 계심에도 불구하고 왜 모세에게 이혼증서를 써서 아내를 내버리는 것을 허락하셨습니까?" 예수님은 이 질문에 대해 "모세가 너희 마음의 완악함을 인하여 아내 내어버림을 허락하였거니와 본래는 그렇지 아니하니라"(마 19:8)고 대답하셨다. 본래 하나님의 이상적인 질서는 그게 아니지만 우리의 마음이 완악하기 때문에 완악한 상태에서 구제하기 위해 이런 규례를 준 것이라고 대답하신 것이다. 이로 보건대 신약의 우리 성도들은 도저히 견딜 수 없는 특수한 경우가 아닌 한 이혼을 하면 안 되는 것이다.

● 오늘의 말씀에 대한 나의 묵상 ●

오늘의 본문 성경을 읽으시고 깨달은 점이나 기억하고 싶은 점 혹은 기도문을 기록합니다.

1년 1독 365일 성경통독, 꿀송이 보약큐티

신 25장~27장

● 묵상 자료 ●

1. 유리하는 아람 사람

신명기 26:5에 "내 조상은 유리하는 아람 사람"이라는 구절이 있는데 여기에 나오는 조상은 이스라엘 12지파의 조상인 야곱을 가르킨다. 야곱을 "유리하는 아람 사람"이라 한 이유는 그가 20년 동안 밧단 아람에 머물렀고(창 28:2) 그곳에서 자녀들을 얻었기 때문이다. 이 유리하던 아람 사람 야곱이 애굽에 이거 할 당시 70명이 갔다. 그러나 430년 후 애굽에서 나올 때는 20세 이상 전쟁에 나갈 남자 군인들만 60만 명이 넘었으니 어린이들과 여자들 노인들을 합치면 수백만 명이었을 것이다. 모세는 숫자가 너무 많아 이스라엘 천만 인이라고 불렀다. 하나님이 아브라함에게 네 후손이 바다의 모래와 같이 하늘의 별과 같이 되리라고 약속하신 축복이 성취된 것이었다. 시간은 걸리지만 반드시 그 약속을 지키시는 하나님이시다. 예수님의 재림도 성경대로 이루어질 것이다. 아멘. 주 예수여 오시옵소서. 마라나타!!!

2. 제3년의 십일조

신명기 26:12~15에는 제3년에 드리는 셋째 십일조에 대해 말씀하신다. 이미 신명기 14:22~29에서 십일조에 대해 말씀하셨지만 26장에서 한 번 더 강조한다. 율법에 규정된 십일조는 크게 두 가지로 나누어지는데 우선 소득의 1/10을 떼어 레위인에게 바친다. 그러면 레위인은 받은 십일조를 모아 그 십일조의 1/10을 다시 떼어 거제로 제사장에게 바친다(민 18:26). 바로 이것을 첫째 십일조라고 하는데 주로 레위인과 제사장들의 생계유지에 쓰였다.

둘째 십일조란 첫 번의 1/10 바치고 난 9/10중 다시 1/10을 떼어 온 가족이 성소로 가지고 가서 거기서 즐거운 잔치를 벌이는 비용으로 사용하였다(신 14:22~26). 유대인들은 이것을 둘째 십일조라고 불렀다. 그런데 이 둘째 십일조를 제3년과 6년에는 성소로 가져가지 않고 각 성에 모아 가난한 자들을 구제하는데 사용했다(신 14:28~29). 이것이 이른바 제3의 십일조라고 불리우는 것인데 본질적으로 둘째 십일조와 동일한 것이며 다만 그 용도가 달랐을 뿐이다. 그러므로 셋째 해에 드리는 십일조는 온전히 가난한 사람들을 돕는 데에만 사용하도록 되어 있다.

요즈음 좀 똑똑한 사람들은 십일조 얘기하면 싫어 한다. 구약에 얽매인 사고방식이라는 것이다. 남아공에서 20년 이상 살아보니 유럽에서 내려온 백인 교인들이 소득의 십일조를 철저히 바치지 않는 모습을 많이 보았다. 감사헌금이나 선교헌금도 인색하다. 한국 교회 교인들만큼 십일조와 감사와 선교에 힘쓰는 교인들은 세상에서 좀처럼 찾기가 힘들다. 아마 이러한 헌신 때문에 지금도 세계 어디를 가나 한국 교회가 파송한 한국 선교사들이 힘차게 선교의 일을 감당하고 있는 것이라고 나는 믿는다. 이런 믿음을 한국 교회에 주신 하나님께 영광과 감사를 드린다.

3. 그리심 산과 에발 산

신명기 27장에는 그리심 산에서 축복을 선포하고 에발 산에서 저주를 선포하라고 하신다. 그리심 산에 서도록 되어 있는 지파는 시므온, 레위, 유다, 잇사갈, 요셉, 베냐민 지파들이다. 반면에 에발 산에 서도록 되어 있는 지파는 르우벤, 갓, 아셀, 스불론, 단, 납달리 지파였다. 이것을 오해하여 에발 산에 오른 지파들은 저주를 받고 그리심 산에 오른 지파들은 축복을 받았다고 생각하면 안된다. 축복의 산에 서도록 되어 있는 6지파는 율법에 순종하는 백성들을 상징하고 저주의 산에 서도록 되어 있는 6지파는 불순종의 백성들을 상징하는 것이었다. 일종의 역할극을 맡기신 것이다.

그리심 산과 에발 산은 가난안 땅 중앙에 위치한 세겜을 중심으로 서로 마주

보고 있었다. 에발 산에서 선포되는 12가지 저주에 대해서 각 항목마다 백성들은 "아멘"으로 화답해야 했다.

내일 공부할 이어지는 신명기 28장은 축복과 저주를 본격적으로 다룬다. 하나님의 말씀을 순종하고 잘 따르면 세계 모든 민족 위에 뛰어나게 해 주시고 자녀의 축복, 소유의 축복, 출입의 축복, 원수에게 승리하는 축복을 주신다고 약속하신다. 반면에 하나님께 불순종하고 우상숭배하면 얼마나 무서운 저주가 임하게 되는 지를 말씀하시는데 축복의 양보다 저주의 양이 훨씬 많다.

이는 부패하고 타락한 우리들에게 거듭거듭 죄짓지 말고 하나님 떠나 살면 얼마나 무서운 결과가 오는지를 알려서 자기 백성을 보호하시려는 하나님의 마음이 담겨 있다. 너무나 끔찍하고 무서운 저주와 재앙을 반복해서 언급하시는데 신명기 28:68에는 심지어 범죄를 계속하면 이스라엘 백성들을 다시 애굽의 노예가 되게 하겠다는 저주의 말씀까지도 하셨다. 이 저주는 역사적인 사실로 이루어 졌는데 A.D. 70년에 예루살렘을 함락시킨 로마 장군 티투스(Titus)가 17,000명의 유대인들을 이집트에 노예로 팔아버린 일이 있었다. 천지는 없어지고 요동하나 하나님의 말씀은 일점일획도 없어지지 않고 그대로 성취되는 것이다. 아멘.

● 오늘의 말씀에 대한 나의 묵상 ●

오늘의 본문 성경을 읽으시고 깨달은 점이나 기억하고 싶은 점 혹은 기도문을 기록합니다.

1년 1독 365일 성경통독, 꿀송이 보약큐티

신 28장~30장

● 묵상 자료 ●

1. 축복이냐, 저주냐?

여호와의 말씀에 순종하면 축복, 여호와의 말씀에 불순종하면 저주라고 요약될 수 있는 신명기 28장은 아마도 성경 가운데서 가장 중요한 장(章) 중에 하나가 아닌가 생각된다.

'순종은 축복이요, 불순종은 저주'라는 이 사상을 신명기 사관이라고 한다. 사무엘서나 열왕기서, 역대기와 같은 이스라엘 역사서는 대부분 신명기 사관에 근거해서 기록되었다. 신명기 사관의 역사서들을 보면 이스라엘의 왕들이 하나님의 말씀에 순종할 때, 왕도 복을 받을 뿐만 아니라 나라도 복을 받게 된 것을 볼 수 있으나, 왕들이 하나님의 말씀에 불순종하면 자신들이 저주받을 뿐만 아니라 나라까지도 저주받게 된 사실을 볼 수 있다. 이 신명기 사관은 하나님께서 우리 성도들을 다스리시는 위대한 원리요, 우주를 통치하시는 근본적인 원리 가운데 하나이다.

이스라엘 백성들이 여호와 하나님을 잘 섬기고 있을 때는 외적들이 침략을 하지 못했다. 그러나 이스라엘 백성들이 하나님을 배반했을 때는 외적들이 쳐들어와서 그들의 종이 되었다. 블레셋과 아람, 모압과 암몬, 앗수르와 바벨론, 그리고 로마에 이르기까지 이스라엘 백성들을 끊임없이 괴롭혔던 이방인들이 이스라엘의 역사에 등장한 이유는 분명하다.

다니엘은 기도를 하다가 이 사실을 깨달았다. 그래서 다니엘은 눈물로 회개하면서 다시 기도하면 돌이키시겠다고 하신 언약을 기억하시고 우리를 돌이키게 해달라고 하나님께 기도했던 것이다.

이스라엘 백성들이 섬길 수 있는 대상은 두 가지였다. 첫째는 여호와 하나님이고, 둘째는 외적들이다. 오직 여호와 하나님을 잘 섬기면 여호와 하나님만 섬기면 되는 것이고, 여호와 하나님을 제대로 섬기지 못하면 필연적으로 외적들을 섬길 수밖에 없었다는 의미이다.

하나님의 보이지 않는 손이 이스라엘을 지키고 있을 때는 어떤 외적들도 이스라엘을 쳐들어올 수 없었다. 설령 쳐들어왔다고 할지라도 패배하고 한 길로 왔다가 일곱 길로 도망갈 수밖에 없었다. 그러나 이스라엘이 하나님을 멀리하고 불순종하면 하나님의 능력의 손은 거두어지고 외적들이 쳐들어와서 이스라엘을 노예 삼았다.

하나님의 전능하신 손이 지키시면 아무리 군사력과 경제력이 약하다고 할지라도 이스라엘은 약하지 않았다. 우리 성도들은 우리를 사랑하시는 하나님만을 마음과 뜻과 정성을 다하여 섬길 때에 하나님께서 우리를 축복해주신다는 하나님의 통치의 대원리를 잊지 말아야 한다. 신명기 28장의 축복과 저주의 말씀을 읽노라면 축복보다 저주의 분량이 훨씬 많은 것을 볼 수 있다. 이것은 우리 인간의 타락상을 누구보다 잘 아시는 하나님이 범죄하기 쉬운 우리들에게 채찍을 들어서라도 우리를 죄에서 멀어지게 하시려는 의도라고 생각해야 한다.

● 오늘의 말씀에 대한 나의 묵상 ●

오늘의 본문 성경을 읽으시고 깨달은 점이나 기억하고 싶은 점 혹은 기도문을 기록합니다.

1년 1독 365일 성경통독, 꿀송이 보약큐티

신 31장~34장

● 묵상 자료 ●

1. 모세의 축복

신명기 33장은 모세가 죽기 전 자기 백성을 지파별로 축복하는 내용이 적혀 있다. 그런데 자세히 보면 시므온 지파가 축복에서 빠져있다. 창세기 49장의 야곱의 축복에서도 시므온은 레위와 함께 축복은 한마디도 없고 저주만 선포되어 있다. 창세기 34장에 기록된 세겜성 남자 대학살 사건에 연루된 까닭이다. 자기들의 여동생 디나가 강간당한 것에 앙심을 품고 그들을 속여 억지로 할례를 행하게 한 후 그들이 움직이기 힘들 때 기습하여 칼로 잔혹하게 남자들을 몰살한 것이다. 이 사건이 얼마나 아버지 야곱에게 충격이 되고 위협이 되었던지 그는 죽기 전 마지막 축복의 시간에도 두 아들에게는 마음을 닫았다.

> 시므온과 레위는 형제요 그들의 칼은 폭력의 도구로다 내 혼아 그들의 모의에 상관하지 말지어다 내 영광아 그들의 집회에 참여하지 말지어다 그들이 그들의 분노대로 사람을 죽이고 그들의 혈기대로 소의 발목 힘줄을 끊었음이로다 그 노여움이 혹독하니 저주를 받을 것이요 분기가 맹렬하니 저주를 받을 것이라 내가 그들을 야곱 중에서 나누며 이스라엘 중에서 흩으리로다 창 49:5~7

그런데 시므온과 레위 둘이 똑같이 야곱에게 저주를 받았는데 신명기 33장의 모세의 축복에는 시므온은 축복의 언급이 없지만 레위는 들어 있어 많은 축복을 모세에게 받고 있다. 레위는 제사장이 되어 주의 법도를 이스라엘에게 가르치며 주 앞에 분향하고 번제를 드리는 일을 감당하게 된다고 선포하고 있다. 왜 시므온과 레위가 출발은 나빴지만 결과는 이렇게 다른 상황에 놓이게 되었는가? 그것은 모세의 레위를 향한 축복의 말씀 중 다음의 구절이 단서를 제공한다.

> 그는 부모에게 대하여 이르기를 내가 그들을 보지 못하였다 하며 그의 형제들을 인정하지 아니하며 그의 자녀를 알지 아니한 것은 주의 말씀을 준행하고 주의 언약을 지킴으로 말미암음이로다 신 33:9

어지간한 독자들은 이 구절을 읽으면서 이게 무슨 뜻인가 의아해한다. 부모와 형제, 자녀들을 외면했는데 그 이유가 주의 말씀을 준행하고 주의 언약을 지키기 위해서였다고? 그러나 출애굽기 32장의 금송아지 우상 사건을 자세히 기억하는 독자들은 무슨 말인지 이해를 할 것이다.

모세가 십계명을 받아 두 손에 들고 비장한 마음으로 백성에게 내려 와 보니 그들은 아론을 앞세워 우상 금송아지를 만들고 이 송아지 신이 우리를 애굽에서 인도해 내었다고 소리치며 광란에 빠져있었다. 대노(大怒)한 모세는 십계명의 두 돌판을 던져 깨 버리고 그 금송아지 우상을 으깨어 가루를 만든 후 이스라엘 백성들에게 마시우게 했고 누구든지 여호와께 속한 자는 내게로 나아오라 외쳤다. 그때 모세 앞으로 나아온 사람들이 바로 레위 자손들이었다(출 32:26). 모세는 자기 앞에 나온 레위 자손들에게 칼을 쥐어주며 진중으로 왕래하며 금송아지 우상 숭배에 적극적으로 가담한 자들을 찾아내어 엄히 처단하라고 명하였다. 명을 받은 레위 자손들은 자기 부모가 살려달라 해도 봐주지 않았고 형제들이 빌어도, 심지어 자녀들이 "아버지 살려주세요." 애걸해도 가차없이 처단하였다. 그날 무려 3천 명을 칼로 죽였다. 비로소 하나님의 진노가 가라앉았다. 주의 말씀을 준행하고 주의 언약을 지키려는 그들의 열심이 그들을 그렇게 하도록 만들었다(출 32:27~28을 꼭 찾아 다시 읽어 보라).

그 헌신을 모세는 귀하게 보았고 하나님께서 그들에게 복을 내리실 것을 천명했다. 원래 성질 급하고 무자비한 레위였지만 결정적인 금송아지 우상숭배 사건 때 하나님의 마음에 쏙 드는 헌신을 하여 개과천선(改過遷善) 한 것이다. 이와 같이 기독교는 변화를 일으키는 역사가 있다. 예수 믿고 은혜 받으면 사람이 변한다. 운명도 변한다.

2. 느보산에서 위대한 하나님의 사람 모세가 죽다(신 34장)

한국 교회는 세계적인 유명한 목회자들이 많다. 그와같은 리더쉽들의 충성과 헌신으로 말미암아 우리 한국 교회는 세계 선교사상 그 유례를 찾아볼 수 없으리만큼 부흥하고 성장한 것이 사실이다. 그런데 그와 같은 우리 한국 교회가 언젠가부터 휘청거리기 시작하고 있다. 문제가 생기기 시작하였다. 약해지기 시작하였다. 한술 더 떠 세상 사람들에게 지탄을 받는 교회가 되고 말았다. 김○○ 목사님은 언젠가 자신의 설교에서 그 중요한 이유가 모세 같은 충성스러운 한국의 유명한 주의 종들이 느보산에서 죽지 않고 거의 다 가나안에 들어갔기 때문이라고 생각한다고 하셨다. "자기가 없으면 이 교회는 안 된다는 확신을 가지고 정확하고 정직한 은퇴를 하지 못해서다. 그와 같은 확신이 지나친 일부 대형교회는 나이도 어린 자기 아들을 세워 세습하기까지 하였다. 그래야만 교회가 혼란을 겪지 않고 안정된다는 논리를 저들은 내세웠다. 얼핏 들으면 맞는 것 같다. 그러나 그와 같은 논리는 근본부터 틀린 논리"라고 김○○ 목사님은 강력히 주장한다. 담임목사의 아들이 후임이 되지 않으면 위험할 교회가 되었다는 것 자체가 건강치 못한 것이라는 것이다. 몇 년 전 30대 아들에게 수만 명의 교회를 세습케 한 목사님에게 어느 신문사 기자가 "왜 아들을 후임으로 삼으려고 하는가?"라고 인터뷰를 하였는데 그때 그 목사님은 심장 이식 수술에 비유하고 설명을 하였다. 심장 이식 수술을 할 때 조직과 피가 맞지 않으면 거부 반응이 일어나서 결국 죽게 되는 것과 같이 교회도 마찬가지라는 식으로 설명을 한 것이다. 그 기사를 읽고 김○○ 목사님이 다음과 같은 신랄한 글을 올렸다.

"도대체 그 교회의 심장은 누구의 심장인가? 그리스도 예수의 심장인가 아니면 김 아무개 목사의 심장인가? 도대체 그 교회에 흐르는 피는 그리스도 예수의 피인가 아니면 김 아무개 목사의 피인가? 그리스도의 심장이 뛰고 그리스도 예수의 피가 흐르는 교회라면 그리스도의 심장과 피를 가진 어떤 목사가 와서 목회를 해도 거부반응이 없는 교회가 되어야 옳지 않은가? 도대체 그 교회의 주인은 하나님이신가 김 아무개 목사이신가?"

스스로 약속한 은퇴를 지키지 못하고 몇 년을 더 시무해야만 하시는 대형교회의 목사님도 가나안에 들어가 버린 모세 같은 사람이다. 아들에게 교회를 물려주지 않으면 교회가 무너지고 넘어질 것 같아 불안해하시는 분들도 다 가나안 땅에 들어가려는 모세 같아 보인다. 하나님은 모세에게는 느보산으로 올라가라 하시고 아브라함에게는 본토 친척 아비 집을 떠나라 하셨다. 그것이 성경의 가르침이요 하나님의 방식이다. 모세가 느보산에서 죽으면 가나안 땅에서 이스라엘 백성들은 혼란에 빠져 죽을 것 같고, 아브라함이 본토 친척 아비 집을 떠나면 맥도 못추고 유리방황 하는 나그네처럼 살다가 죽을 것 같아 보이는 것은 일반적인 세상의 상식이다. 믿음 없는 눈에는 하나님의 뜻과 방식이 이해가 안 될 것이다.

그러나 이해가 되고 안 되고를 떠나 언제나 하나님의 뜻이 옳고 하나님의 방식이 맞다!!! 모세가 가나안까지 들어가야만 하는 조직은 이미 죽은 조직이다. 하나님이 계시지 않는 조직이다. 이미 모세가 하나님을 대신하고 있는 조직이다. 본토 친척 아비의 집을 등에 업고 일하려고 하는 사람은 하나님이 함께 하시지 않는다. 그와 같은 사람은 절대로 복의 근원이 될 수 없다.

모세! 너무 멋지다. 모세는 느보산으로 올라가라는 하나님의 말씀에 순종한다. 억울해하지 않는다. 자기가 들어가지 못할 가나안 땅에 대하여 불안해하지 않는다. 자기가 없으면 안 될 것이라는 생각을 하지도 않는다. 여호수아를 백성들 앞에서 세우고 축복한다. 그리고 그렇게 지지리 속 썩이던 이스라엘 12지파 하나, 하나 이름 불러가며 축복한 후 가나안 땅을 한 번 바라 본 후 느보산에 올라가 조용히 죽는다. 너무 근사하고 너무 훌륭하다. 모세는 정말 믿음의 사람이었다. 끝까지 믿음의 사람이었다. 모세는 가나안에 들어가지 아니하고 느보산에서 죽음으로 최고의 리더가 되었다. 신명기 34:10에서 하나님은 "이후에 이스라엘에 모세 같은 선지자가 일어나지 못하였다"라고 말씀하고 계신다. 우리는 모세를 본받아 하나님은 나 없어도 다른 사람을 통해서 얼마든지 위대한 일을 하실 수 있음을 항상 고백하고 살아야 한다.

오늘날 많은 한국 교회의 교인들은 마마보이가 많다. 그 교회를 일으켜 세운 모세 같은 목사에게 꼭 매달려서 그 목사가 없으면 교회가 안 될 것 같은 불안감에 목사를 하나님처럼 떠받들고 사는 마마보이 말이다. 그러나 아무리 훌륭해도 목사는 목사이지 하나님일 수 없다. 아무리 목사가 훌륭해도 목사가 없으면 교회가 흔들리는 그런 교회는 건강한 교회가 아니다. 건강한 하나님의 교회를 사랑하는 자녀들에게 물려주기 위하여 가장 중요한 것은 교회의 지도자들이 죽도록 충성한 후에 스스로 자기를 부인하고 느보산으로 올라가 교회와 교인들을 축복하고, 자신의 후임을 축복하고 자신은 장렬히 죽는 것이다. 뒷일은 하나님이 책임지신다. 아멘. 아멘. 아멘.

● 오늘의 말씀에 대한 나의 묵상 ●

오늘의 본문 성경을 읽으시고 깨달은 점이나 기억하고 싶은 점 혹은 기도문을 기록합니다.

수 1장~3장

• 묵상 자료 •

1. 여호수아 서론

모세오경을 거침없이 독파한 우리는 이제 여호수아서에 도착했다. 여호수아서는 12권의 '역사서'중 첫 번째 책이다. 역사서 12권은 천년의 이스라엘 역사를 담고 있다. 가나안 정복과 분배를 담은 여호수아서를 시작으로 사사기, 룻기, 사무엘상하, 열왕기상하, 역대상하, 에스라, 느헤미야, 에스더에 이르기까지, 바벨론 포로시기와 그 귀환까지의 파란만장한 이스라엘의 역사가 오롯이 담겨있다. 기록자의 관점은 하나님이 모세오경에 그토록 강조한 '주 너희 하나님'의 선택된 백성으로서 얼마나 하나님의 말씀에 순종하며 살았는가 하는 데 초점이 맞추어, 성경을 읽는 독자로 하여금 여호와 경외하기를 독려하고 하나님을 떠나면 우리 인생이 얼마나 불쌍한 처지에 놓이게 되는 가를 일깨우는데 있다. 여호수아서는 여호수아가 저자이고 마지막의 사후 기록은 그의 측근이 덧붙였을 것으로 학자들은 추측한다.

2. 마음을 강하게 하고 두려워 하지말라!

성경은 독자들에게 믿음을 일으키게 한다. 믿음은 들음에서 나고 들음은 그리스도의 말씀으로 말미암는다(롬 10:17). 믿음의 반대말은 불신이나 의심일 수도 있지만 믿음 안에 있는 자들에게 믿음의 반대말은 '두려움'이다. 여호수아 1장은 두려워 말라는 말씀으로 가득 차 있다.

내가 네게 명령한 것이 아니냐 강하고 담대하라 두려워 하지 말며 놀라지 말라
수 1:9

당시 여호수아가 심히 떨고 있었던 것을 하나님은 간파하시고 반복해서 두려워하지 말고 담대하라고 일러주셨다. 여호수아가 두려움에 떨었던 이유는 '여호와의 종 모세가 죽었기' 때문이었다. 한 나라의 대통령이 갑자기 서거를 해도 큰 혼란이 오는데 40년을 선두에서 이스라엘을 이끌었던 지상 최고의 지도자가 세상을 떠나 더 이상 함께하지 않으니 여호수아는 긴장이 안 될 수가 없었다. 거기에 이제 곧 마주치게 될 요단강 서편의 가나안 일곱 족속들은 심히 흥분된 심리 상태에서 눈에 불을 켜고 이스라엘과 싸울 준비를 갖추고 있었다. 과연 가나안 일곱 족속들과 맞부딪쳐 그들을 격퇴하고 정복할 수 있을까? 이런 생각으로 잠도 제대로 오지 않았을 것이다. 그보다 더 여호수아의 마음에 스트레스를 주는 것은 이스라엘 백성들이었다. 모세의 보좌관으로 있으면서 여호수아는 그 백성들의 완악함을 볼만큼 보아 왔다. 오죽했으면 최고의 온유함을 자랑하던 모세가 십계명 돌 판을 던져서 깨버리고 금송아지를 갈아서 물에 타 백성들에게 마시게 했을까? 그리고 너무 속이 상해 므리바 물에서 혈기를 부리며 반석을 내리쳤다가 가나안 입성을 제지당했을까? 이 모든 것을 옆에서 보고 겪은 사람이 바로 여호수아였다. 이제 그런 백성의 지도자가 된 여호수아는 부담되고 두려울 수밖에 없었을 것이다.

그래서 하나님은 거듭 거듭 두려워 말고 담대하라고 하신 것이다. 두려워 할 필요가 없는 이유를 세 가지로 하나님은 말씀 해 주셨는데, 첫째는 하나님께서 모세와 함께 하신 것처럼 함께 해 주시기 때문이라는 것과 "내가 모세에게 말한 바와 같이 무릇 너희 발바닥으로 밟는 곳은 모두 내가 너희에게 주었노니" 라는 말씀에서 보듯 이미 이기게 되어 있는 싸움을 하게 된다는 까닭, 마지막으로는 여호수아 1:9에 "내가 네게 명령한 것이 아니냐?" 하는 이유였다. 정복을 명하신 이가 하나님 이시다는 것이다. 여호수아의 아이디어가 아니고 하나님의 명령하에 이루어지는 전쟁이니 하나님께서 100% 책임지실 수밖에 없다. 그러니 너는 쫄지 말고 겁먹지도 말고 순종만 하면 좋은 일을 보게 될 것이라는 설득이었다. 이에 여호수아는 두려움을 떨치고 벌떡 일어나 삼일 안에 요단을 건널 것이니 준비하라고 백성들에게 명령한다. 부담을 훌훌 떨쳐버리고 모세처럼 백성들을 강력하게 이끌기 시작한 것이다.

오늘 우리는 혹 어떤 이유 때문에 두려워하고 있는가? 하나님이 임마누엘로 나와 함께 계심을 믿으라. 하나님이 도와주시면 능치 못할 일이 없다. 기도할 수 있는데 왜 걱정하는가? 기도하면서 왜 염려하는가? 마음을 굳게 먹고 강하고 담대할지어다!!! 아멘.

3. 기생 라합의 놀라운 믿음

믿음은 '신비(mystery)'다. 학벌 있고 돈 많은 엘리트들이 하나님을 잘 섬기는 게 아니라 부족하고 내세울 것 없는 사람들이 아름다운 믿음을 가지고 하나님을 성심껏 섬기는 것을 주변에서 수없이 목도한다. 최근 나는 소위 책벌레로 알려진 베스트셀러 작가이자 사비나 미술관 관장인 이명옥 관장이 쓴 "시를 좋아하세요"란 책을 흥미 있게 읽었다. 이 책을 읽어본 소감은 저자가 정말 해박하고 동서고금의 수많은 책들을 다 섭렵한 대단한 독서광이라는 사실이 인상 깊게 다가왔다. 그녀의 집에는 웬만한 서점보다 더 많은 책들이 꽂혀 있다고 한다. 나는 이분을 전도하고 싶어 마다가스카르에서 메일을 보냈다. 책을 읽고 너무 많은 유익을 얻었다고 감사인사를 드리고는 그 많은 책들을 읽으신 분이 왜 성경은 안 읽는냐고 질문을 던졌다.

답장이 왔는데 날마다 아는 친구가 성경 한 구절씩 카톡으로 보내주어 그걸 읽고 있다고 하였다. 참으로 답답하지 않은가? 동서고금의 그 많은 책들을 밑줄 그어가며 읽는 사람이 영생의 보화가 담겨있는 성경은 그렇게 열심으로 읽지 않으니… 이것은 바로 하나님이 은혜 주시지 않으면 믿음이 생기기 어렵고, 세상 지식과 달라 특별 은총이 역사하는 영역이 바로 기독교의 신앙생활이란 것을 증거한다. 믿음은 아무나 쉽게 가질 수 있는 게 아니다.

천한 직업을 가진 기생 라합은 어떻게 황금보다 귀한 이 믿음을 갖게 되었을까? 그녀는 소문으로 들었다고 했다. 하나님이 어떻게 애굽에서 그 백성을 큰 이적으로 이끌어 내었으며 홍해에서 애굽 군대를 수장시켜버리고 이스라엘을 구원하신 것과 요단강 동편에서 아모리 족속의 두 왕 시혼과 옥을 무찌르고 전멸시킨 일을 자기들이 들었다는 것이다. 그 얘기들을 듣고 여리고 성 백성들이 마음이 녹았고 정신을 잃었는데 상천하지(上天下地)에 이스라엘인이 섬기는 여호와와 같은 신은 없다고 고백했다. 이 여인은 여호와에 관한 소문만 듣고도 믿음을 가졌다. 이것이 택한 백성의 축복이다. 더 나아가 그녀는 여호와께서 이 땅을 너희에게 주신 줄 내가 아노라(수 2:9) 하고 이스라엘 백성보다 더 확고하게 하나님의 능력을 믿었다. 히브리서 11장, 믿음의 영웅들이 등장하는 믿음의 전당에 여호수아 이름은 없는데 놀랍게도 이 여인의 이름이 등재되어 있다.

> 믿음으로 기생 라합은 정탐꾼을 평안히 영접하였으므로 순종하지 아니한 자와 함께 멸망하지 아니하였도다 히 11:31

여호와의 소문을 어찌 기생 라합만 들었겠는가? 여리고 성 모든 자들이 다 듣고 마음이 녹고 정신을 잃을 정도였다. 그러나 듣고 믿음으로 화합한 사람은 기생 라합뿐이었다. 멸망당할 여리고 성 같은 이 세상에 지금도 수많은 사람들이 예수에 관한 소식을 들어 알고 있다. 그러나 그들은 갖가지 핑계와 이유를 대면서 신앙생활을 안 한다. 심판대 앞에 설 때 그들은 이를 갈며 슬피 울며 후회할 것이다.

세상에는 참 재수없는 사람들의 케이스가 많다. 벌교의 어떤 우체부 아저씨는 옛날에 우편 배달하러 자전거를 타고 가다가 내리막 길에서 길게 하품을 했는데 하필 그 찰나에 벌이 입 속으로 들어가 목을 쏘아 버렸다. 목이 퉁퉁 부은 그는 급히 병원 응급실로 달려갔다. 말을 할 수가 없이 목이 부어버렸다. 간호사가 왜 이렇게 되었냐고 묻자 그는 종이 위에 이렇게 썼다. "벌이 싸 부렀당께!!" 그보다 더 재수없는 사람은 교회 다니다가 중간에 그만두고 나중 지옥 가는 자들일 것이다. 그들은 그 무서운 불지옥에서 얼마나 후회할까? "아! 성경이 진짜였구나. 예수밖에 구원의 길이 없었구나."하며 나중에 후회하면 무슨 소용이 있겠는가? 지금 기회 있을 때 라합처럼 자수하여 광명 찾아야 한다. 아멘.

● 오늘의 말씀에 대한 나의 묵상 ●

오늘의 본문 성경을 읽으시고 깨달은 점이나 기억하고 싶은 점 혹은 기도문을 기록합니다.

1년 1독 365일 성경통독, 꿀송이 보약큐티

수 4장~6장

묵상 자료

1. 길가에 세워진 열두 돌의 의미 (수 4:1~9)

여호수아서는 하나님께서 모세의 후계자로 여호수아를 세우시는 이야기로부터 시작하고 있다. 여호수아를 부르시고 해야 할 일을 명하시고 한 가지 약속을 하셨다. "내가 너와 함께 있을 것임이니라"(1:5).

여호수아서는 전체가 하나님께서 이 약속을 지키는 이야기이다. 여호수아가 도무지 돌파할 수 없는 장애물을 만날 때마다 그리고 해결할 수 없는 문제를 만날 때마다 하나님께서 친히 나타나셔서 하나님의 방법으로 장애물을 극복하게 하셨고 문제를 해결할 수 있게 하신 것이다.

여호수아 3장은 이 놀라운 하나님의 이적의 첫 번째 사건을 기록해 놓고 있다. 이스라엘 백성이 가나안 땅으로 진군해 들어가고자 할 때 앞을 가로막는 장애물이 있었는데 바로 요단강이었다. 물이 깊어서 걸어서 건널 수 없는 형편이었다. 그렇다고 다리를 놓을 상황도 아니었다. 장정만 60만이 넘는지라 배를 만들어 타고 건널 수도 없었다. 여호수아로서는 시작부터 어찌할 수 없는 장애물을 만난 것이다.

이때 하나님께서 약속하신 것처럼 하나님의 능력이 함께하셨다. 하나님의 놀라운 능력으로 요단강 물줄기를 멈추게 하신 것이다. 이스라엘 백성들이 요단강을 평지 건너듯이 손쉽게 건너게 되었다.

그런데 오늘 여호수아 4장에 와 보면 하나님께서 뜻밖의 명령을 내리셨다. 이스라엘 백성이 요단강을 마지막까지 다 건너고 아직 제사장들은 법궤를 멘 채 요단강 한가운데 서 있었다. 하나님께서 갑자기 각 지파에서 한 명씩 뽑아서 제사장들이 법궤를 메고 서 있는 강 한가운데로 보내셨다. 그리고 그 자리에 돌 12개를 쌓게 하셨고, 또 12개를 메고 나와서 그들이 머무르게 될 길갈로 가져오게 하셨다.

그래서 요단강 한가운데 제사장들이 법궤를 메고 섰던 자리에 12개 돌로 기념비가 세워지게 되었고, 역시 저들이 머무르게 될 길갈에 12개 돌로 기념비가 세워지게 되었다. 이 일이 끝나자 마침내 법궤를 멘 제사장들도 요단강을 건너게 되었고 마침내 극적인 요단강 도하 사건이 끝이 나게 된다.

본문을 자세히 살펴보면 쉽게 이해하기 힘든 부분이 있다. 우선 왜 제사장들이 섰던 강바닥에 기념비를 세우라 하셨을까? 여호수아 4:18을 보면 제사장들이 요단강에서 나와 가나안 땅을 밟자마자 요단강물이 다시 흘러 원래 강물 모습 그대로 되었다. 이것은 강바닥에 세워 둔 12돌 기념비는 강물에 잠겨서 보이지 않게 되었다는 것을 뜻한다.

기념비를 세우면 누구나 늘 잘 볼 수 있게 해야 할 텐데 왜 물에 잠겨서 보이지 않게 될 기념비를 세우라 하셨을까? 칼빈은 이렇게 해석했다.

> "이 기념비는 비록 보이지는 않을지라도 이스라엘 백성들의 마음 가운데 세워진 것과 같은 효과를 거두게 되었다. 저들이 요단강을 볼 때마다 눈에 보이지는 않지만 그 안에 세워져 있을 기념비를 마음의 눈으로 보게 될 것이다. 그리고 간혹 건기 때 수심이 낮아져 그 기념비의 꼭대기가 보이게 되면 그 효과를 배가시킬 수 있을 것이다".

일리가 있는 해석이다. 하나님께서 이렇게 하신 것은 눈에 보이는 기념비 자체보다도 이스라엘 백성 마음속에 기념비를 세우고자 하신 것이다. 하나님께서 행하신 그 놀라운 역사를 마음속에 두고두고 담아두게 하시고자 하신 것이었다.

다른 하나는 왜 기념비를 세워도 그렇게 초라하게 세우라 하셨을까? 강바닥에 그렇게 큰 돌들이 많이 있을 리 없고, 그리고 한 사람이 어깨에 멜 정도의 돌이면 그렇게 큰 돌이 아니다. 그저 작으면 농구공 정도 좀 크면 자동차 타이어 정도일 것이다. 이 정도 크기의 돌 12개를 쌓아 봐야 얼마나 되겠는가?

이집트의 피라밋이나 이라크에 있는 지구라트와는 정말 비교할 수 없을 정도로 작고 초라한 것이다. 가까이 가서야 비로소 누군가가 돌을 세워놓았다는 것을 알 수 있을 정도이고, 아는 사람들이나 기념비라는 것을 알 수 있을 정도였다. 사실 그 위용이 대단하게 되면 그 자체가 우상이 될 것을 하나님이 우려하신 것이었다. 하나님께서 기념비를 세우되 소박하고 초라할 정도로 세우게 하신 것은 기념비 자체보다 그 안에 담겨있는 의미를 중요하게 생각하셨기 때문이었던 것이다. 그러면 이제 길갈에 세워진 기념비의 두 가지 의미를 살펴보자.

1) 표징의 의미

여호수아 4:6을 보면 "이것이 너희 중에 표징이 되리라"고 말씀하고 있다. 여기서 "표징"이라는 말은 히브리어 원어 "오트"를 번역한 것인데 이 "오트"란 말은 표시, 증거, 징조 등의 뜻이 있다. 이스라엘 백성은 두고두고 이 열두 돌의 기념비를 바라보게 될 것이다. 이 돌 하나하나가 저 시퍼렇게 흐르는 요단강 깊은 바닥에 있던 것들이었다. 누가 저렇게 흐르는 물 깊은 바닥에서 어깨에 멜 정도의 큰 돌을 그것도 12개씩이나 가지고 나올 수 있었겠는가? 하나님께서 흐르는 요단강 물을 멈추게 하셨기 때문에 가능했던 것이다. 바로 이 열두 돌이 하나님께서 함께 하신다는 표징인 것이다.

사실 이스라엘 백성들은 두려운 마음으로 가나안 땅으로 접근하였다. 위대한 지도자 모세가 없는 상황이었다. 아직 지도자로서 검증되지 못한 여호수아의 지도를 받아 가나안 땅에 들어가게 되었다. 그 상황에서 길갈에 세워진 이 표징은 여호수아를 믿고 따라도 될 모세와 같은 지도자라는 것을 확인해 주는 의미이기도 했다.

그리고 가나안 땅에 들어왔지만 가나안 일곱 족속들이 목숨을 걸고 저항하는 상황이었다. 난공불락의 성을 지어놓고 결사항전하고 있는 상황이었다. 이스라엘 백성이 자기들 힘으로는 도저히 어찌해 볼 수 없는 상황이었다는 것이다. 그 와중에 이 12돌의 표징은 그럼에도 불구하고 자기들이 가나안 땅을 점령할 수 있다는 확신을 주기에 충분했다. 요단강을 멈추게 하신 전능하신 하나님께서 함께 하신다는 증거였기 때문이다.

오늘 우리에게도 이런 믿음의 표징이 필요하다. 하나님께서 나와 함께하신다는 확신을 갖게 해 주는 표징이 있어야 한다. 내 앞을 가로막는 그 어떤 장애물도 극복해 갈 수 있다는 확신을 갖게 해 주는 표징이 나에게는 있는가? 우리에게는 우선 말씀의 표징이 있다.

볼찌어다 내가 세상 끝날까지 너희와 항상 함께 있으리라 마 28:20

그리고 체험의 표징이 있다. 하나님께서 나와 함께 하셔서 내가 체험한 사건들… 그 기억을 마음에 새겨야 한다.

2) 기념의 의미

여호수아 4:7을 보면 "이 돌들이 이스라엘 자손에게 영원히 기념이 되리라"고 말씀하고 있다. 여기서 "기념"이라는 말은 히브리어 원어 "지카론"을 번역한 것이다. 이 말은 어떤 사실을 마음에 떠오르게 하거나 나타내는 대상이나 행위를 뜻한다고 한다.

구약성경에 이 지카론이라는 말이 여러 번 나오는데 한 예를 들면 출애굽기 12:14이다. "너희는 이 날을 기념하여 여호와의 절기를 삼아 영원한 규례로 대대로 지킬지니라" 하나님께서 저 놀라운 출애굽의 역사를 일으켜 주신 것을 기념하기 위해 유월절을 지키게 하셨다는 것이다. 실제로 이스라엘 백성은 유월절을 지키면서 수천 년 전 일어났던 출애굽 사건을 기념하고 있다. 그리고 출애굽 사건을 기념하면서 자기들이 누구이고 또한 어떻게 살아야 할 지 새삼 다짐하고 고백하고 있다. 그래서 기념이라는 말은 신앙을 다음 세대에 전수하게 한다는 의미도 담고 있는 것이다.

오늘 본문에서도 마찬가지이다. 하나님께서 이 기념이라는 말을 설명하시면서 앞으로 오고 오는 이스라엘의 후손들을 염두에 두라하셨다. 장차 이스라엘 후손들이 이 돌 앞에 와서 "이 돌들은 무슨 뜻입니까?"라고 묻거든 이렇게 답을 하라고 말씀하셨다. "이스라엘이 마른 땅을 밟고 이 요단을 건넜음이라 너희의 하나님 여호와께서 요단 물을 너희 앞에서 마르게 하사 너희를 건너게 하신 것이 너희의 하나님 여호와께서 우리 앞에 홍해를 말리시고 우리를 건너게 하심과 같았나니" 후손들에게 여호와 하나님을 어떻게 믿고 섬기며 살아야 할지를 잘 가르치라는 말씀이다.

우리도 우리 자녀들에게 우리의 믿음을 기념하게 해야 한다. 우리 가정이 대를 이어 믿음의 가정으로 든든히 서게 해야 한다. 우리 가문이 아브라함 가정처럼 믿음의 명문 가문이 되게 해야 한다. 우리도 기념비를 세워야 하겠다. 우리가 체험한 하나님께서 함께 하심의 증거를 기념비로 세워야 하겠다. 그 기념비를 보고 하나님께서 함께 하심의 표징을 삼아야 하고 그 기념비를 통해서 우리 자녀들에게 믿음을 심어 주며 대대로 기념하게 해야 한다.

● 오늘의 말씀에 대한 나의 묵상 ●

오늘의 본문 성경을 읽으시고 깨달은 점이나 기억하고 싶은 점 혹은 기도문을 기록합니다.

1년 1독 365일 성경통독, 꿀송이 보약큐티

수 7장~9장

● 묵상 자료 ●

1. 은혜 받을 상황에 시험받은 아간(수 7장)

여호수아 7장에 등장하는 비극적인 인물 아간은 어떤 사람인가? 그의 집안을 성경은 이렇게 설명한다.

> 이스라엘 자손들이 온전히 바친 물건으로 말미암아 범죄하였으니 이는 유다 지파 세라의 증손 삽디의 손자 갈미의 아들 아간이 온전히 바친 물건을 가졌음이라 수 7:1

그는 메시아를 배출할 가장 위대한 지파 유다 지파의 자손이었다. 거기에 그는 '세라'의 증손이었다. 세라는 '씨를 뿌리다', '빛이 떠오르다' 라는 영광스러운 이름을 가진 귀한 조상이었다. 삽디의 손자라고 했는데 삽디는 '기쁨의 선물'이란 의미를 가지고 있다. 그리고 아버지가 갈미였다. 갈미는 '열매'인데 특별히 포도열매를 지칭했다. 여호와를 찬송한다는 뜻을 가진 유다 지파의 뼈대 있는 가문에서 태어난 그는 씨를 뿌리고, 기쁨의 선물이 있고, 풍성한 열매를 맺고 이제 남은 것은 거두어 누리는 영광만 남아 있는 상황이었다. 그 역할이 아간의 시대에 이루어져야 했다. 그리고 아간은 여리고 성이 어떻게 하나님의 능력으로 붕괴되는 지를 자기의 두 눈으로 똑똑히 목도하였고 요단강을 육지같이 건너는 기적도 체험하였다. 얼마든지 성령 충만한 상황에 있을 수 있는 환경이었다.

그런데 그는 순간의 탐심에 눈이 어두워 마귀의 시험에 빠졌고 '이스라엘을 괴롭게 하는 자'가 되어 가문과 이스라엘 전체에 엄청난 재앙을 불러오는 자가 되었다. 아간은 명문가문의 자식인데 그 끝은 사고뭉치가 되어 이스라엘을 괴롭게 하였다. 한편, 어제 살펴본 라합은 이방인이었고 죄인중의 죄인이었다. 그런데 그녀는 구원을 받고 메시아를 이 땅에 오게 하는 예수님의 족보의 조상이 되었다. 이것이 기독교 복음의 신비이다. 나는 아간이 될 것인가? 라합이 될 것인가?

2. 기브온 족속과 맺은 언약

여호수아 9장에는 멸절시켜야 할 가나안 족속인 기브온 거민들과 속아서 화친조약을 체결하는 장면이 나온다.

이스라엘 백성들이 여리고와 아이 성을 점령했다는 소문은 남은 가나안 족속들을 공포에 떨게 하였다. 그들은 살아남기 위하여 동맹군을 결성하고 이스라엘과 맞서려 하였다. 그러나 그중 가장 강대한 족속이었던 기브온 족속들은 이스라엘과 화친을 맺기 위해 사신을 보내었고 여호수아는 그들에게 속아 화친조약을 맺고 말았다. 이스라엘에게 사신을 보내기 전 그들은 치밀하게 이스라엘을 연구했던 것 같다. 그래서 그들은 가나안 족속들은 모두 멸절시키게 되어 있는 것과, 멀리 사는 족속들에게는 먼저 평화를 선포하고 그들이 화친해 오면 공격하지 말고 평강으로 대하라고 하는 신명기 20:10~16 말씀까지도 알게 되었던 것 같다. 대단한 정보력이다.

> 네가 어떤 성읍으로 나아가서 치려 할 때에는 그 성읍에 먼저 화평을 선언하라… 네가 네게서 멀리 떠난 성읍들 곧 이(가나안) 민족들에게 속하지 아니한 성읍들에게는 이같이 행하려니와 오직 네 하나님 여호와께서 네게 기업으로 주시는 이 민족들의 성읍에서는 호흡 있는 자를 하나도 살리지 말지니 신 20:10~16

그래서 그들은 멀리서 온 족속들인 것처럼 꾸며 이스라엘에게 나아 갔고 여호수아는 속아서 그들과 화친조약을 맺고 말았다. 3일 후에 비로소 속은 것을 안 여호수아는 "아차!" 했지만 한 번 여호와의 이름으로 체결한 조약을 무를 수는 없었다. 그래서 그들을 죽이지 못하고 종으로 삼아 물긷고 장작 패는 일에 사용했다. 이 실수를 통해 여호수아는 매사에 일단 하나님께 철저히 기도하고 묻고 신중하게 하나님의 뜻을 따라 결정해야 한다는 것을 다시 한 번 깊이 새기게 되었다. 나중 사울 왕 시대에 사울은 기브온 사람들을 학살한다. 여호수아와 기브온 사이에 여호와의 이름으로 맺어진 조약을 사울 왕이 깨뜨린 것이다. 이로 인하여 다윗 시대에 3년 동안이나 기근이 왔는데 이 기근은 기브온 사람들의 요청에 따라 사울 왕의 일곱 후손들을 처형함으로써 그치게 되었다.

하나님은 경위가 어찌되었든 일단 자신의 이름을 걸고 언약한 것은 끝까지 지키시는 분이시다. 사울 왕은 그 신실하신 하나님의 마음을 헤아리지 못하고 함부로 기브온 족속을 핍박하였다. 그 일로 일곱 아들들이 처형을 당하고 이스라엘에 삼 년의 기근이 오도록 했으니 참으로 언약의 중요성을 모르는 어리석은 왕이었다.

● 오늘의 말씀에 대한 나의 묵상 ●

오늘의 본문 성경을 읽으시고 깨달은 점이나 기억하고 싶은 점 혹은 기도문을 기록합니다.

1년 1독 365일 성경통독, 꿀송이 보약큐티

수 10장~12장

● 묵상 자료 ●

1. 연전연승의 은혜(수 11장)

가나안 땅 전투에서 여호수아도 연전연승을 거두었다. 출애굽기 이후 이스라엘 역사를 보면 가데스바네아에서와 아이 성 전투의 단 두 차례의 패배를 경험한 것 외에는 모든 전투에서 승리하였다. 두 전투에서 이스라엘이 패했던 이유는 모두 하나님의 뜻을 거슬렀기 때문이다. 가데스바네아에서는 열두 정탐꾼 중에 여호수아와 갈렙을 제외한 나머지 열 정탐꾼들이 가나안 족속은 거인이고 우리들은 메뚜기 같다고 부정적인 보고를 하였다. 이에 하나님께서 진노하시고 광야 40년 유랑의 벌을 내리셨는데 이를 거부하고 가나안을 진격하다 패배를 당하고 말았다. 아이 성 전투에서는 아간이 여리고 성 전투에서 하나님의 뜻을 어기고 몰래 물건을 훔친 것이 원인이 되어 패배했다.

그러나 두 전투 모두 여호수아는 참여하지 않았다. 그러므로 여호수아 개인적으로는 전혀 패배해 본 적이 없는 불패의 사람이었다 할 것이다. 가는 곳마다 승리를 거둔 전과가 바로 다음 이어지는 12장에 기록되어 있다. 12:7, 9에 이렇게 기록되어 있다. "여호수아와 이스라엘 자손이 요단 이편 곧 서편 레바논 골짜기의 바알갓에서부터 세일로 올라가는 곳 할락 산까지에서 쳐서 멸한 그 땅의 왕들은 이러하니라…, 하나는 여리고 왕이요 하나는 벧엘 곁의 아이 왕이요" 해서 도합 31왕의 이름이 나타나 있다. 우리들의 인생에서도 이런 놀라운 전과를 거둘 수 있기를 소망한다. 인생을 마치는 날이 되어 자기 인생을 되돌아보며 이런 전과를 기억할 수 있다면 참으로 복된 인생이라 할 것이다.

오늘 여호수아 11장의 말씀은 가나안 북부 연합군들과의 전투이다. 여호수아는 가나안 땅에서 전투를 크게 세 번 치렀다. 첫 번째는 여리고 성과 아이 성으로 이어지는 중부지역 전투이다. 두 번째는 가나안 남부 기브온 지역에서 벌어진 전투이다. 세 번째는 북부지역 하솔 왕 야빈을 중심으로 한 연합군들과의 전투이고 이것이 가나안 땅에서의 마지막 대 전투가 된다. 이 전투에서 승리하자 여호수아 11:23에서 "그 땅에 전쟁이 그쳤더라" 하고 말씀한다.

여호수아가 이 세 번의 전투에서 승리할 수 있었던 것은 이기게 되어 있는 싸움을 싸웠기 때문이다. 전쟁에 능하신 하나님께서 여호수아에게 이미 승리의 약속을 주셨고, 이 확신 가운데 여호수아는 전쟁에 나아갔다. 여리고 성 전투가 시작되기 전에 하나님은 여호수아 6:2 말씀으로 먼저 승리의 약속을 주셨다. "여호와께서 여호수아에게 이르시되 보라 내가 여리고와 그 왕과 용사들을 네 손에 넘겨 주었으니"

아이 성 전투에서도 마찬가지이다. 여호수아 8:1이다. "여호와께서 여호수아에게 이르시되 두려워 말라 놀라지 말라 군사를 다 거느리고 일어나 아이로 올라가라 보라 내가 아이 왕과 그의 백성과 그의 성읍과 그의 땅을 다 네 손에 넘겨 주었노니" 남부 지역 전투도 마찬가지이다. 여호수아 10:8을 보라. "때에 여호와께서 여호수아에게 이르시되 그들을 두려워 말라 내가 그들을 네 손에 붙였으니 그들의 한 사람도 너를 당할 자 없으리라 하신지라" 오늘 읽은 북부지역 연합군들과의 전투도 또한 그렇다. 여호수아 11:6이다. "여호와께서 여호수아에게 이르시되 그들을 인하여 두려워 말라 내일 이맘때에 내가 그들을 이스라엘 앞에 붙여 몰살시키리니 너는 그들의 말 뒷발의 힘줄을 끊고 불로 그 병거를 사르라"

이처럼 여호수아는 모든 전투에서 하나님으로부터 승리의 약속을 받고 나갔던 것이다. 여호수아만 이런 승리의 약속을 받은 것이 아니다. 우리 모든 신앙인들에게도 이런 승리의 약속이 주어졌다. 주님은 제자들을 향하여 이렇게 말씀하셨다. "세상에서는 너희가 환난을 당하나 담대하라 내가 세상을 이기었노라"(요 16:33). 우리가 예배하고 모시는 주님은 바로 세상을 이기신 분이시다. 골로새서에서는 예수님의 승리에 대해 "정사와 권세를 벗어 버려 밝히 드러내시고 십자가로 승리하셨느니라"(골 2:15)라고 하셨다. 십자가로 승리하신 예수님이 이제 이 세상 모든 권세를 가지고 계신다. "예수께서 나아와 일러 가라사대

하늘과 땅의 모든 권세를 내게 주셨으니"(마 28:18).

예수님은 이 권세를 믿는 자들에게 주셨다. 마가복음 16:17, 18은 이렇게 선포한다. "믿는 자들에게는 이런 표적이 따르리니 곧 저희가 내 이름으로 귀신을 쫓아내며 새 방언을 말하며 뱀을 집으며 무슨 독을 마실지라도 해를 받지 아니하며 병든 사람에게 손을 얹은즉 나으리라" 아멘.

믿는 자에게 주어진 권세를 보라. 예수의 이름으로 귀신이 쫓긴다. 요즘 보면 무병이니, 신이 내렸니 하며 마치 귀신이 세상을 좌지우지하는 것 같은데 그렇지 않다. 믿는 자에게는 귀신을 제어할 수 있는 권세가 주어졌다. 뱀을 손으로 집고 무슨 독을 마실지라도 해를 받지 않는다. 실제 사도 바울은 사도행전 28장에 보면 멜리데라는 섬에서 독사가 그 손을 물었지만 전혀 해가 없었다. 우리를 세상을 이기는 자로 부르셨다. 하나님께서 우리를 부르실 때 시시한 인생으로 부르지 않았다. 세상에 지지 말자. 사울이 다윗에게 주었던 축복이 우리에게도 임하기를 바란다. "내 아들 다윗아 네게 복이 있을지로다 네가 큰 일을 행하겠고 반드시 승리를 얻으리라"(삼상 26:25).

독일에 블룸하르트라는 평범한 목회자가 있었는데 그의 목회를 결정적으로 바꾸었던 사건이 있었다. 그것은 귀신에 들렸던 고트리빈 디투스라는 소녀와의 영적 싸움이었다. 이 소녀는 귀신에 들린 전형적인 빙의 현상을 보였다. 이상한 말을 하고 이상한 형체가 보인다고 말하기도 했다. 거품을 내 품고 자주 병에 걸리기도 하였고, 이 소녀가 발작을 할 때는 그야말로 영화의 장면들처럼 집안에 있는 물건들이 갑자기 흔들리기도 하였다. 이 지역의 목회자였던 블룸하르트는 이 사건 앞에 속수무책이었다. 그러다 갑자기 마음속에 분노가 일어나 그 소녀의 손을 잡고 이렇게 외쳤다. "예수님 나를 도와주십시오. 우리는 마귀가 하는 것을 충분히 보았습니다. 이제 예수님께서 하실 수 있는 것을 보기 원합니다." 그러자 발작이 멈추고 소녀가 평온을 되찾았다. 가장 깜짝 놀랐던 것은 블룸하르트 목사였다. 예수의 이름에 이런 능력이 있는 것에 놀랐던 것이다.

그렇지만 이 영적 싸움은 1년 반이나 지속되었다. 언니의 병 때문에 이 소녀의 동생까지도 병에 걸렸었는데 이 싸움은 결국 성탄절 무렵이 되어서야 끝이 난다. 이때도 예수의 이름으로 기도하는데 그 동생이 발광을 하면서 큰소리를 지르다가 귀신이 최종적으로 떠나갔다. 이때 마지막으로 이 소녀의 입으로 외쳤던 것은 "예수는 승리자다", "예수는 승리자다"라는 외침이었다고 한다. 이 "예수는 승리자다"라는 말은 이후 블룸하르트 부자의 신앙적 슬로건이 되었다. 당시는 이성을 신뢰하는 자유주의와 진보적 낙관주의가 판을 치던 19세기였다. 그런데 인간 이성으로는 제어할 수 없고 이해할 수 없는 현상을 예수의 이름의 능력으로 제어한 것이다.

이 일을 계기로 이 마을에 놀라운 각성운동과 참회운동이 시작되었다. 블룸하르트 목사가 시키지 않았는데도 사람들은 목사관에 찾아와 그들의 죄를 고백하고 참회했다. 만성 알코올 중독자들이 술을 끊고 회의에 빠진 사람들이 다시 믿게 되었으며 병든 사람들이 다시 그들의 건강을 회복하는 일이 일어났다. 그동안 텅 비었던 교회가 가득 찼고 평일에도 사람들은 교회에 모여 성경을 읽고 찬양했다. 너무나 많은 사람들이 몰려왔기 때문에 주일에는 정규적인 예배 외에 특별예배를 드리지 않을 수 없을 정도였다.

예수는 승리자이시다. 우리는 단지 귀신들과의 영적 싸움에서만 승리하는 존재가 아니다. 우리 인생의 싸움에서 승리하도록 부르심을 받았다. 내 안에 있는 악한 습성과 좋지 않은 성격과의 싸움에서 승리하실 수 있기를 바란다. 도박, 술, 인터넷 중독, 성격적으로 부정적이고 냉소적인 성격들 우리가 버리고 싶은 것들이 많다. 비록 현재의 싸움에서 한 번은 지고 한 번은 승리하며 연전연승의 은혜는 못 누린다 할지라도 절망하지 말자. 결국 승리는 우리 것이다.

두 번째 여호수아의 연전연승의 비결은 하나님의 말씀을 순종하되 신속히 순종한 것이다. 여호수아 11:7 말씀이다. "이에 여호수아가 모든 군사와 함께 메롬 물가로 가서 졸지에 습격할 때에"

졸지에 곧 갑작스럽게, 신속하게 기습한다. 그러니까 아무리 해변의 수다한 모래와 같은 군사들과 말과 병거가 있을지라도 꼼짝없이 당한다. 여호수아의 전투를 보면 여기에서만이 아니다. 여리고성 전투가 있던 날도 마찬가지이다. "제칠일 새벽에 그들이 일찌기 일어나서"(수 6:15) 아이 성 전투에서도 마찬가지이다. 여호수아 8:10이다. "여호수아가 아침에 일찌기 일어나서 백성을 점고하고" 남방 연합군과의 싸움에서도 역시 동일하다. 여호수아 10:9이다. "여호수아가 길갈에서 밤새도록 올라가서 그들에게 갑자기 이르니"

말씀을 순종하되 부지런히 순종하는 것이 승리의 비결이었다. 적들보다 한 발 앞서가야 승리할 수 있다. 하나님께서 감동주실 때 즉각 순종하자. 즉각 순종하지 않으면 우리의 죄성과 욕망이 어느새 그 감동을 저 심연 깊숙한 곳으로 밀어 넣고 만다.

● 오늘의 말씀에 대한 나의 묵상 ●

오늘의 본문 성경을 읽으시고 깨달은 점이나 기억하고 싶은 점 혹은 기도문을 기록합니다.

1년 1독 365일 성경통독, 꿀송이 보약큐티

수 13장~18장

● 묵상 자료 ●

1. 여호수아가 나이 많아 늙으매…

여호수아 13장은 할 일은 태산같이 쌓였는데 여호수아가 나이 많아 늙었다고 시작한다. "여호수아가 나이가 많아 늙으매 여호와께서 그에게 이르시되 너는 나이가 많아 늙었고 얻을 땅이 매우 많이 남아 있도다"(수 13:1) 이 말의 뉘앙스는 큰일났다는 느낌을 준다. 앞으로 싸워 정복해야 할 땅은 산적해 있는데 지도자 여호수아는 나이 많아 늙어 언제 죽을 지 모른다는 것이니 걱정스런 어감으로 다가온다. 그러나 이 말씀은 염려하는 의미로 기록되지 않았다. 오히려 여호수아는 늙고 할 일은 많이 남았지만 남은 싸움을 하나님께서 책임지고 이끌 것이라는 확신을 주는 말씀이셨다. 이어지는 여호수아 13:6에서 하나님이 이렇게 말씀하시는 것을 들어보라. "또 레바논에서부터 미스르봇마임까지 산지의 모든 주민 곧 모든 시돈 사람의 땅이라 내가 그들을 이스라엘 자손 앞에서 쫓아내리니 너는 내가 명령한 대로 그 땅을 이스라엘에게 분배하여 기업이 되게 하되"(수 13:6).

여호수아가 늙었지만 걱정 안 해도 되는 이유는 하나님이 남은 싸움도 하시겠다는 것이다. 모세가 죽어도 하나님은 끄떡없이 그 일을 이루셨고, 여호수아가 늙어도 하나님은 계속 그의 일을 완수해 나가실 것이라는 의지의 표명이었다. 이를 통해 하나님이 주시고자 하는 메시지는 하나님의 백성의 삶은 우리가 붙들고 씨름하고 힘써서 되는 것이 아니라, 하나님의 손길을 믿고 하나님의 말씀을 따라 순종하고 나아가다 보면 하나님의 역사를 체험하게 된다는 것을 여호수아서는 강조하는 것이다. 여호수아 11:15을 보자.

여호와께서 그 종 모세에게 명령하신 것을 모세는 여호수아에게 명령하였고 여호수아는 그대로 행하여 여호와께서 모세에게 명하신 모든 것을 하나도 행하지 아니한 것이 없었더라" 수 11:15

여호와께서 모세에게 명령하신 것을 모세와 여호수아가 순종했다는 것이니 모세와 여호수아가 중요한 것이 아니라 하나님의 말씀이 중요하다는 것이다. 서울 삼일교회 송태근 목사님은 그의 여호수아 강해에서 교회에서 조심할 것이 사람에게 집중하는 것이라고 경고했다. 소위 대형교회 담임목사에게 후광이 쏟아지는 '스타성'을 조심해야 한다는 것이다. 한국 교회는 엄청난 카리스마를 가진 1세대 목회자들이 은퇴를 하고 리더십이 바뀌는 과정에서 많은 물의와 혼란을 가져왔다. 교회가 무너지고 흔들리고 성도들에게 분열을 주어 서로 상처를 주고받고 사회적으로 물의를 일으켰다.

특정한 담임목사가 없어도 잘 돌아가는 교회 공동체가 건강한 교회다. 누가 있는지에 따라서 그 교회가 걷잡을 수 없이 흔들린다면 뭔가 잘못된 요소가 있다는 것을 나타내는 것이다. 목사들은 쓸데없는 권위를 덧입어서는 안 된다. 모세도 여호수아도 자기들의 꿈을 펼치며 자신들의 비전을 이루는 인생을 살지 않았다. 하나님의 명령을 준행했을 뿐이다. 그리고 나서 그들은 지나갔다. 우리가 집중해야 할 분은 하나님 한 분뿐이시지 사람이 아니다. 하나님은 여호수아 13장에서 "여호수아야, 너는 비록 나이 많아 늙었고 남은 땅은 많다. 그러나 걱정 마라. 내가 한다." 고 선포하신다. 오늘날 많은 사람들이 하나님의 일을 수종 들면서도 자기가 주인공이 되어 자기 힘으로 정신없이 하다가 스스로 지치고 자빠진다. '하나님이 하시는 일을 보는 행복자'로 사는 것이 주님의 뜻이건만 그런 수준에 도달하기는 쉽지 않다. 우리는 종종 하던 일을 잠시 멈추고 내가 앞서가고 있나 하나님이 나를 이끌고 계시나를 종종 점검하며 나아가야 한다. 주님의 성령을 사모하고 성령이 오셔서 일하시도록 우리는 종종 기다리는 시간이 필요한 것이다. 시인이자 독립운동가인 만해 한용운은 그의 시에서 사랑은 기다림이라는 것을 보여주었다.

해당화

당신은 해당화 피기 전에 오신다고 하였습니다
봄은 벌써 늦었습니다
봄이 오기 전에는 어서 오기를 바랐더니 봄이 오고 보니
너무 일찍 왔나 두려워합니다
철모르는 아이들은 뒷동산에 해당화가 피었다고 다투어 말하기로
듣고도 못 들은 체 하였더니
야속한 봄바람은 나는 꽃을 불어서 경대 위에 놓입니다 그려
시름없이 꽃을 들어서 입술에 대고 '너는 언제 피었니' 하고 물었습니다
꽃은 말도 없이 나의 눈물에 비쳐서 둘도 되고 셋도 됩니다
-한용운의 '해당화' 전문-"

한용운의 '님의 침묵'을 읽을 때는 강렬한 남성체의 시였는데 이 시는 꼭 여성이 쓴 시처럼 부드럽고 유약하다. 해당화 피면 오겠다고 한 님을 그리워하다가 기어이 해당화 꽃잎을 보고 눈물을 쏟고 그 눈물이 앞을 가려 꽃이 여러 개로 보인다는 시귀는 사랑에 빠진 여인이 쓴 글로 보이지만 이 시는 남자인 한용운이 썼다. 프랑스의 철학자이자 비평가인 롤랑 바르트는 사랑이 남성을 여성화시킨다는 말을 하였다. 아무리 폭력조직의 두목 같은 자라도 사랑하는 여성 앞에서는 한없이 약해지고 부드러워진다. 우리가 진정으로 예수님과 깊은 사랑에 빠지면 온유하고 겸손해질 수밖에 없다. 그 사랑이 우리를 강권하시기 때문이다. 아, 한국 교회에 사람의 냄새는 사라지고 예수님만이 주인공이 되시고 예수로 충분한 영적 봄날이 이르기를 소망해 본다.

2. 그니스 사람 갈렙

여호수아 14장에서 그니스 사람 갈렙이라는 85세의 노인이 "이 산지를 내게 주소서"하며 여호수아에게 헤브론 산지를 유다지파에게 달라고 청한다. 그때는 제비뽑기로 모든 이스라엘 백성들이 자기들에게 할당될 분깃을 정하고 있을

때였다. 가만이 있으면 자신들에게 더 비옥하고 풍요로운 땅이 배분될 수도 있었는데 갈렙은 제비뽑기를 원치 않았다. 45년 전에 여호와께서 모세를 통해 말씀하신 그 산지를 약속대로 달라는 요구였다.

> 그 날에 여호와께서 말씀하신 이 산지를 지금 내게 주소서. 당신도 그 날에 들으셨거니와 그 곳에는 아낙 사람이 있고 그 성읍들은 크고 견고할지라도 여호와께서 나와 함께 하시면 내가 여호와께서 말씀하신대로 그들을 쫓아 내리이다 하니
>
> 수 14:12

45년 전 그는 12정탐군들의 멤버가 되어 헤브론 산지를 정탐했었고 네피림 후손 거인족 아낙 자손들과 견고한 성읍들을 이미 보아 알고 있었다. 10명의 정탐군들은 무서워하며 자기들을 메뚜기에 비유하며 고개를 저었으나 예나 지금이나 갈렙은 변함없이 "그들은 우리의 밥"이라 하며 승리의 확신을 가지고 있었다. 전쟁의 승패는 하나님의 손에 달려 있는데 하나님이 함께만 해 주신다면 능히 그들을 격파할 수 있다는 것이 그의 신념이었다.

갈렙의 히브리어 뜻은 개(犬)다. 왜 이런 모욕적인 이름을 가졌을까? 그나스(Kenizzite) 사람이기 때문이다. 창 36장에는 에서의 족보가 나오는데 11절에 그 후손 중 그나스가 나온다. 갈렙은 순수 야곱의 혈통으로 이루어진 이스라엘 백성들에게 섞여 사는 잡종 출신이었던 것이다. 그러나 성경은 혈통이나 유전을 중시하지 않고 믿음을 중시하는 책이다. 혈통의 핸디캡을 안고 살았지만 갈렙은 이스라엘 정통 혈통의 사람들보다 믿음이 뛰어났다. 여호수아 14:7을 보면 갈렙은 모세에게 정탐 사실을 보고할 때 군중심리에 휩쓸리거나 사람을 의식하지 않고 "내가 성실한 마음으로" 그에게 보고 했다고 한다. 그는 거짓을 몰랐으며 마음에 진심을 담아 성실하게 보고했다.

여호수아서를 은혜롭게 강해한 레드파스나 몽고메리는 갈렙의 성품을 '단순'하다고 지적했다. 위대한 사람들은 결코 복잡하지 않다. 교활하지도 않다. 그들은 늘 변함없이 일관성 있게 나아간다. 그가 헤브론 산지를 달라고 하는 것은 자신의 힘을 과신해서가 아니었다. 아브라함, 이삭, 야곱의 무덤이 있는 유서 깊은 약속의 땅 헤브론 산지는 비록 아낙자손 거인들이 진을 치고 있어도 반

드시 이스라엘이 차지해야 하는 땅임을 그는 알았기 때문이다. 그리고 하나님의 약속이 있는 땅이기에 싸우면 이기게 되어 있는 땅임을 의심치 않았다. 그는 85세의 노장이었지만 아직 싸움에 임할 힘이 넉넉함을 여호수아에게 주지시켰다. 갈렙의 이런 진취적인 위대한 믿음의 모습을 보고 있노라면 78세 때 사무엘 울만이 썼던 '청춘'이란 시가 떠오른다.

청춘

청춘이란 인생의 한 시기가 아니라 마음가짐을 뜻하나니
장밋빛 붉은 입술 부드러운 무릎이 아니라
풍부한 상상력과 왕성한 감수성과 의지력 그리고 인생의 깊은 샘에서 솟아나는 신선함을 뜻하나니
청춘이란 두려움을 물리치는 용기 안일함을 뿌리치는 모험심 그 탁월한 정신력을 뜻하나니 때로는 스무 살 청년보다 예순 살 노인이 더 청년일 수 있다.
누구나 세월만으로 늙어가지 않고 정열을 잃어버릴 때 늙어 가나니
세월은 피부의 주름을 늘리지만 열정을 가진 마음을 시들게 하진 못하지
근심과 두려움 자신감을 잃는 것이 우리 기백을 죽이고 마음을 시들게 하네
그대가 젊어 있는 한 예순이건 열 여섯이건 가슴속에는 경이로움을 향한 동경과 아이처럼 왕성한 탐구심과 인생에서 기쁨을 얻고자 하는 열망이 있는 법
그대와 나의 가슴속에는 이심전심의 안테나가 있어 사람들과 신으로부터 아름다움과 희망 기쁨 용기 힘의 영감을 받는 한 언제까지나 청춘일 수 있네
영감이 끊기고 정신이 냉소의 눈(雪)에 덮이고 비탄의 얼음에 갇힐 때 그대는 스무 살이라도 늙은 이가 되네
그러나 머리를 높이 들고 희망의 물결을 붙잡는 한 그대는 여든 살이어도 늘 푸른 청춘이네
-사무엘 울만, '청춘' 전문-"

85세의 노장 갈렙이 구한 것은 헤브론 산지였다. 헤브론은 교통(fellowship)이라는 뜻이다. 그는 이스라엘의 전능하신 하나님과의 교통을 원했다. 세겜(능

력), 벧엘(하나님의 집) 보다도 그는 하나님 자신과 교통하는 헤브론을 선호했다. 결국 그 믿음대로 그는 유다지파를 이끌고 헤브론 산지를 차지했다. 갈렙 같은 믿음의 용사를 하나님은 지금도 찾고 계신다. 나는 나이도 얼마 안되면서 '나이', '나이' 하는 사람들을 싫어한다. 작년 7월에 한국의 안양일심교회 원로이신 김상수 목사님은 80이 넘은 나이에도 아프리카까지 오셔서 아프리카 목회자들에게 큰 은혜를 끼쳐주시고 가셨다. 최소 90세 이상 되었을 때 비로소 '나이'를 말하는 우리가 되자.

● 오늘의 말씀에 대한 나의 묵상 ●

오늘의 본문 성경을 읽으시고 깨달은 점이나 기억하고 싶은 점 혹은 기도문을 기록합니다.

1년 1독 365일 성경통독, 꿀송이 보약큐티

수 19장~24장

● 묵상 자료 ●

1. 도피성

여호수아 20장에는 하나님이 여호수아에게 도피성을 만들라는 말씀이 기록되어 있다. 눈에는 눈으로 이에는 이로 복수하는 당시의 관행을 생각하면 사람을 실수로 죽였다 할지라도 구제받을 길이 없었다. 가령 함께 산에서 나무를 하다가 도끼자루가 실수로 날라가 옆 사람을 죽였다면 어떻게 할 것인가? 하나님은 부지중에 실수로 살인한 자들이 보호받을 수 있도록 도피성 여섯 개를 만들어 요단강 양 편에 세 개씩 산 위에 세워 놓으셨다. 도피성에 들어가 있으면 아무도 건드리지 못하고 보호를 받았다. 그러다가 대제사장이 죽으면 완전히 해방되어 자기 고향으로 갈 수 있었다.

도피성은 우리 주 예수님을 상징한다. 예수님은 죽을 수밖에 없는 죄인들이 그에게 나오면 그 보혈로 덮으시고 지옥의 심판에서 그 백성을 보호해 주신다. 대제사장이 죽으면 그 도피성에 피한 자가 해방되어 고향에 갈 수 있었듯이 우리의 대제사장이신 예수님은 우리의 자유를 위해 이미 십자가에서 죽으셨다.

2. 너희가 섬길 자를 오늘 택하라

여호수아 24장에 여호수아는 죽기 전 이스라엘 백성들을 세겜에 모았다. 거기서 애굽에서 가져온 요셉의 뼈를 묻고 장사하였다. 그리고 그 유명한 마지막 말을 했다. "너희 섬길 자를 오늘날 택하라 나와 내 집은 여호와를 섬기겠노라"(수 24:15). 이 비장한 여호수아의 마지막 호소에 그들은 모두 자신들은 하나님만 섬기겠다고 대답했다. 그러나 여호수아는 하나님만 섬기겠다는 그들의 대답에 찬물을 끼얹는 말을 했다. "여호수아가 백성에게 이르되 너희가 여호와를 능히 섬기지 못할 것은 그는 거룩하신 하나님이시요 질투하시는 하나님이시니 너희의 잘못과 죄들을 사하지 아니하실 것임이라"(수 24:19).

그들은 이 말을 듣고 아니라고 부인하면서 자신들은 끝까지 여호와만 섬기겠다고 다짐했다. 그러나 그 뒤의 역사를 우리가 알듯이 여호수아 세대가 지나고 나니 이스라엘 백성들은 하나님을 버리고 우상숭배에 빠지다가 매를 맞고 심판을 자초하는 일을 반복했다. 우리가 하나님을 대대로 자자손손 잘 섬기는 것이 얼마나 어려운가를 이스라엘 역사가 보여준다. 우리는 겸손하게 하나님의 도우심을 간구하여 주를 끝까지 잘 섬길 힘을 공급받아야 한다. 주님이 도와주시지 않으면 내 힘으로는 온전히 주를 섬기지 못하기 때문이다. 자식도 내 맘대로 안 된다. 주의 은혜가 반드시 필요하다.

● 오늘의 말씀에 대한 나의 묵상 ●

오늘의 본문 성경을 읽으시고 깨달은 점이나 기억하고 싶은 점 혹은 기도문을 기록합니다.

1년 1독 365 일 성경통독, 꿀송이 보약큐티

삿 1장~3장

묵상 자료

1. 사사기는 어떤 책인가?

> 그 때에는 이스라엘에 왕이 없으므로 사람마다 자기 소견에 옳은 대로 행하였더라 삿 17:6

이 말씀이 사사기의 요절이다. 하나님의 말씀을 삶의 기준으로 삼지 못하고 자기 소견대로 방자하게 살다가 하나님의 징계를 받는 이스라엘의 혼돈된 역사를 여과 없이 보여주는 책이 사사기다.

여호수아와 그와 함께 했던 세대들이 죽고 새로운 세대들이 일어났을 때 불행히도 그 후손들에게 신앙이 제대로 계승이 되지 않았다. 그들은 자기 조상들을 애굽의 노예살이에서 기적으로 이끌어내어 가나안에 정착시키신 그들의 하나님을 잊어버리고 가나안의 남은 자들과 혼인하며 그들이 섬기던 이방 신들을 음란하게 섬겼다. 그때마다 하나님의 심판을 받아 타 민족의 발에 짓밟혔고 그들은 견디다 못해 힘들면 그제서야 하나님을 찾아 고통 중에 부르짖는다. 그러면 또 하나님은 그들을 불쌍히 여기시고 사사들을 세워 구출해 주셨다. 이러한 패턴이 반복되는 것이 사사기 전체의 내용이다.

타락 ⇨ 심판 ⇨ 부르짖음 ⇨ 돌아보심…. 지긋지긋하다. 인간의 타락이 얼마나 심각하고 신앙계승이 얼마나 어려운 일인가를 사사기는 독자들에게 웅변적으로 보여주고 있다.

그들에게 하나님은 항상 3등이었다. 먼저 자기들 소견에 옳은 대로 행하고 나중 힘들어 하나님이 필요하면 가끔 하나님을 찾았다. 어떤 분이 쓴 "하나님은 3등입니다" 라는 글이 사사기를 읽으며 내내 맴돈다.

하나님은 3등입니다

1등은 내가 하고 싶은 일
2등은 내가 해야 하는 일
3등은 내가 하나님 만나는 일

내가 하고 싶은 일 다하고, 내가 해야 할 일도 다 마치고 그 후에
여유가 있으면 나는 하나님을 만나줍니다

하나님은 3등입니다

나에게 어려운 일이 생겨도
내 힘으로 한 번 해보고
그래도 안되면 가까이 있는 사람에게 도와달라고 도움을 청하고
그나마도 안 될 때 나는 하나님을 불러봅니다

하나님은 3등입니다

세상에서도
내게 가장 가까이 있는 것은 나 자신이고
그 다음은 내 마음을 알아주는 사람이고
그 다음에야 저 멀리 하늘에 계신 하나님이십니다

하나님은 3등입니다

그런데 놀랍게도 하나님께 나는 1등입니다
무슨 일이 있어도 내가 부르기만 하면 도와주십니다
내가 괴로워할 때, 고통의 때에는 만사를 제쳐 놓고 달려오십니다
아무도 내 곁에 없다 생각 들 때는 홀로 내 곁에 오셔서 나를 위로해 주십니다

나는 하나님께 언제나 1등입니다
나도 하나님을 1등으로 생각했으면 좋겠습니다
만사를 제쳐놓고 만나고
삶의 숱한 고비 때마다 손을 꼭 붙잡는…
내게 1등으로 가까이 계신 하나님이셨으면 좋겠습니다
나를 1등으로 여기시는 하나님을 나도 1등으로 모시고 싶습니다"
아멘.

2. 이스라엘 자손이 여호와께 부르짖으매…

이스라엘 자손이 여호와의 목전에 악을 행하여 바알과 아세라 우상들을 섬길 때 하나님은 다른 민족들을 채찍으로 사용하셔서 이스라엘을 심판하셨다. 견디다 견디다 더 이상 참기 힘들 때 그들은 비로소 하나님을 찾으며 하나님께 부르짖었다.

이스라엘 자손이 여호와께 부르짖으매… 삿 3:9

계속 이런 식이었다. 어리석은 인간은 매를 맞아야 겨우 하나님을 찾고 그에게 간구한다. 평안할 때 평소에 하나님께 늘 기도하고 주와 친밀하게 지내면 얼마나 좋을까? 어떤 성도가 목사님에게 물어보았다. "목사님. 저는 아침 잠이 많아서 새벽기도가 힘들어요. 어떻게 하면 새벽기도를 잘하게 될까요?" 목사님은 예상외의 대답을 하셨다. "암(癌)에 걸리면 됩니다." 좀 무서운 대답이었지만 곰곰이 생각해 보면 일리가 있는 말이다. 만일 내가 오늘 죽을 병에 걸린다면 우리는 "주여~" 하며 주님부터 찾을 것이다.

지난번 안식년으로 한국에 갔을 때 처음 도착하자마자 시차가 적응되지 않아 나는 새벽3시에 부산의 이삭교회에 새벽기도를 갔다. 광안리에서 택시를 타고 두실역 쪽으로 갔는데 겨울이라 몹시 추웠다. 시간 계산을 잘못하고 간 탓인지 교회 문이 잠겨 있어 들어갈 수가 없었다. 추위에 떨며 누군가 나와 문을 열어주기를 기다리고 있었는데 다행히도 새벽 3시 50분경에 한 할머니가 걸어오셔서 교회 문을 비밀 번호를 눌러 열고는 들어 가셨다. 나는 반가운 마음에 인사를 하고 함께 들어 가 할머니는 어떻게 이렇게 빨리 기도하러 나오시냐고 물어보았더니 "중학교 3학년짜리 손녀가 눈이 멀어 소경이 되려고 해요. 기도 안 하면 잠이 안 와요." 하셨다.

우리네 인간은 간사하고 약해서 어려움에 처할 때 비로소 부르짖는다. 기도원으로 가고, 금식하고, 철야기도 한다. 평안할 때 늘 기도하고 주와 동행하면 얼마나 좋을까? 신약성경을 보면 예수님은 항상 습관적으로 기도하셨던 것을 보여준다.

> 새벽 아직도 밝기 전에 예수께서 일어나 나가 한적한 곳으로 가사 거기서 기도하시더니 막 1:35

우리 구세주께서는 은밀한 기도의 생활을 하시는 데 있어서 우리 모두의 모범이 되셨다. 주님은 사람들을 떠나서 은밀한 가운데 아버지와 교제하는 일 없이 그저 사역에만 몰두하여 본질을 잊어버리시는 모습을 보이지 않으셨다. 우리가 우리 속에 하늘의 생명을 유지하는 데 있어서도 역시 마찬가지이다. 우리도 역시 사람들을 전적으로 떠나서 하나님과 은밀한 교제를 할 필요가 있다는 말이다. 때로는 짧은 시간에 걸쳐 또 때로는 오랜 시간에 걸쳐 생명의 근원이 되시는 아버지와 교제를 해야 한다.

제자들의 주의를 끌었던 한 사건이 예수님의 전도활동 초기에 발생하였다. 그래서 그들은 그 사건을 기록으로 남겼다. 예수님이 가버나움에서 하루 종일 놀라운 일을 행하시고(막 1:21-32), 저녁 때가 되었는 데도 여전히 많은 사람들이 몰려왔다. 온 동네 사람들이 문 앞에 모였는데 예수님께서 병든 자들을 치료하시고 귀신을 내어 쫓았다. 그래서 제자들은 밤늦게 잠자리에 들어갔다. 그들은 군중들로 말미암아 조용하게 기도할 시간이 없었다.

그런데 그들이 아침에 일찍 일어났을 때 예수님이 계시지 않았다. 예수님은 밤 중 고요한 시간에 홀로 기도할 장소를 찾아 나가셨던 것이다. 그들이 한적한 곳에서 예수님을 찾았을 때 예수님은 여전히 기도하시고 계셨다. 바로 이 사건이 제자들의 특별한 주의를 끌었던 것이다.

이 사실은 모든 그리스도인에게 귀중한 교훈이다. 인간과의 많은 교제는 우리의 영적 삶을 흐트러지게 하고 위험하게 만들며 우리들로 하여금 눈에 보이는 일시적인 영향을 받게 만든다.

하나님과의 직접적이고 은밀한 교제의 상실을 보상해 줄 수 있는 것은 아무것도 없다. 하나님을 섬기는 일이나 사랑의 봉사도 하나님과의 직접적이고 은밀한 교제의 축복을 대체하지는 못한다.

우리가 하늘로부터 입히우는 거룩한 능력을 가지지 않고는 다른 사람을 복되게 할 수 없다. 아멘.

● 오늘의 말씀에 대한 나의 묵상 ●

오늘의 본문 성경을 읽으시고 깨달은 점이나 기억하고 싶은 점 혹은 기도문을 기록합니다.

삿 4장~8장

● 묵상 자료 ●

1. 기드온의 양털뭉치 기도(삿 6:36~40)

사사기 6장에는 하나님의 큰 용사 기드온의 기도가 나온다. 이른바 '양털뭉치 기도'다. 적군 미디안인들이 연합군을 형성하여 대군을 이끌고 이미 이스르엘 골짜기에 진을 치고 이스라엘을 공략하려는 백척간두의 위기의 순간이었다. 하나님은 오랜 세월 미디안 사람들에게 착취당하며 고통하던 이스라엘을 도우시려고 겁 많고 이름없던 기드온에게 나타나 큰 사명을 맡기셨다. 이미 하나님의 지시를 받고 일전을 불사하려고 군사를 모은 기드온은 한 번 더 하나님의 능력을 체험하고 싶어 양털뭉치 기도를 드렸다. 양털에만 서리가 내리고 다른 곳은 안 내리도록… 다음 날에는 거꾸로 되도록… .

아마도 우리 중 많은 사람들이 하나님께 이런 식으로 기도 드려 본 경험이 한 번쯤 있을 것이다. 회사를 그만두는 것이 하나님의 뜻일까? 이 일을 계속하는 것이 하나님의 뜻일까? 이 사람과 결혼하는 것이 하나님의 뜻일까? 중요한 선택의 기로에서 우리는 하나님의 뜻을 알고자 하는 절박한 마음으로 이렇게 기도한다.

"하나님, 정말 무엇이 하나님의 뜻인지 알려 주십시오. 이것이 하나님의 뜻이라면 이러이러한 일이 발생하게 해 주십시오!!"

정말 양털뭉치라도 놓고 기드온처럼 기도하고 싶을 때가 있다. 하지만 사실 기드온의 양털뭉치 기도는 무엇이 하나님의 뜻인지 알고 싶어서 한 기도가 아니었다. 이미 하나님의 뜻은 분명했다. 미디안을 치라는 것이었다. 그런데 기드온이 또다시 표적을 그것도 두 번씩이나 원하는 것은 불신과 두려움 때문이었던 것 같다. 뭔가 확신이 서지 않았던 것이다.

한편으로는 그의 약한 모습이 충분히 이해가 되면서도 한편으로는 의아해진다. 이렇게까지 믿음이 약한 사람을 하나님께서는 왜 굳이 지도자로 세우셨을까? 하는 점이다. 사실 이 사사 기드온 스토리에서 가장 놀라운 것은 하나님의 오래 참으심이다. 왜 하나님께서는 한마디도 안 하시고 기드온의 기도를 다 들어주셨을까? 이스라엘의 구원은 사람의 힘이 아니라 하나님으로부터 왔다는 것을 확실히 우리들에게 각인시켜 주기 위해서다. 지금도 기드온처럼 믿음이 약한 우리들을 하나님께서는 오래 참으시고 인도하고 계신다. 기드온처럼 하나님의 싸인을 구하는 기도를 해보신 적 있는가? 그 결과는 어떠했는가? 그렇게 해서 정말 그 일이 일어나면 그것이 하나님의 뜻이라고 받아들이고 마음 편하게 행할 수 있겠지만 보통의 경우에는 잘 응답을 안 하시는 경우가 다반사다. 그래서 그냥 최대한 고민하면서 스스로 판단하고 결정하곤 한다. 한편으로는 "이것이 하나님의 뜻이 아니라면 막아주세요."라고 기도도 한다. 뒤돌아보면 잘못 결정했다고 후회할 때도 있지만 그래도 하나님께서 결국에는 합력하여 선한 길로 인도하심을 체험한다.

사실 기드온처럼 하나님의 뜻을 구하는 것은 성경에서도 드문 일이다. 기드온 스스로도 하나님을 '시험했다'고 표현할 정도였으니… (삿 6:39). 성경은 하나님의 선하시고 기뻐하시고 온전하신 뜻을 '분별'하라고 한다(롬 12:2). 오늘 우리는 기드온처럼 어떤 표징을 구할 것이 아니라 이미 주어진 원리와 명령들에 순종하며 구체적인 일들에 대해서는 하나님께 여쭈어보되 이미 알고 있는 원리들에 비추어 숙고해서 자유롭게 믿음으로 결정해야 한다.

그렇게 하나님의 뜻을 구하며 기도하며 결정하는 한 우리가 혹시 실수하더라도 중심을 보시는 하나님께서 우리를 선한 길로 인도하실 것이다. 나는 안식년에 한국에 가면 여기저기 집회 요청을 많이 받는다. 그때마다 하나님께 묻고 기도한다. "하나님! 이 교회에 가서 어떤 말씀을 전할까요? 그 교회의 형편을 주님이 아시지 않습니까?" 어떤 경우에는 특별한 감동을 주시지만 대부분은 아무 응답이 없다. 그러면 나는 '하나님이 내가 잘 생각해서 하나님이 기뻐하실 설교를 하라고 나에게 맡기시는구나!' 생각하고 나름대로 준비하여 증거한다.

집회 후 담임목사님이나 성도들 반응이 어떻게 그렇게 우리 교회에 꼭 맞는 말씀을 주셨는가 하고 놀라며 문의하지만 사실 나도 잘 모른다. 다만 기도하고 성령의 인도하심을 믿으며 충실하게 진리의 말씀을 전했을 뿐이다.

사실 나도 가끔 직통 응답 받는 분들이 부러울 때도 있다. 기도하면 착착 음성을 듣는다는 분들은 얼마나 편하겠는가? 그러나 내게 주시지 않는 은사를 애써 부러워하지 말고 이미 주신 성경의 말씀을 상고하고 그 원리 위에서 판단하고 믿음으로 행하는 것이 건전한 그리스도인들의 신앙 원리라 믿는다. 우리가 모세오경에서 읽었듯이 하나님은 무당을 싫어하신다. 그래서 우리는 '기독교 무당'이 되어서는 안 된다. 몇 년 전 요상한 여자가 유튜브에 나와 12월에 한반도에서 전쟁이 발발하니 피해야 한다고 예언을 해 수백 명이 그 말을 듣고 필리핀으로 피난 갔다고 한다. 정신 나간 사람들이다. 그런 사람들이 소위 방언을 유창하게 한다. 이 말세의 혼란한 때에 우리는 오직 예수! 오직 성경! 을 구호처럼 붙들고 흔들리지 말고 나가야 한다.

● 오늘의 말씀에 대한 나의 묵상 ●

오늘의 본문 성경을 읽으시고 깨달은 점이나 기억하고 싶은 점 혹은 기도문을 기록합니다.

1년 1독 365일 성경통독, 꿀송이 보약큐티

삿 9장~12장

● 묵상 자료 ●

1. 입다와 그의 딸(삿 11:29~40)

입다는 기드온이나 삼손처럼 위대한 사사의 반열에 오른 믿음의 사람이다. 히브리서 11장에서 그는 구름같이 둘러싼 위대한 영웅들의 믿음의 전당에 헌정되어 있다. 그는 이스라엘 역사에 정통했으며 하나님이 암몬 자손을 이스라엘에게 붙여주신 것을 확신했다. 그는 하나님의 영에 사로잡혀 권능을 얻고 암몬의 핍박에서 이스라엘을 구하였다. 그가 암몬과의 전쟁을 앞두고 적들에게 나아갈 때 그는 다음과 같은 헌신으로 하나님께 소원했다.

"저를 암몬과의 전쟁에서 승리케 하시고 평안히 돌아오게 하시면 누구든지 나를 제일 먼저 영접하는 그를 번제물로 드리겠나이다."

우리는 항상 함부로 하나님께 서원하는 것을 조심해야 한다. 입다가 승리하고 미스바에 있는 자기 집에 돌아올 때 문제가 발생했다. 그의 무남독녀 외동딸이 소고를 잡고 춤을 추며 나와서 제일 먼저 그를 영접했던 것이다. 신앙이 독실했던 입다는 자신의 맹세를 지켜야 했다. 그가 여호와를 향하여 입을 열었으니 무를 수가 없었다. 그래서 결국 그는 자신의 서원대로 딸에게 행하였다고 성경은 기록하고 있다.

이 본문에 대하여 학자들의 견해는 두 가지로 나뉜다. 정말로 문자 그대로 딸을 태워 번제로 드렸다고 주장하는 분들과 번제로 드린 것이 아니고 평생 처녀로 성전에서 봉사하는 데 드렸다고 해석하는 부류이다. 나는 개인적으로 후자의 견해를 지지한다.

시편 106:35~38을 보면 이스라엘이 가나안의 남은 자들의 악한 행실인 자식을 죽여 바치는 이방인들의 악행을 본받으므로 여호와의 진노를 촉발했다고 했다. 이사야 57:5에는 골짜기 바위틈에서 자식을 우상에게 바치는 악행을 이방인들에게 배워 행한 이스라엘의 무서운 죄를 하나님이 책망하시며 지적하고 있다.

믿음의 영웅 중의 한 사람인 입다가 이스라엘의 여호와 하나님을 인신공양하는 존재로 인식했다는 사실을 나는 인정하기 힘들다. 그것은 하나님에게나 입다에게 크나큰 불명예이기 때문이다. 레위기 27:5을 읽어보면 사람이 맹세하였어도 돈으로 대신하여 드릴 수 있다고 되어 있다. 20세 이하의 딸을 위해서는 10세겔을 내면 대신하여 바칠 수 있다. 이러한 모세의 가르침이 있는데도 굳이 성령에 감동되었던 하나님의 사람 입다가 무남독녀를 하나님이 가증이 여기시는 인신공양을 했다고 생각할 필요가 없다는 것이다.

또한 본문를 분석한 히브리어에 정통한 학자는 입다가 서원한 내용에서 "여호와께 돌릴 것이니…"에서 쓰인 접속사는 "여호와께 돌리거나 혹은 번제물로 드리겠습니다"의 뜻으로 번역될 수 있다고 하였다. 이 히브리어 전문가의 분석이 맞다면 입다는 하나님께 서원하기를 승리케 하시고 돌아오게 하시면 제일 먼저 영접하는 자를 하나님께 평생 바쳐 헌신케 하거나 혹은 번제물(만일 짐승이 먼저 나오면)로 드리겠다고 맹세한 것이다. 그리고 그 서원을 이행하여 딸아이를 하나님께 드려 평생 처녀로 하나님만 섬기고 살게 한 것이라는 견해다.

사사기 11:39에 "자기가 서원한대로 딸에게 행하니 딸이 남자를 알지 못하였더라"라고 쓰여 있는데 이 구절은 딸을 번제물로 드렸다면 아무 상관없는 언급에 해당한다. 오히려 남자를 알지 못하게 하고 처녀로 평생 하나님 성전에 봉사하도록 드렸다는 말과 연관성을 갖는 것이다. 그리고 매년 이 헌신을 기념하고 이스라엘 딸들이 입다의 딸을 애곡하며 격려하였던 것이다. 그래서 NIV 성경은 한국 성경과는 달리 아예 딸을 번제물로 죽게 하였다는 언급을 전혀 하지를 않는다.

예를 들어 사사기 11:38을 한국어 성경은 "처녀로 죽음을 위하여 애곡하고…"라고 번역하였지만 NIV 성경에는 "They wept because she would never marry" 라고 하여 죽음을 슬퍼한 게 아니고 평생 결혼 못하고 살아야 하는 운명을 슬퍼했다고 기록한 것이다. 똑같은 원문을 가지고 영어 NIV 번역과 한글 성경의 번역이 확연히 다르다. 어느 것이 맞는지는 나중 천국에서 판가름 나겠지만 성령에 감동된 히브리서의 저자가 사사 입다를 믿음의 전당에 헌정한 사실과 하나님이 입다의 암몬과의 승전보 이후에도 에브라임과의 싸움에서 대승을 거두게 하시며 입다를 여전히 지지하는 것을 볼 때 나는 개인적으로 NIV 번역을 따르는 편이다.

● 오늘의 말씀에 대한 나의 묵상 ●

오늘의 본문 성경을 읽으시고 깨달은 점이나 기억하고 싶은 점 혹은 기도문을 기록합니다.

1년 1독 365 일 성경통독, 꿀송이 보약큐티

삿 13장~16장

● 묵상 자료 ●

1. 작은 태양과 같았던 삼손

사사기 13장에서 16장까지는 사사 삼손에 관한 스토리가 나온다. 삼손이란 이름은 '작은 태양'이라는 의미를 가지고 있다고 한다. 그의 폭발적인 힘의 근원은 어디에서 나왔을까? 대부분의 사람들은 삼손의 힘의 근원이 머리털이라고 생각한다. 아마도 삼손이 들릴라에게 한 다음과 같은 말 때문에 그런 생각을 하는 것이다.

> 삼손이 진심을 드러내어 그에게 이르되 내 머리 위에는 삭도를 대지 아니하였나니 이는 내가 모태에서부터 하나님의 나실인이 되었음이라 만일 내 머리가 밀리면 내 힘이 내게서 떠나고 나는 약해져서 다른 사람과 같으리라 하니라… 들릴라가 삼손에게 자기 무릎을 베고 자게 하고 사람을 불러 그의 머리털 일곱 가닥을 밀고 괴롭게 하여 본즉 그의 힘이 없어졌더라 삿16:17, 19

이 성경 구절만 보면 삼손의 말대로 삼손의 힘의 근원은 머리털인 것 같다. 그러나 그것은 그의 착각이었다. 성경은 그 힘의 원천이 머리털이 아니라 '여호와의 영'이라고 알려 준다. 삼손이 제일 처음 초인적인 힘을 발휘했을 때 성경은 '여호와의 영'이 강하게 임하여 사자를 염소 새끼를 찢는 것처럼 찢었다고 기록하고 있다.

> 여호와의 영이 삼손에게 강하게 임하니 그가 손에 아무것도 없이 그 사자를 염소 새끼를 찢는 것 같이 찢었으나 그는 자기가 행한 일을 부모에게 알리지 아니하였

더라 삿 14:6

두 번째로 삼손이 엄청난 힘을 발휘할 때도 역시 '여호와의 영'이 삼손에게 임했을 때이다.

여호와의 영이 삼손에게 갑자기 임하시매 삼손이 아스글론에 내려가서 그 곳 사람 삼십 명을 쳐죽이고 노략하여 수수께끼 푼 자들에게 옷을 주고 심히 노하여 그의 아버지의 집으로 올라갔고 삿 14:19

세 번째 삼손이 놀라운 힘을 발휘한 여우 삼백 마리를 붙들었던 것에서는 '여호와의 영'이라는 표현은 없다.

삼손이 가서 여우 삼백 마리를 붙들어서 그 꼬리와 꼬리를 매고 홰를 가지고 그 두 꼬리 사이에 한 홰를 달고 삿 15:4

네 번째 삼손이 비상한 힘을 발휘한 블레셋 사람들을 죽일 때도 '여호와의 영'이라는 표현이 없다.

블레셋 사람들의 정강이와 넓적 다리를 크게 쳐서 죽이고 내려가서 에담 바위 틈에 머물렀더라 삿 15:7

그러나 다섯 번째 삼손이 초인적인 힘을 발휘할 때 다시 '여호와의 영'이 등장한다.

삼손이 레히에 이르매 블레셋 사람들이 그에게로 마주 나가며 소리 지를 때 여호와의 영이 삼손에게 갑자기 임하시매 그의 팔 위의 밧줄이 불탄 삼과 같이 그의 결박되었던 손에서 떨어진지라 삿 15:14

들릴라를 만나기 전 마지막으로 초인적인 힘을 발휘할 때는 '여호와의 영'에 대한 표현이 없다.

삼손이 밤중까지 누워 있다가 그 밤중에 일어나 성 문짝들과 두 문설주와 문빗장을 빼어 가지고 그것을 모두 어깨에 메고 헤브론 앞산 꼭대기로 가니라 삿 16:3

이렇게 여섯 번 삼손이 기적적인 힘을 발휘하는 데 이중 성경은 세 번에 걸쳐 '여호와의 영'이 임하여 삼손이 힘을 발휘하게 되었다고 표현하는데 이를 볼 때 나머지 세 번도 '여호와의 영' 때문에 삼손이 괴력을 발휘했다고 봐도 무리가 없다. 그리고 또 성경을 자세히 보면 삼손이 특별한 능력을 발휘하기 전부터 '여호와의 영'이 삼손과 함께 하였다.

소라와 에스다올 사이 마하네단에서 여호와의 영이 그를 움직이기 시작하셨더라 삿 13:25

문제는 삼손이 시체를 만지고 술을 가까이하며 이방 여인과 동침하면서 부정한 죄에 빠졌을 때 '여호와의 영'이 더 이상 그와 함께하지 않음을 불행히도 그는 인지하지 못했다. 사사기 16:20을 보자. "들릴라가 이르되 삼손이여 블레셋 사람이 당신에게 들이 닥쳤느니라 하니 삼손이 잠을 깨며 이르기를 내가 전과 같이 나가서 몸을 떨치리라 하였으나 여호와께서 이미 자기를 떠나신 줄을 깨닫지 못하였더라"(삿 16:20).

삼손의 말대로 머리털이 힘의 근원이라면 삼손이 들릴라에 의해 머리털이 밀린 후에 다시 머리털이 자랐지만 옛날처럼 초인적인 힘을 발휘할 수 없었다는 것이 이상해 진다. 삼손은 머리털이 자라면 비록 눈은 멀었지만 옛날처럼 큰 힘을 쓸 수 있을 것이라 생각했을런지 모른다. 그러나 머리털이 옛날처럼 자랐지만 예전 같은 괴력을 발휘할 수 없는 것을 깨달은 후에 삼손은 그의 힘의 근원이 머리털이 아니라 하나님께 있음을 비로소 깨닫고 필사적으로 하나님께 기도했다.

삼손이 여호와께 부르짖어 이르되 주 여호와여 구하옵나니 나를 생각하옵소서 하나님이여 구하옵나니 이번만 나를 강하게 하사 나의 두 눈을 뺀 블레셋 사람에게 원수를 단번에 갚게 하옵소서 하고 삿 16:28

이 삼손의 기도가 응답되어 삼손이 이전 6번의 초인적인 힘을 발휘한 것과 비교할 수 없는 괴력을 마지막으로 사용하고 죽게 된다. 이를 통해 삼손의 초인적인 힘의 근원은 머리털이 아니라 '여호와의 영'임이 확실해졌다.

그리스도인의 힘도 정결함에 있다. 말씀과 기도로 거룩해진다. 부정한 세상 죄악을 먹고 마시면 영적인 힘은 약해지고 마귀의 밥이 되고 두 눈이 뽑혀 죄의 종살이하기에 바쁘다. 바빠서 성경 통독 못 따라오는 자들은 실상은 바쁨이 원인이 아니라 영적 힘이 빠진 것이 원인이다. 나실인이면 나실인처럼 살자. 예수 믿는 사람이면 믿는 사람답게 살자. 바빠도 말씀과 기도에 바빠 보자. 힘의 근원이 거기에 있나니… 아멘.

● 오늘의 말씀에 대한 나의 묵상 ●

오늘의 본문 성경을 읽으시고 깨달은 점이나 기억하고 싶은 점 혹은 기도문을 기록합니다.

1년 1독 365일 성경통독, 꿀송이 보약큐티

삿 17장~ 21장

묵상 자료

1. 미가의 혼합 신앙

사사기 17장에 나오는 미가와 그 어머니, 그리고 그 집에 고용되어 신당을 지키며 제사장 행세를 했던 레위인 청년 3인방의 신앙행태는 모두가 '헛방'신자의 전형이다. 마지막 심판 때 예수님께 저주받을 자들이다.

> 그때에 내가 그들에게 밝히 말하되 내가 너희를 도무지 알지 못하니 불법을 행하는 자들아 내게서 떠나가라 하리라 마 7:23

일단 미가의 이름만 들으면 굉장히 은혜로운 이름이다. "여호와와 같은 이가 어디 있느냐?"라는 뜻이니 조상들이 굉장한 이름을 붙여 주었다. 에브라임 지파의 사람이었는데 세심한 독자들은 눈치채셨겠지만 에브라임 지파는 창세기에는 특별히 복된 축복을 받은 장래가 촉망되는 지파였는데 민수기에 와서 좀 내리막을 타더니 사사기에 와서는 막가파가 되어 실제 싸움에는 안 나갔다가 꼭 승전하고 오면 왜 안 불렀냐고 시비를 걸어, 기드온은 살살 달래어 그들을 보냈지만 입다는 그들 수만 명을 쳐 죽여 버렸다. 에브라임은 창세기를 보면 요셉의 둘째 아들로써 형 므낫세를 제치고 야곱에게 오른손을 얹히고 더 큰 축복을 받는다. 그러나 출애굽 하면서 민수기를 보면 첫 번째 인구조사에서는 40,500명의 군사로서 형 므낫세 지파(32,200명)보다 훨씬 숫자가 많게 출발했으나, 광야생활 40년 후 두 번째 인구조사에서는 현저히 역전되어 에브라임 지파의 군사 수는 32,500명이었으나 므낫세 지파는 무려 52,700명에 이르렀다(민 26:28~37). 무슨 일이 일어났던 것일까? 형보다 더 축복받은 지파라는 자만심이 그들을 교만하게 하여 내리막을 타기 시작한 것이다. 항상 교만은 패망의 앞잡이임을 우리는 잊으면 안 된다. 그 교만기가 사사기에서는 노골적으로 나타나 주제넘게 입다에게 시비 걸다 그들은 폭삭 망한 지파이다.

바로 그 에브라임 지파에 미가라는 자가 살았는데 그 어머니의 돈 은 천백 세겔을 도둑질했다가 엄마가 하도 저주를 하는 바람에 슬그머니 도로 그 돈을 어머니에게 돌려 드렸다. 정상적인 신앙의 어머니라면 거액을 손 댄 자식을 엄히 꾸짖어야 하건만 이 엄마는 생뚱맞게 '여호와께 복받기를 원하노라' 하면서 주님의 이름을 빌려 축복하였다. 사사 시대에 얼마나 사람들의 신앙이 무식하고 말씀이 없는 제멋대로의 신앙인지를 보여주는 대목이다. 한술 더 떠 그 어머니는 돈 찾은 김에 신상을 만들어 아들에게 복이 돌아가게 하겠다고 돈을 투자하여 우상을 만들어 자기 집 신당에 세워놓고 제사장들이 입는 에봇과 가정우상 드라빔을 만들고 사설 제단을 만들어 주었다. 그야말로 혼합주의 신앙의 전형이었다. 그러던 어느 날 사명을 버리고 직업을 찾아 다니던 한 떠돌이 레위인 청년을 만나 미가는 연봉과 의식주 해결을 조건으로 이 레위인을 자기집 신당 사설 제사장으로 채용한다. 그러면서 하는 말이 가관이다.

> 이에 미가가 이르되 레위인이 내 제사장이 되었으니 이제 여호와께서 내게 복 주실 줄을 아노라 하니라 삿 17:13

그야말로 '내 맘대로'의 신앙이다. 우상과 레위인이 혼합된 사설 제단에서 레위인 채용했다고 하나님이 자신에게 복 주실 것이라 생각하는 어처구니없는 몽상에 사로잡힌 썩은 신앙을 본다. 한 그릇 밥에 레위인의 사명을 저버리고 삯군 목자가 된 레위인 청년이나 여호와께 복 받으라고 아들에게 비싼 돈 들여 신당 차려준 어머니나 그리고 그 무식한 아들 미가나… 이 세 명이 어쩌면 한결같이 오늘날 무슨 신천지나 안상홍 증인회 같은 이단 집단의 사람들과 꼭 닮았는지 모르겠다. 설마 교회에서 우리 가운데 이런 어처구니없는 신자들은 없는지 살펴봐야 한다. 어제 평소 존경하는 고려신학대학원의 박영돈 교수님이 페이스북에 올리신 글이 공감되어 나의 담장에 퍼 날랐다. 박 교수님의 글을 읽어 보자.

"역사가 오래되고 규모가 있는 교회를 담임하는 목사를 만났다. 그는 목회가 전쟁하는 것 같다고 했다. 장로 몇 사람을 상대하는데 목회의 거의 모든 에너지를 쏟는다는 것이다. 그들이 오랜 세월 교회 재정을 마음대로 주관하고 여러 가지 기득권을 행사한 관행을 뜯어 고치려 하니 거센 반발과 공격을 받게 된 것이다. 그 목사의 푸념이 긴 여운을 남긴다. 교회에 불신자보다 훨씬 더 악한 자들이 있어요. 교회에 성령만 계신 것이 아니라 사탄도 있어요.' 훌륭한 장로님들도 많지만 양심이 굳어져 하나님을 도무지 두려워하지 않는 장로들도 적지 않다. 교회 안에 있는 악인들의 특징은 곧 하나님 앞에 선다는 의식이 전혀 없다는 것이다. 하루살이 운명임을 망각하고 산다. 장로교는 하나님을 두려워하지 않는 목사를 비롯한 장로들이 죽어야 산다".

참으로 추상 같은 무서운 지적이다. 질병을 일으키는 바이러스도 초기에 잡지 않으면 내성이 생겨 좀처럼 병이 치료되지 않는다. 교회생활을 오래하면서 첫사랑을 잃어버리고 작은 이권 챙기기와 텃세에 길들여지면 에브라임 지파 같은 현상이 나타난다. 왜 나와 의논하지 않았느냐고 '내'가 교회에서 중요한 중심이 되어 가는 것이다. 이것을 방치하면 나 혼자만의 문제로 끝나지 않는다. 한국 교회 전체를 오염시키는 것이다. 사사기 17장에 등장한 미가가 만든 가정 우상은 나중 단 지파가 가져가 그 지파 전체가 숭배하는 우상으로 발전이 된다. 이것이 무서운 것이다.

2. 단 지파의 우상 숭배

사사기 18장은 단 지파가 어떻게 북쪽 라이스 지역에 자리를 잡았으며 집단적으로 우상을 섬기게 되었는지를 상세히 기술하고 있다. 17장에서 시작된 미가의 사설 우상 숭배가 단 지파 전체에까지 파급되는 개탄스런 일이 벌어지고 있다. 사사기 18:1에 그때까지 단 지파는 기업을 분배 받지 못했다고 되어있는데 사실은 분배는 받았지만(수 19:47~48), 정복과정에서 거주하던 아모리인들을 온전히 이기지 못하고 산지로 물러나면서(삿 1:34) 그들이 거할 영토가 너무 협소해지자 새로운 지역을 끊임없이 물색하고 있었다. 5명의 수색대를 특별히 파견하여 그들이 거할 곳을 찾던 중 이 5명의 특전대가 에브라임 미가의 집에 잠입했다. 그리고 사이비 레위 청년 제사장에게 형통하리라는 축복을 받고 라이스 땅을 발견하였는데 알고 보니 그 땅은 너무나 비옥하고 평화롭고 정복하기도 안성맞춤인 땅이었다. 그래서 이게 웬 떡이냐 하며 본진과 함께 이 땅 정복에 나섰는데 가는 도중에 미가의 집에 들러 그의 신상과 에봇 드라빔을 갈취하고 개인 제사장 레위 청년을 꼬드겨 단 지파의 제사장이 되게 했다.

처음에는 그들은 너무 행복하고 만족했다. 비옥하고 평화로운 라이스 땅을 정복하여 단 지파의 본거지로 삼았고 북쪽에서 멀리 하나님의 법궤가 있는 실로까지 가서 제사드릴 필요 없이 신상도 있고 고용된 레위인도 있으니 자기들끼리 편하게 제사 드리면 되는 것이었다. 그러나 그 제사는 모세가 전해준 율법에 근거한 하나님이 기뻐하시는 제사가 아니라 미가의 집안 우상이 지파의 우상이 되어 혼합된 자기편의의 제사였다. 결국 그들의 육체적 안락과 물질적 풍요, 그리고 우상숭배가 그들에게는 치명적인 독이 되었다. 하나님의 말씀에서 벗어난 형통은 축복이 아니라 결국은 저주라는 것을 단 지파의 역사가 여실히 보여준다.

훗날 역대기 저자는 이스라엘의 언약의 족보를 소개할 때 단 지파를 아예 제외시켰다(대상 2장). 그리고 계시록 7장에서 이스라엘의 인 맞은 자 14만 4천을 소개할 때도 다른 지파는 다 이름 불러 언급하면서도 유독 단 지파는 삭제해 버렸다. 이것은 단 지파의 우상숭배와 무관치 않은 것이다. 이 사실은 구속사적 관점에서 볼 때 하나님을 떠나 우상숭배 하는 자들은 생명책에서 그 이름이 삭제될 것을 암시하는 것이다. 창세기 49:17에서 야곱은 단에 대해 예언하기를 그는 뱀이요 독사라고 하였다. 살살 기어가 남의 우상과 재산을 갈취하고 평화로운 땅을 차지하고 그래서 행복한 것 같았으나 우상숭배의 대가는 혹독했다. 오늘날 무신론, 합리주의, 쾌락주의, 물질주의 등의 현대판 우상에 빠져 스스로 만족해하며 사는 이 시대의 단 지파들이 많다. 교회도 내 편리하게 안 가고 싶으면 안 가고 세상 향락 누리면서 꼭 단 지파처럼 사는 이름만 크리스천인 사람들이 많다. 우리는 흔들리지 말고 오직 성경을 늘 상고하면서 천국 소망을 가슴에 품고 예수님 떠나지 말고 끝까지 믿음의 경주를 해야 한다.

3. 성직자가 타락하면…

사사기를 마무리하는 19~21장은 당시의 심각한 타락상과 혼란한 사회상을 충격적으로 보여주며 그 막을 내리고 있다.

그 시대의 영적 부패를 가중시킨 가장 큰 원인이라면 각 지역에서 하나님의 율법을 백성에게 가르치고 하나님을 올바로 예배하도록 이끌 사명을 가진 제사장직을 수행하는 레위인들의 타락이었다. 어느 시대에나 성직자가 타락하기 시작하면 그 사회는 막장을 예고 한다.

사사기 19:1에는 어떤 에브라임 지역의 한 레위인이 첩을 취했다는 얘기로 시작한다. 모세의 율법에는 제사장들의 혼인에 대해서 엄격히 규정하고 있으며 그들은 깨끗한 가정생활의 모범을 백성들에게 보여야 했다. 그런 성직자가 첩을 취하였고 그 첩이 또 음행을 하여 집을 나갔다는 것은 그 때의 이스라엘 사회가 얼마나 어둡고 타락했는가를 여실히 보여준다. 첩이 음행 하여 가출했으면 하나님의 뜻인 줄 알고 부끄러워하며 회개하고 집에 남은 본 부인과 살아야 할 성직자가 첩이 너무 그리워 첩의 친정집으로 그녀를 데리러 간데서부터 후일 6만 5천 명의 엄청난 사망자를 낸 동족상잔의 비극의 싹이 트게 되었다. 에브라임에서 첩의 친정이 있는 유다 베들레헴으로 찾아간 이 타락한 레위인은 장인의 환대를 받고 5일을 머물다가 더 이상 지체할 수 없어 첩을 데리고 고향으로 돌아오는 길에 베냐민 지파의 땅 기브온에서 하룻밤을 머물게 된다.

사건은 거기서 터졌다. 기브온의 불량배들이 이 타락한 레위인이 머물던 집을 습격해 주인의 만류를 무시하고 남색하려 할 때 비열하게도 그 레위인은 자기 첩을 그들에게 내 주었다(삿 19:25). 그 불량배들은 강제로 그 레위인의 첩을 집단 성폭행하고 결국에는 죽음에 이르게 한다. 아침에 자신의 첩의 시체를 본 그 레위인은 그것을 나귀에 싣고 집으로 가져와 싸이코패스처럼 시체를 12조각 내어 이스라엘 각 지파에게 소포로 부치면서 자초지종을 적어 보냈다. 이에 이스라엘 나라는 벌집 쑤신 듯 난리가 났다. 자고이래로 이런 극악무도한 일은 처음 봤다는 것이다. 총회로 모인 그들은 악행을 저지른 베냐민 지파를 응징하기로 결의하고 연합군을 보내어 베냐민 지파와 전쟁을 벌였다.

하나님을 떠나 타락한 이스라엘을 심판하시는 하나님의 채찍은 서로를 죽이는 자기 동족과의 전쟁에서 3차에 걸쳐 6만 5천의 생명을 거두어 가셨다. 처음 두 번은 베냐민 지파가 자기를 치러온 이스라엘 연합군들에게 승리하여 4만 명의 군사들이 죽어나갔다. 그러나 결국에는 연합군에게 베냐민 지파는 대패하고 종족 말살의 위기에까지 갔다. 베냐만 지파 2만 5천 명이 죽고 겨우 600명의 남자들만이 생존한 것이다. 하나님은 너나 할 것 없이 타락했던 이스라엘 전체를 징계하고 계셨던 것이다. 서로 정신 없이 흥분하여 자기 동족끼리 죽고 죽이다가 겨우 제정신이 든 그들은 제단을 쌓고 하나님께 번제와 화목제를 드리며 자기 민족 중 한 지파가 궤멸될 위기에 처한 상황을 생각하며 뉘우치고 울었다. 그리고 자기들의 결의를 지키기 위해 꼼수를 써 엉뚱한 사람들을 죽이고 베냐민 지파 회생작전에 들어 갔다. 시작부터 과정 결말에 이르기까지 어느 것 하나 하나님 백성들다운 선한 것이 없었다.

모세나 여호수아 같은 참된 지도자가 없는 그들은 오합지졸이었다. 사사기의 저자는 그들이 왕이 없으므로 제멋대로 행했다고 결론을 내리지만 왕이 없어서가 아니라 여호와 경외하는 신앙이 투철하지 못하여 그들은 흔들렸던 것이다. 하나님을 왕으로 삼고 모세가 전해준 말씀을 따라 철저히 순종했다면 그런 끔찍한 피비린내 나는 동족상잔의 비극은 없었을 것이다.

오늘 대한민국의 운명도 믿는 성도들에게 달려있다. 소돔성이 의인 10명이 없어서 망했다. 특히 성직자들이 더 중요하다. 사사기 19장에 나오는 그 참람한 레위인을 보라. 사고를 당하던 그날 밤 자기 목숨 살리려고 불량배들에게 내어준 첩이 그토록 처참한 일을 당했으면 그때라도 가슴을 치고 통곡하면서 자기 죄를 회개하고 부끄러운 줄 알고 자중했어야 했겄만 성직자라는 인간이 첩을 두는 것도 모자라, 자기 민족들끼리 싸우다 6만 5천 명이나 죽게 만드는 그런 엄청난 비극이 일어나도록 원인을 제공했다는 것에 우리는 분노를 금할 수 없다. 생각하면 할수록 그 레위인 성직자가 천박하기 짝이 없다. 성직자가 그 사회의 마지막 보루이다. 그들이 무너지면 소망이 없다. 한국 교회에 그 레위인 제사장 같은 자질 없는 목회자들이 우후죽순처럼 쏟아지고 있다. 욕심과 탐욕과 음행의 바벨탑을 쌓는 일을 중지하고 하나님께 베옷을 입고 금식하며 한국 교회의 성직자들은 나부터 엎드려야 한다. 더 이상 세상 사람들이 교회를 염려하는 상황이 계속되어서는 안 된다.

● 오늘의 말씀에 대한 나의 묵상 ●

오늘의 본문 성경을 읽으시고 깨달은 점이나 기억하고 싶은 점 혹은 기도문을 기록합니다.

1년 1독 365일 성경통독, 꿀송이 보약큐티

룻 1장

● 묵상 자료 ●

1. 룻기는 어떤 책인가?

룻기를 읽으면 혼탁한 사사 시대에 있었던 한줄기 광명 같은 훈훈한 믿음의 스토리가 전개된다.

룻기의 키워드는 '영원한 축복을 선택한 룻'이다. 순간의 선택이 10년을 좌우하는 것이 아니라 '영원'을 좌우할 수도 있다. 이방 여인 룻은 그녀의 시어머니와 여호와 하나님을 선택하는 결단을 하여 성군 다윗 왕의 증조 할머니가 되는 영광을 얻었고 그 후손을 통해 메시아이신 예수 그리스도가 이 땅에 오시게 되었다. 대 문호 괴테는 룻기를 "작은 분량으로 쓰인 가장 사랑스럽고 완벽한 작품이다."라고 평했다. 조각에는 비너스 상이 있고 그림에는 모나리자가 있다면 문학에는 룻기가 있다. 룻기의 저자는 사무엘로 보는 분들이 많다.

2. 룻기에 나오는 이름들의 의미 정리

룻기에 등장하는 사람들의 히브리어 이름들의 뜻을 대충 정리해 두면 성경을 이해하는데 도움이 될 수 있다.

*엘리멜렉 - 하나님은 나의 왕이시다.
*나오미 - 희락. 기쁨.
*마라 - 슬픔. 쓰디쓴.
*말론 - 아픔. 병든.
*기룐 - 탄식.

*오르바 – 완고한.
*룻 – 우정.
*보아스 – 그 안에 능력이 있다.
*오벳 – 나오미의 아들(실상은 룻의 아들).

나오미 부모가 두 아들의 이름을 왜 말론과 기룐으로 지었을까? 어떤 학자들은 아마도 두 아들을 낳았을 때에 어려서 병약하고 자주 아파서 그렇게 지었을 거라 추측하기도 한다. 그러나 나는 엉뚱한 상상을 해 본다. 아마도 영감 있고 은혜스런 엄마 나오미가 자신이 살던 그 사사 시대의 타락상이 너무 가슴 아프고 기가 막혀 첫아들의 이름을 마음이 아프다는 뜻으로 말론(아픔)이라 하였고 둘째 아들을 낳고는 하나님을 잊어버리고 자행자지(自行自止)하는 자기 백성 이스라엘의 타락을 '탄식'한다는 의미에서 이름을 그렇게 지었지 않을까 하는 것이다. 자신들 부부의 이름은 그렇게 밝고 긍정적이면서 왜 아들들 이름을 그렇게 이상하게 지어 불렀는지 천국 가서 나오미를 만나면 물어보려 한다.

3. 효부 룻

대개 남자들이 의리가 많은 줄 알지만 살아 보면 여자들이 의리가 더 많다는 것을 경험하게 된다. 룻의 이름 뜻은 '우정'이다. 한마디로 의리가 있는 여자다. 진주 같이 귀한 열 남자 부럽지 않은 여인이다. 잠언 31장에 나오는 현숙한 여인의 전형이다. 잠언에 묘사된 진주보다 귀한 현숙한 여인의 내용과 룻의 성품 사이의 공통점은 다음과 같다.

1) 자신의 가족들에게 헌신되어 있다(룻 1:15~18/잠 31:10~12).
2)자신의 일을 즐긴다(룻 2:2/잠 31:13).
3) 부지런하다(룻 2:7/잠 31:27).
4) 겸손하고 경건하다(룻 2:10/잠 31:26).
5) 하나님께 의존한다(룻 1:16/잠 31:30).
6) 주의깊게 옷을 입는다(룻 3:3/잠 31:22).

7) 분별력있게 남자를 대한다(룻 3:6~13/잠 31:12).

8) 복을 가져다준다(룻 4:15/잠 31:31).

가히 리브가와 에스더와 마리아에 비길만하다. 최근 효부가 사라지고 있다고 한다. 해마다 5월이면 한국의 각 지자체에서 효부상을 제정하고 수여하려 해도 대상자가 없어 주지를 못한다고 한다. 다음은 요즘 보기 드문 효부 이야기가 있어 퍼날라 보았다.

어느 둘째 며느리의 생활 수기

안녕하세요. 33살 먹은 주부에요. 32살 때 시집와서 남편이랑 분가해서 살았구요, 남편이 어머님 돌아가시고 혼자 계신 아버님 모시자고 이야기를 하더군요. 어느 누가 좋다고 할 수 있겠어요. 그 일로 남편이랑 많이 싸웠어요. 위에 형님도 있으신데 왜 우리가 모시냐고. 아주버님이 대기업 다니셔서 형편이 정말 좋아요.

그 일로 남편과 싸우고 볶고 거의 매일을 싸웠어요. 하루는 남편이 술 먹고 울면서 말을 하더군요. 뭐든 다른 거는 하자는 데로 다 할 테니까 제발 이번만은 부탁 좀 들어 달라구… 그러면서 이야기를 하더라구요.

남편이 어릴 적 엄청 개구쟁이였데요. 매일 사고치고 다니고 해서 아버님께서 매번 뒷수습하고 다니셨다고 하더라구요.

남편이 어릴 때 골목에서 놀고 있는데 지나가던 트럭에 받힐 뻔한 걸 아버님이 보시고 남편 대신 부딪히셨는데 그것 때문에 지금도 오른쪽 어깨를 잘 못쓰신데요.

그리고 아버님 하시던 일이 막일이었는데 남편이 군대 제대하고도 26살 때쯤까지 놀고 먹었더랍니다. 아버님이 남편을 늦게 낳으셔서 지금 아버님 연세가 68되세요. 남편은 33살 이구요.

60세 넘으셨을 때도 막일 하시면서 가족들 먹여 살리고 고생만 하셨다네요. 막일을 오래하면 시멘트 독이라고 하나 하여튼 그거 때문에 손도 쩍쩍 갈라지셔서 겨울만 되면 많이 아파 하신다고 하더라구요.

평생 모아오신 재산으로 마련하셨던 조그만 집도 아주버님이랑 남편 결혼할 때 집 장만 해주신다고 팔으시고 지금 전세를 사신다고 하구요. 그런데 어머님까지 돌아가시고 혼자 계신거 보니 마음이 아파서 눈물이 자주 난다고 하더라구요.

전 살림하고 남편 혼자 버는데 한 달에 150만 원 정도 벌어와요. 근데 그걸로 아버님 오시면 아무래도 반찬도 신경 써야 하고 여러 가지로 힘들 거 같더라구요. 그때 임신도 해서 애가 3개월인데 형님은 절대 못 모신다고 못 박으셨고 아주버님도 그럴 생각이 없다라고 남편이 말을 하더라구요.

어떡합니까. 저렇게까지 남편이 말하는데 그래서 네 달 전부터 모시기로 하고 아버님을 모셔왔습니다. 처음에 아버님이 오지 않으시려고 자꾸 거절 하시더라구요. 늙은이 가봐야 짐만 되고 눈치 보인다면서요. 남편이 우겨서 모셔왔습니다.

모셔온 첫 날부터 여러모로 정말 신경이 쓰이더라구요. 그런데 우리 아버님 매번 반찬 신경 써서 정성껏 차려드리면 그걸 드시면서도 엄청 미안해 하십니다. 가끔씩 고기 반찬이나 맛있는 거 해 드리면 안 드시고 두셨다가 남편 오면 먹이더라구요. 그리고 저 먹으라고 일부러 드시지도 않구요. 거기다가 하루는 장 보고 집에 왔는데 걸레질을 하고 있으신 거 보고 놀라서 걸레 뺐으려고 했더니 괜찮다고 하시면서 끝까지 다 청소 하시더라구요. 그리고 식사하시면 바로 들고 가셔서 설겆이도 하십니다. 아버님께 하지 마시라고 몇 번 말씀 드리고 뺏어도 보지만 아버님은 그게 편하다고 하십니다.

제가 왜 모르겠어요. 이 못난 며느리 눈치 보여서 그렇게 행동하시는 거 압니다. 저도 그래서 더 마음이 아픕니다. 남편이 몰래 아버님 용돈을 드려도 그거 안 쓰고 모아두었다가 제 용돈 하라고 주십니다.

어제는 정말 슬퍼서 펑펑 울었어요. 아버님께 죄인이라도 된 듯해서 눈물이 왈칵 나오는데 참을 수가 없더라구요.

한 달 전쯤부터 아버님께서 아침에 나가시면 저녁때쯤 들어 오시더라구요. 어디 놀러라도 가시는 거 같아서 용돈을 드려도 받으시지도 않고 웃으면서 "다녀올게" 하시면서 매일 나가셨습니다.

어제 아래층 주인 아주머니께서 말씀 하시더라구요.

"오다가 이집 할아버지 봤는데 유모차에 박스 실어서 가던데~."

이 말 듣고 깜짝 놀랐습니다.

네… 그래요… 아버님 아들 집에 살면서 돈 한 푼 못 버시는 게 마음에 걸리셨는지 불편한 몸 이끌고 하루 하루 그렇게 박스 주우시면서 돈을 버셨더라구요.

그 이야기 듣고 밖으로 뛰쳐나갔습니다. 아버님 찾으려고 이리저리 돌아다녀도 안 보이시더라구요. 너무 죄송해서 엉엉 울었습니다.

남편한테 전화해서 상황 말하니 남편도 아무 말이 없더군요. 제가 바보였어요. 진작 알았어야 하는데. 몇 일 전부터 아버님께서 저 먹으라고 봉지에 들려주시던 과일과 과자들이 아버님께서 저렇게 일해서 사 오신 것인지를….

못난 며느리 눈치 안 보셔도 되는데 그게 불편하셨던지 아들 집 오셔서도 편하게 못 지내시고 눈치만 보시다가 불편하신 몸 이끌고 그렇게 일하고 있으셨다니.

친정에 우리 아빠도 고생만 하시다가 돌아가셨는데 돌아가신 아빠 생각도 나고 해서 한참을 펑펑 울었습니다. 우리 아빠도 고생만 하시다가 돌아가셨는데 그날 따라 아버님 웃으실 때 얼굴에 많은 주름과 손목에서 갈라진 피부가 자꾸 생각나면서 너무 죄송해서 남편이 아버님이랑 들어올 때까지 엉엉 울고 있었습니다.

남편 나가고 한 시간 좀 넘어서 남편이 아버님이랑 들어 오더라구요.

아버님 오시면서도 제 눈치 보면서 뒤에 끌고 오던 유모차를 숨기시는 모습이 왜 그리 마음이 아플까요…. 오히려 죄송해야 할 건 저인데요. 왜 그렇게 아버님의 그런 모습이 가슴에 남아서 지금도 이렇게 마음이 아플까요.

달려가서 아버님께 죄송하다며 손 꼭 잡고 또 엉엉 울었습니다. 아버님께서 매일 나 때문에 너에게 미안하다면서 제 얼굴을 보면서 말씀하시는데 눈물이 멈추지 않았어요.

아버님 손 첨 만져 봤지만요, 심하게 갈라지신 손등과 굳은살 배인 손에 마음이 너무 아팠어요. 방 안에 모시고 가서도 죄송해 그렇게 펑펑 울었습니다. 아버님 식사 챙겨드리려고 부엌에 와서도 눈물이 왜 그리 그치지 않던지.

제가 더 열심히 일해서 벌면 되니까 그런 일 하지 말라고 아버님께 확답을 받아낸 후 세 명 모여서 저녁을 먹었습니다. 밥 먹는데도 아버님 손을 보면서 자꾸 가슴이 아프 더라구요.

오늘 남편이 노는 날이라 아버님 모시고 시내 나가서 날이 좀 쌀쌀해져서 아버님 잠바 하나랑 신발을 샀습니다. 한사코 괜찮다고 하시던 아버님께 제가 말씀드렸어요. 자꾸 그러시면 제가 아버님 눈치 보여서 힘들어요. 이렇게 말씀 드렸더니 고맙다고 하시며서 받으시더라구요.

그리고 집에 아버님 심심하실까 봐 케이블 TV도 신청했구요. 아버님께서 스포츠를 좋아하시는데 오늘 야구방송이랑 낚시방송을 보시면서 너무 즐거워하시더라구요. 조용히 다가가서 아버님 어깨를 만져드리는데… 보기보다 정말 왜소 하시더라구요.

남편한테 말했어요. 저 평생 아버님 정말 친아버지처럼 생각하고 모신다구요. 비록 지금은 아버님께서 불편해 하시지만 언젠가는 친 딸처럼 생각하시면서 대해 주실 때까지 정말 잘 할 거라구요.

아버님…
저 눈치 안 보셔도 되요.
제가 그렇게 나쁜 며느리 아니잖아요.
아버님의 힘드신 희생이 없으셨다면
지금의 남편도 없잖아요.
그랬다면 지금의 저와 뱃속의
사랑스러운 손자도 없을 거에요.
저 아버님 안 싫어하고 정말 사랑해요 아버님…
그러니 항상 건강하시고 오래오래 사셔야 되요.
그리고 두 번 다시 그렇게 일 안 하셔도 되요.
저 허리띠 졸라 매고 알뜰하게 살게요.^^
사랑해요. 아버님!

참으로 눈물 나는 감동 스토리다. 그런데 이런 글에 꼭 반발하는 여성들이 있다. 왜 나에게 부담주냐고… . 그냥 단순하게 감동받고 도전받으면 안 될까?

우리 그리스도인 가운데 더 많은 효자, 효부가 나오길 열망해 본다.

● 오늘의 말씀에 대한 나의 묵상 ●

오늘의 본문 성경을 읽으시고 깨달은 점이나 기억하고 싶은 점 혹은 기도문을 기록합니다.

1년 1독 365일 성경통독, 꿀송이 보약큐티

룻 2장~4장

● 묵상 자료 ●

1. 풍족하게 나갔더니…

룻기 1:21을 매우 인상 깊게 다가오는 말이 나온다. 흉년이 너무 힘들어 고향을 떠나 이방의 나라에 피난 갔다가 10년 만에 귀향하면서 나오미가 동네 사람들에게 하는 고백 중에 이런 말이 있다.

"내가 풍족하게 나갔더니…"

이게 무슨 말인가? 풍족하지 못해서, 너무 흉년이 힘들어서 견디다 못해 궁여지책으로 하나님의 백성이지만 약속의 땅을 떠나 이방인들에게 피난 갔었는데… 풍족하게 나갔다고? 처음에는 이해가 안됐지만 나오미의 말이 무슨 뜻인지 이내 이해가 되었다.

사실은 그때 풍족하지 못해서 궁핍해서 고향을 등졌었다. 그러나 더 큰 인생의 흉년을 그들이 이방의 땅에서 겪어보니 차라리 그때가 풍족했다는 것이다. 그래도 10년 전에는 흉년으로 배는 고팠지만 기둥 같은 남편과 떡두꺼비 같은 두 아들은 함께 있었다. 가난했지만 단란했다. 그러나 모압땅으로 피난 가서 살면서 남편과 사별하고 두 아들마저 차례로 잃고 말았다. 졸지에 과부만 셋인 집안이 되어 버렸다. 이제는 먹을 양식이 있어도 인생이 재미가 없었다. 마라의 쓴 물처럼 괴롭고 슬펐다. 눈물로 나날을 보내야 했다. 남편과 아들들이 사무치게 그리울 때면 가슴을 치며 10년 전 베들레헴 고향을 떠나지 말았어야 했는데… 후회하며 회한으로 날밤을 새웠다. 힘들다고 생각했던 10년 전 그때가 더 힘든 꼴을 당해보니 차라리 나았다는 것이다. 이제 와서 후회해도 소용없는 일이지만 그 시절 그 추억이 다시 온다면 차라리 고향을 등지지 않을 거라는 것이다.

인간은 고생을 해 봐야 철이 든다. 나오미는 전능자가 나를 징계하셨다고 고백한다. 며느리들 앞에서도 그렇게 고백했고 동네 사람들 앞에서도 그렇게 고백했다. 그래서 더욱 가슴이 아프다고 했다. 남편이 죽은 것도, 생떼 같은 두 아들들이 죽은 것도 그리고 젊은 며느리들이 생과부가 된 것도 다 자신의 죄 때문에 일어난 일들이라는 것이다.

여호와의 손이 나를 치셨으므로 나는 너희로 말미암아 더욱 마음이 아프도다
룻 1:13

아, 성경의 독자들이여! 나오미의 찢어지는 가슴과 그 볼에 줄줄 흐르는 후회의 눈물을 남의 일이라고 쉽게 지나가지 말라. 그녀는 "꺼이꺼이" 울면서 우리에게 간증한다. 그때가 풍족했다고… . 우리가 힘들다 힘들다 하고 흉년 속에서 더 이상 못 견뎌 신앙의 길을 저버리고 세상과 타협하려 할 때 우리는 나오미의 말을 천둥처럼 새겨야 한다. 꼭 더 잃어 봐야 지금이 그래도 풍족하다는 것을 실감하겠는가?

탕자가 돼지가 먹는 쥐엄 열매도 못 먹어 피골이 상접한 상태에서 비로소 아버지를 생각했듯이 어리석은 우리네 인간은 막장까지 기어야 그때 겨우 깨닫고 후회하며 돌아선다.

지금이라도 우리는 오늘의 현실에 감사하며 살아야 한다. "내 은혜가 네게 족하도다"(고후 12:9)하시는 말씀을 믿어야 한다. 그래야 나중 나오미처럼 눈물 흘리지 않는다.

2. 당신의 여종을 덮으소서

보아스는 예수 그리스도의 모형이다. 룻은 보아스에게 당신의 옷자락을 펴서 여종을 덮어 달라고 청했다(룻 3:9). 이는 여호와 하나님이 이스라엘 위에 그분의 옷자락을 펼치신 것을 생각나게 한다.

내가 네 곁으로 지나며 보니 네 때가 사랑을 할만한 때라 내 옷으로 너를 덮어 벌

거벗은 것을 가리고 네게 맹세하고 언약하여 너를 내게 속하게 하였느니라 나 주 여호와의 말이니라 겔 16:8

룻처럼 우리도 보아스이신 예수님께 나의 구원을 위해 청하여야 한다. 보아스가 능력자였듯이 예수님은 나 같은 죄인을 구원하실 능력이 있으시다. 잃어버린 것들을 회복시켜 주시는 분이시다. 우리에게 보아스 같은 예수님을 보내주신 아버지 하나님께 감사하자. 아멘.

● 오늘의 말씀에 대한 나의 묵상 ●

오늘의 본문 성경을 읽으시고 깨달은 점이나 기억하고 싶은 점 혹은 기도문을 기록합니다.

1년 1독 365일 성경통독, 꿀송이 보약큐티

삼상 1장~3장

묵상 자료

1. 사무엘서는 어떤 책인가?

사무엘상하는 이스라엘의 왕국 역사에서 다윗 왕을 중심으로 엮어진 책이다. 그러므로 다윗을 알고 싶다면 사무엘상하를 읽으면 된다.

우리는 지금까지 빼어난 믿음의 위인들을 접해왔다. 에녹, 노아, 아브라함, 요셉, 모세, 여호수아… 기라성 같은 하나님의 사람들을 보면서 우리는 많은 신앙의 도전을 받았다. 사무엘서에서 우리는 이제 또 다른 믿음의 거장을 만난다. 사무엘 선지자와 다윗 왕이다. 사무엘은 기도의 선지자였고 다윗은 하나님의 마음에 쏙 들었던 사람이다. 하나님이 다윗을 보고 참 많이 좋아하셨다. 얼마나 좋아하셨으면 구약에서 가장 많은 분량을 차지하게 하셨다. 사무엘상하, 역대상, 그리고 대부분의 시편이 다윗 이야기로 채워져 있다. 다윗이란 이름의 뜻은 '사랑 받는', '총애 받는'이란 뜻이다. 성경에서 다윗만큼 하나님께 총애받는 사람도 드물 것이다.

우리는 성경을 주의 깊게 읽어 가면서 과연 다윗의 어떤 점이 그토록 하나님을 기쁘게 하는 지를 살펴보고 우리도 흉내라도 내는 것이 유익할 것이다. 그리고 이런 다윗과 정반대의 모습으로 무대에 등장했다가 비극적으로 사라지는 왕이 있었으니 바로 사울 왕이다. 다윗에 대해서는 하나님이 내 마음에 합한 자라고 하셨지만 사울은 왕으로 세운 것을 후회한다고 표현하실 만큼 하나님이 싫어하는 스타일의 대표적 신자였다. 처음에는 겸손하게 출발했지만 얼마 안 가 믿음의 얄팍한 실력이 들어나고 마침내 하나님께 버림받고 말았다.

우리도 마찬가지다. 일시적으로 은혜스런 모습을 보이는 것이 전부가 아니다. 길게 두고 봐야 한다. 신앙은 마라톤이다. 끝까지 겸손해야 하고 끝까지 충성스러워야 한다. 변함이 없어야 한다. 르우벤처럼 물의 끓음 같아서는 곤란하다(창 49:4). 금방 뜨거웠다가 금방 식어 버리는 신앙을 하나님은 싫어하신다. 실력이 없으면 마라톤에서 끝까지 완주하지 못한다. 오늘도 조용히 말씀과 기도로 내 믿음의 내공을 더욱 깊게 쌓는 하루가 되어 보자.

2. 여호와의 말씀이 희귀하여…

사무엘상 3:1의 말씀은 당시의 영적인 상태를 그림처럼 선명하게 보여 준다.

> 아이 사무엘이 엘리 앞에서 여호와를 섬길 때에는 여호와의 말씀이 희귀하여 이상이 흔히 보이지 않았더라 삼상 3:1

캄캄한 사사시대였다. 엘리제사장과 그의 두 아들 홉니와 비느하스가 실로에서 성막을 지키고 영적 지도자로 있었지만 안타깝게도 그들은 은혜로운 성직자들이 아니었다. 하나님과 교통이 두절된 성직자들이었고 하나님이 보시기에 악한 짓을 성막에서 자행하며 오히려 하나님의 마음을 아프게 하는 제사장들이었다. 살만 찌고 나이 들고 영, 육의 눈이 어두웠던 엘리 제사장은 두 아들을 하나님의 말씀보다 우선시 하여 말씀을 어겨도 제대로 징계하지 않았다.

성직자가 영적 파워를 잃어버리니 이스라엘 백성들은 방자하였고 우상숭배가 성행하였다. 말씀이 제대로 선포되지 않으니 백성들이 자기 소견에 옳은 데로 행하였고 삶의 기준이 없었다. 그러다 보니 전쟁에서 위기에 처하자 하나님의 뜻도 묻지 않고 성막에 모셔졌던 지성소의 법궤를 꺼내다가 미신을 따르는 자들처럼 그것을 주술처럼 이용했고 마침내 아무 효험도 못보고 법궤만 빼앗겨 버리는 어처구니없는 일까지 벌어졌다. 그때 엘리 제사장은 의자에서 넘어져 목이 부러져 죽었고 두 아들은 전쟁에서 죽었으며 며느리는 '이가봇'이라는 아들을 낳다가 죽었는데 이는 '여호와의 영광이 떠났다'는 무서운 이름이다. 말씀이 희귀하니 미신적인 신앙이 횡행하고 제 소견대로 신앙생활 하다가 파국을 맞은 것이다.

오늘 한국 교회의 상황은 어떤가? 아니 우리 교회의 상황은 어떤가? 나의 신앙생활은 어떤가? 어떤 사람은 새벽기도에 나가 제일 오랫동안 기도하고 나오는데 이상하게도 사랑이 없고 교만하다. 자기 의가 가득 차 있다. 자아가 깨지지 않아 다루기가 심히 까다롭다. 말씀이 없는 신앙, 말씀이 희귀한 신앙, 위험한 신앙이다. 서로 사랑하라는 새 계명을 우리는 늘 돌 판에 새긴 십계명처럼 내 마음에 새기고 살아야 한다. 사랑이 없으면 아무것도 아니다. 말씀으로 갑옷을 입고 살자.

● 오늘의 말씀에 대한 나의 묵상 ●

오늘의 본문 성경을 읽으시고 깨달은 점이나 기억하고 싶은 점 혹은 기도문을 기록합니다.

1년 1독 365일 성경통독, 꿀송이 보약큐티

삼상 4장~6장

● 묵상 자료 ●

1. 이스라엘을 떠난 하나님의 영광(삼상 4장)

사무엘상 2장에서 무명의 하나님의 사람이 엘리 집안에 대한 하나님의 심판을 예언했다. 그리고 삼상 3장에서 사무엘이 여호와께로부터 받은 엘리 집안의 심판을 증거했다. 이와 같은 엘리 집안의 심판에 대한 예언이 사무엘상 4장에서 그대로 이루어지는 것을 볼 수 있다.

사무엘상 4:1~4을 보면 사무엘이 민족의 지도자로 부상할 무렵 지중해 해변 평야 지대에 거주하던 블레셋이 이스라엘을 침공해 왔다. 이에 이스라엘은 에벤에셀 곁에 진을 쳤으며 블레셋은 아벡에 진을 쳤다. 블레셋 사람들이 선제 공격을 하여 이스라엘 사람 사천 명 가량이 전사했다(삼상 4:2). 전쟁에서 패하자 이스라엘의 장로들이 탄식하며 하나님을 원망했다. "여호와께서 어찌하여 우리에게 오늘 블레셋 사람 앞에 패하게 하셨는고"(삼상 4:3) 이들은 자기들의 죄는 생각하지 않고 여호와께서 자기들과 늘 함께 하셔서 언제나 적을 물리쳐야 하는 것이 당연하다고 생각한 것이다.

블레셋과의 전투에서 패한 이스라엘 백성은 여호와의 뜻을 묻는 것이 아니라 전쟁의 패배의 원인을 방법론에서 찾았다. 그들은 언약궤를 가져가지 않아서 졌다고 생각하고는 "여호와의 언약궤를 실로에서 우리에게로 가져다가 우리 중에 있게 하여 그것으로 우리를 우리 원수들의 손에서 구원하게 하자"고 하였다. 이들은 하나님의 언약에는 관심이 없고 단지 언약궤를 부적처럼 이용하려고 한 것이다.

사무엘상 4:5에 보면 언약궤가 이스라엘 진영에 당도하자 온 땅이 울릴 정도로 큰 환호성을 질렀다고 했다. 블레셋 사람들이 그 소리를 듣고 "히브리 진에서 큰 소리로 외침은 어찜이뇨" 하며 그 연유를 알아보고자 하였다. 그들은 여호와의 궤가 이스라엘 진영에 들어온 줄 알게 되었다. 이런 상황에 대한 블레셋 사람들의 두 가지 반응이 나타났다. 하나는 큰일났다는 식의 두려움이었고 또 하나의 반응은 죽기 살기로 싸우자는 것이었다. 결국 그 결과는 이스라엘이 패하여 각기 장막으로 도망하였고 살륙이 심히 커서 이스라엘 보병의 엎드러진 자가 삼만이었으며, 하나님의 궤는 빼앗겼고 엘리의 두 아들 홉니와 비느하스는 죽임을 당하였다.

홉니와 비느하스는 어리석게도 마치 자신들이 모세나 되는 양 하나님의 언약궤를 진중에 모셔가며 전쟁을 하였다. 그 결과 그들은 도리어 대패를 당하고 죽임을 당하였다. 그들은 거룩하신 하나님을 만홀히 여긴 것이다. 거룩하신 하나님은 인간의 소용이나 필요에 따라 운반되거나 동원되는 실용적인 도구나 수단으로 간주되어서는 안 되는 것이다. 하나님의 언약궤는 전쟁의 승리를 위해 기계적으로 보장되는 실용적인 도구가 아니다. 하나님은 말씀에 순종하는 신실한 백성에게는 당신의 거룩한 현존을 아낌없이 나타내시지만, 당신의 말씀에 불순종하는 자들에게는 당신의 거룩한 현존을 감추신다. 하나님의 언약궤 자체가 모세 때에는 이방 족속들을 물리치는 하나님의 거룩한 공격무기처럼 보였을 것이다. 그때는 하나님의 종 모세와 이스라엘 백성의 순종이 담보가 되어 있었다. 이스라엘의 진은 늘 거룩하고 정결하게 유지되어야만 했다.

신명기에 보면 거룩한 진 정결 유지법은 하나님의 법궤가 이스라엘에게 승리를 가져다주려면 이스라엘의 진 자체가 거룩해야 한다고 규정하고 있다. 신명기 23:9~14을 보면 "네가 대적을 치러 출진할 때에 모든 악한 일을 스스로 삼갈지니 너희 중에 누가 밤에 몽설함으로 부정하거든 진 밖으로 나가고 진 안에 들어오지 아니하다가 해 질 때에 목욕하고 해 진 후에 진에 들어올 것이요 너의 진 밖에 변소를 베풀고 그리로 나가되 너의 기구에 작은 삽을 더하여 밖에 나가서 대변을 통할 때에 그것으로 땅을 팔 것이요 몸을 돌이켜 그 배설물을 덮을지니 이는 네 하나님 여호와께서 너를 구원하시고 적군을 네게 붙이시려고 네 진중에 행하심이라. 그러므로 네 진을 거룩히 하라. 그리하면 네게서 불합한 것을 보시지 않으므로 너를 떠나지 아니하시리라"고 했다. 그런데 홉니와 비느하스 이들은 참으로 불량자요, 여호와를 알지 못하던 행악자들이었다. 거룩하신 하나님의 일차적인 공격 대상은 블레셋이 아니라 홉니와 비느하스요, 그리고 그들을 따르던 이스라엘 진영이었다.

오늘날도 많은 그리스도인들이 자신이 하나님을 믿는다는 이유 하나만으로 또는 교회에 충성, 봉사한다는 이유만으로 하나님은 무조건 자기편이라고 생각한다. 그리하여 하나님의 뜻에는 관심이 없고 단지 자기의 소원을 이루기 위해 헌금을 하고 철야를 하고 금식을 하고 봉사를 한다. 하나님은 나의 편이니 나의 소원을 들어줄 것이라고 착각을 하고 있다. 그러다가 자기의 소원대로 일이 이루어지지 않고 어려움에 부딪치면 내가 무슨 정성이 부족하여 이렇게 되었는가 하면서 또다시 더 큰 정성을 바치려고 한다.

사무엘상 4:12~18을 보면 제사장 엘리의 죽음을 기술하고 있다. 전쟁에서 패배한 소식과 두 아들의 죽음과 언약궤를 빼앗겼다는 소식을 듣고 의자에 앉아 있던 엘리는 뒤로 넘어져 목이 부러져 죽었다. 이때 엘리는 나이가 구십팔 세이며 눈은 어두웠고 몸은 비대하였다. 여기서 엘리가 앉아 있었다고 하는 의자는 일반적인 의자만을 말하는 것이 아니라 같은 단어로 보좌로도 사용이 된다. 곧 왕이 앉는 보좌나 하나님의 보좌로도 쓰이는 것이다. 이런 의자에 하나님보다 자기 자식을 더 귀하게 여기는 자가 앉아 있었다. 오늘날 우리는 어떤 의자에 앉아 있는가? 엘리와 같이 멸망의 의자에 앉아 있지는 않는가?

오늘날 우리의 영광은 무엇인가? 하나님의 언약이 떠나버리면 우리의 영광도 없다는 것을 아는가? 구약시대에는 언약을 주시고 언약의 돌판과 언약궤를 주셨지만 신약의 새 언약은 예수 그리스도의 피로 세운 언약이며, 우리 마음에 기록이 되었다.

예수님께서 사람의 모양으로 나타나사 십자가에 죽으심으로 우리의 주와 그리스도가 되셨다. 하나님께서 이 이름 앞에 모든 무릎을 꿇게 하시고 주와 그리스도로 고백하게 하셔서 하나님께 영광을 돌리게 하셨다(빌 2장). 성령 하나님께서 우리에게 은혜를 주셔서 우리로 세상의 헛된 영광에 마음이 빼앗기지 않게 하시고 오직 예수 그리스도의 십자가에 머물러 있게 하여 주시기를 기원한다. 아멘!

● 오늘의 말씀에 대한 나의 묵상 ●

오늘의 본문 성경을 읽으시고 깨달은 점이나 기억하고 싶은 점 혹은 기도문을 기록합니다.

1년 1독 365일 성경통독, 꿀송이 보약큐티

삼상 7장~10장

묵상 자료

1. 미스바 성회

블레셋은 이스라엘과의 전쟁에서 이기고, 하나님의 궤를 빼앗아갔다. 그런데 그들이 하나님의 궤를 다곤의 신전에 갖다 두었더니 그들의 신 다곤이 하나님의 궤 앞에 엎드러졌고, 머리와 두 손목이 끊어져 문지방에 있었다. 그것만이 아니라 여호와의 손이 아스돗 사람에게 엄중히 더하자 독한 종기재앙으로 사람들이 죽어갔다. 깜작 놀란 아스돗 사람들은 이 '뜨거운 감자'인 하나님의 궤를 가드에게 넘겼다. 하나님의 궤가 도착하자, 가드라는 도시에도 독한 종기가 퍼져나가기 시작했다. 가드사람들은 하나님의 궤를 에그론에 넘겼다. 아니나 다를까, 에그론에서도 종기가 퍼졌다. 하나님의 궤가 가는 곳마다 재앙이 따라다녔다. 한마디로 우상의 나라 블레셋은 살아계신 하나님의 궤를 감당할 수 없었던 것이다.

사무엘상 5장은 마치 블레셋 사람들에게 이렇게 선언하고 있는 것 같다. "너희들이 전쟁에서 이스라엘을 이겼다고 여호와를 이긴 줄로 착각하지 말아라. 여호와는 죽은 신이 아니고, 아무 힘도 없는 우상이 아니다. 여호와 하나님은 전능한 창조주요, 역사를 주관하는 살아계신 하나님이시다."

이렇게 되자 결국 블레셋 사람들은 하나님의 궤를 이스라엘에게 되돌려 보낼 수밖에 없게 되었다. 블레셋 방백들은 제사장들과 복술자들을 불러 이 언약궤를 어떻게 그 있던 곳으로 돌려보내야 할지를 물었다. 복술자들은 블레셋 방백의 수대로 금 독종 다섯 개, 금 쥐 다섯 마리로 하나님께 속건제를 드리고, 하나님의 궤를 이스라엘로 되돌려 보내야 한다고 말했다.

그들은 일단 새 수레를 만들고, 멍에를 메어 보지 아니한 젖 나는 암소 둘을

끌어다가 수레를 메우고, 그 송아지들은 떼어 집으로 돌려보냈다. 그리고 하나님의 궤를 수레에 싣고, 벧세메스로 보내면서 백성들에게 이렇게 말했다. "이 암소들이 벧세메스로 곧장 가면, 이 큰 재앙은 하나님께서 우리에게 내린 것이지만, 그렇지 아니하면 우연히 일어난 일인 줄 알아라."

멍에 메어 보지 아니한 소가 새 수레를 끌었다. 그것도 젖 나는 암소였고, 더군다나 한 마리가 아니라 두 마리였다. 그리고 그 송아지들은 떼어 집으로 돌려보냈다 이 암소들이 하나님의 궤를 실은 수레를 끌고 벧세메스로 바로 올라갈 확률이 과연 어느 정도나 될까? 정상적으로 생각한다면 불가능한 일이다. 이렇게 조치를 취해 놓고 암소들이 곧바로 벧세메스로 향해 가지 않으면, "봐라. 이것들은 하나님의 역사가 아니라 우연일 뿐이었다"라고 말하겠다는 생각이었다. 그들은 어떻게 해서라도 여호와 하나님의 살아계심을 부정하려고 했을 것이다.

그러나 하나님은 이런 인간들의 속셈을 꿰뚫어 알고 계신다. 하나님은 그 권능으로 암소들이 비록 새끼들 생각에 눈물을 흘리면서도 곧장 벧세메스로 가게 역사하셨다. 그런데 이스라엘 자손들은 여전히 영적인 기근에 빠져 있었다. 여호와의 궤는 벧세메스에서 기럇여아림으로 옮겨졌고 20년 동안 그곳에 방치되어 있었다. 성경은 이런 상황을 이렇게 설명한다. 사무엘상 7:2의 말씀이다.

"궤가 기럇여아림에 들어간 날부터 이십 년 동안 오래 있은지라 이스라엘 온 족속이 여호와를 사모하니라."

여기 '오래 있었다'는 표현은 이스라엘 자손들이 하나님의 궤를 잊어버린 채 오래 있었다는 말이다. 어쩌면 이스라엘 자손들은 블레셋에게 빼앗겼던 하나님의 궤는 더 이상 아무 효력도 없다고 생각했는지도 모른다. 하나님의 궤 앞에 가서 기도해도, 제사 드려도 아무 소용없다고 생각했을 것이다. 그래서 이스라엘 자손들은 더 이상 하나님의 궤를 찾지 않았고 대신 바알을 찾았고 아스다롯을 섬기기 시작했다. 이렇게 되자 온 이스라엘은 하나님 신앙을 잃어버렸고, 어떤 사람들은 영적인 목마름을 해결할 수 없어서 탄식하기 시작했다. 그래서 사무엘상 7장에는, "이스라엘 온 족속이 여호와를 사모하니라"라고 말하고 있다. 여기에 나오는 '사모하니라'라는 단어는 히브리어로 '나하'라고 한다. 이 단어는 '크게 울다', '부르짖다'라는 뜻을 가지고 있다. 삶에 들이닥친 고통으로 인해 그들은 힘들어 하고 아파하면서 하나님께 부르짖었다는 뜻이다. 아마 그들은 "우리가 어디로 가야 이 어려움을 해결할 수 있을까?", "하나님을 만나야 하는데 어떻게 하나님을 만나야 하는가?"라고 울부짖었을 것이다.

여기에서 우리는 이스라엘 자손들 가운데 일어나게 된 영적 갈망 즉, 여호와를 사모하게 된 것이 하나님의 사람, 사무엘의 활동과 연관이 있었을 것이라고 추측할 수 있다. 일찍이 하나님의 부름을 받았던 사무엘이 이 오랜 고통의 시간 동안 잠자코 있지는 않았을 것이다. 비록 성경은 이 부분에 대해 침묵하고 있지만, 많은 학자들은 사무엘이 몇 가지 일을 했을 것이라고 추측한다. 어떤 학자는 아벡 전투의 결과로 실로의 성소가 파괴된 이후, 성막이 놉(Nob) 땅으로 이전하는 일(삼상 21:1-9)에 사무엘이 깊이 관여했을 것이라고 본다. 또 어떤 학자는 엘리제사장과 그의 두 아들이 사망한 후, 사무엘은 블레셋의 위협에도 불구하고 이스라엘 곳곳을 돌아다니며 여호와 신앙을 고취시키고 여러 지역에 선지학교를 세워 미래의 인재들을 육성했을 것이라고 추측하기도 한다.

어쨌든 영적 기근을 만난 이스라엘이 여호와를 찾기 시작했을 때, 사무엘은 이스라엘의 문제의 핵심을 정확하게 짚어냈다. '블레셋이 문제가 아니고 우리 자신이 문제이다. 이스라엘 자손들에게 영적인 각성이 필요하다'고 본 것이다. 사무엘상 7장 3절을 같이 읽어 보자.

"사무엘이 이스라엘 온 족속에게 말하여 이르되 만일 너희가 전심으로 여호와께로 돌아오려거든 이방 신들과 아스다롯을 너희 중에서 제거하고 너희 마음을 여호와께로 향하여 그만을 섬기라 그리하면 너희를 블레셋 사람의 손에서 건져내시리라."

여기에 보면 사무엘 선지자는 "너희가 만일 전심으로 여호와께 돌아오려거든 이방 신들과 아스다롯을 너희 중에서 제거하고 너희 마음을 여호와께로 향하여 그만 섬기라"라고 말했다.

그리고 난 다음 사무엘은 이스라엘 자손들을 미스바로 모았다. 사무엘은 온 이스라엘을 미스바로 모이게 하고 거기에서 집회를 열었다. '미스바 성회'가 열린 것이다.

미스바에 모여서 그들이 무엇을 했는가? 성경을 보면 그들은 미스바에 모여

물을 길어 여호와 앞에 부었다. '물을 길어 붓는다'는 것은 상징적인 행위로 물 붓듯이 마음을 쏟아내는 회개를 의미한다. 그들은 "우리가 여호와께 범죄 하였나이다"라고 회개하기 시작했다. 또한 그들은 금식했다.

이스라엘 자손들이 미스바에 모여 하나님께 기도하고 있다는 것을 알고는 블레셋이 이스라엘을 치기 위해 올라왔다. 그 순간 이스라엘 자손들은 두려워하면서 사무엘에게 이렇게 말했다. "당신은 우리를 위하여 우리 하나님께 여호와께 쉬지 말고 부르짖어 우리를 블레셋 사람들의 손에서 구원하시게 하소서." 그러자 사무엘은 어린 양 하나로 하나님께 온전한 번제를 드리고 하나님께 기도하였고 하나님이 그의 기도에 응답하셨다.

지난 이십 년 동안 하나님은 이스라엘에게 응답하지 않았다. 그래서 그들은 아벡 전투에서 패배하고 하나님의 언약궤까지 빼앗겼다. 그런데 사무엘이 기도하기 시작하자 하나님께서 그들에게 응답하신 것이다. 비로소 살아계신 하나님께서 그들의 기도를 들으셨고, 그들에게 임하셨다.

● 오늘의 말씀에 대한 나의 묵상 ●

오늘의 본문 성경을 읽으시고 깨달은 점이나 기억하고 싶은 점 혹은 기도문을 기록합니다.

삼상 11장~13장

● 묵상 자료 ●

1. 우리에게 왕을 주소서!(삼상 12장)

사무엘상 11장에는 사울이 암몬 족속과의 전쟁에서 대승을 거두고 이스라엘의 왕으로 인정을 받는 스토리가 기록되어 있다. 사무엘은 암몬 족속의 나하스를 물리친 사울을 이스라엘의 공식적인 왕으로 세우기 위해서 이스라엘 백성들을 길갈로 소집했다. 그리고 그곳에서 나라를 새롭게 하고자 하였다. 나라를 새롭게 한다는 것은 외형적으로 볼 때는 이제부터 사사가 다스리는 것이 아니라 왕이 다스리게 되는 것이지만 이스라엘의 왕은 이방의 왕들과는 완전히 달라야 했다. 그래서 사무엘이 이스라엘 백성 전체를 모아놓고 앞으로 이스라엘의 왕이 어떠해야 하는지와 또한 이스라엘 백성들이 어떻게 해야 할지를 가르쳤다.

사무엘상 12:6-11을 보면 사무엘은 이스라엘 백성들에게 가만히 서 있으라고 하였다. 사무엘이 이스라엘 백성들로 하여금 가만히 섰으라고 하는 이유가 무엇이었을까? 그것은 사무엘이 이스라엘 백성들과 함께 여호와 앞에서 담론하기 위함이었다. 그 담론의 내용은 이제까지 여호와께서 이스라엘 백성들에게 행하신 모든 의로운 일이 어떠하였는가에 대한 것이었다. 출애굽기 14장에 보면 하나님은 모세에게 홍해 바다 앞에서도 가만히 서 있으라고 하셨다. 여호와께서 어떻게 구원을 베푸시는지를 보라고 하셨다. 지금 사무엘은 자기 앞에 선 이스라엘 백성들에게 가만히 서서 여호와께서 그동안 너희와 너희 조상들을 위해서 행하신 일들을 들어보라고 하고 있는 것이다.

이스라엘 백성들이 자신들을 애굽에서 구원하여 내시고 인도하여 주신 여호와 하나님의 통치를 거부하고 세상 나라들처럼 인간 왕을 구한 것은 여호와 보시기에 악한 것이었다. 여호와께서는 이런 그들에게 사무엘을 통해서 인간 왕

정의 문제점을 말씀해 주셨다. 그럼에도 불구하고 그들은 인간 왕을 요구하였다. 그러므로 이스라엘 백성들이 왕을 요구할 때 여호와 하나님께서 기뻐서 허락하신 것이 아니라 그들의 불신앙에 대해 분노하심으로 세우셨다는 것을 알 수 있다.

오늘날 우리는 어떤 왕을 구하고 있는가? 사무엘상 12:20~25을 보면 왕을 구한 악이 어떠한지를 알고 두려워하는 자들에게 사무엘이 말하기를 너희가 왕을 구하는 악을 행하였으나 여호와를 따르는 데에서 돌이키지 말고 오직 너희의 마음을 다하여 여호와를 섬기라고 한다. 여호와께서 너희를 자기 백성 삼으신 것을 기뻐하셨으므로 여호와께서 그의 크신 이름을 위하여 자기 백성을 버리지 않을 것이라고 말씀한다. 이들이 얼마나 악을 행하였는지 아모스서와 예레미야서를 통해서 실감할 수 있다. 그럼에도 불구하고 이들이 진멸되지 않는 것은 오직 여호와의 자기 이름을 위하여 그렇게 하신 것이었다. 사무엘은 기도하기를 쉬는 죄를 범하지 않고 이스라엘 백성들에게 선하고 의로운 길을 가르칠 것이라고 한다.

겉으로 볼 때 나라를 새롭게 하면서 사사가 물러나고 사울을 왕으로 세우는 자리이지만 여기서 세상의 왕들이 세워지는 그런 영광이란 전혀 찾아볼 수가 없다. 오히려 왕은 백성들의 죄악의 결과로 나온 자가 된다. 그리고 왕도 여호와의 말씀에 순종하지 않으면 백성과 왕이 다 함께 멸망할 것이라고 말씀한다. 왕의 대관식이라든가 취임식과 같은 그런 분위기가 전혀 없다.

하나님께서 그들의 요구를 들어주셨을지라도 그들의 영혼은 삭막해져 갔다. 우리가 우리의 영혼이 새파랗게 질려가는 것들을 얼마나 열심히 구하고 있는지 우리의 모습을 보아야 한다. 우리가 먼저 구하여야 할 것은 그의 나라와 그의 의이다(마 6:33). 그런데 사람들은 주의 나라와 주의 의를 구하는 것이 아니라 세상 왕을 구하고 영혼을 질리게 할 것들을 구하고 있는 것이다.

● 오늘의 말씀에 대한 나의 묵상 ●

오늘의 본문 성경을 읽으시고 깨달은 점이나 기억하고 싶은 점 혹은 기도문을 기록합니다.

1년 1독 365일 성경통독, 꿀송이 보약큐티

삼상 14장~16장

● 묵상 자료 ●

1. 사울처럼 살지 말자

사무엘상 9장~15장에 최초의 왕 사울이 등장한다. 그는 처음에는 겸손하고 너그러운 모습을 보이며 산뜻한 출발을 하지만 이내 하나님의 버림을 받고 악신에 시달리며 불행한 최후를 향해 내리막 길을 걷는다. 사울의 실패는 세 가지의 잘못에 기인한다.

첫째는, 금도를 넘어 제사장이 해야 하는 제사를 자신이 드려버린 잘못이다(삼상 13:9). 처음에는 사무엘 선지자가 오기를 기다렸다. 7일 안에 온다고 한 약속을 믿고 7일을 기다렸지만 선지자가 오지 않았다. 적군은 가까이 있는데 백성들은 사울에게서 흩어져 갔다. 마음이 다급해진 사울은 안 되는 줄 알면서 자신이 번제와 화목제를 드려 버렸다. 공교롭게도 번제를 마치자마자 선지자 사무엘이 나타났다. 사무엘은 왕의 자초지종을 듣고 한마디로 "왕이 망령되이 행하였다"고 질책했다. 이 일 때문에 왕의 나라가 길지 못할 것이라 예언했다. 번제를 드린 것이 무엇이 잘못인가? 하지만 하나님은 말씀의 하나님이시다. 말씀에서 어긋나 내 소견대로 제사를 드리고 하나님이 받으실 것이라 생각하면 오산이다. 오늘날 대부분의 사람들이 자기 판단, 자기 열심으로 자기는 신앙생활 잘 한다고 스스로 착각하며 살아간다. 그러나 나중 하나님은 말씀의 기준으로 우리를 심판하실 것이다. 불로 통과시켜 보면 나무나 풀은 다 타고 없어진다. 말씀에서 벗어난 열심은 결국 불타 없어진다. 사울의 실패는 우리에게 거울처럼 교훈을 준다. 말씀에서 어긋난 열심을 조심하라.

둘째는, 사울의 불순종이었다(삼상 15장). 하나님은 그에게 아말렉의 모든 사람과 재산을 남김없이 진멸하라고 엄히 명하셨지만 그 말씀을 온전히 따르지 않고 부분적으로 따랐다. 자기 소견대로 한 것이다. 하나님께 제사 드린다는 핑계로 좋은 소와 살진 양들을 남겨두었고 아말렉 왕 아각도 살려 두었던 것이다. 이에 사무엘은 "순종이 제사보다 낫다"는 그 유명한 말씀을 하였고 왕이 하나님의 말씀을 버렸으므로 하나님도 왕을 버렸다고 선언했다. 우리가 하나님의 말씀을 경홀히 하면 하나님도 우리를 가볍게 여기신다. 우리가 하나님의 말씀을 귀히 여기고 늘 마음 판에 새기고 그 말씀대로 살 때 하나님도 우리를 주목하신다.

세 번째는, 그가 어려움에 처하자 신접한 여인을 찾아가서 도움을 청한 것이다. 우상숭배의 죄를 범한 것인데 이는 치명적이었다. 모세 율법에 하나님은 무당은 죽이라고 하셨다. 이 신접한 여인을 찾아간 일로 사울은 결국 전쟁에서 아들 요나단과 함께 그 목숨을 잃게 된다. 앞의 두 가지 실수로 인해서는 왕권을 잃었지만 무당 찾아간 일로 인해서는 생명을 잃은 것이다.

2. 나를 위하여…

드디어 사무엘상 16장부터 하나님의 마음에 합한 사람 다윗이 등장한다. 하나님의 눈은 온 땅을 두루 감찰하시고 누가 전심으로 하나님을 사랑하는가를 살피시고 그를 픽업하신다. 베들레헴 시골의 한 작은 마을에서 양치고 있던 양치기 소년을 하나님의 예리한 눈은 포착하셨다. 그리고 사무엘 선지자를 보내 왕으로 기름 붓도록 하신다.

그런데 사무엘에게 새 왕 후보를 찾아 기름 부으라 하시는 말씀 중에 특이하게 들리는 말씀을 하신다. "나를 위하여 기름을 부을지니라"(삼상 16:3)라고 하신 것이다. 양치기 소년이 왕이 된다면 그것은 다윗에게 말할 수 없는 영광이다. 좋은 지도자가 세워지는 것은 이스라엘 백성들을 위하여 참으로 좋은 일이다. 무거운 짐을 홀로 지고 이스라엘을 지도하고 있는 사무엘에게도 좋은 일이다. 그러나 하나님은 '자신을 위하여' 다윗에게 기름을 부으라고 하신다. 우리가 하나님을 잘 섬기고 아름답게 쓰임 받다가 주 앞에 심판 날 서서 큰 상급을 받는다면 우리에게는 너무나 큰 축복이요 영광이 된다. 그러나 그것이 하나님에게도 좋은 일이 된다는 사실이다.

자식이 학교에서 1등상을 받아오면 일단 자식 자신에게 기쁜 일이지만 동시에 그것은 부모에게 좋은 일이 된다. 부모에게 효도가 되고 부모에게 기쁨이 되는 것이다. 다윗의 아름다운 신앙을 알아본 하나님은 그를 발탁하시며 "나를 위하여" 그를 세우라 하셨다. 다윗을 쓰시고 다윗과 함께 일하시면서 하나님은 내내 행복해하셨다.

오늘 우리를 보시고 하나님이 그렇게 흐뭇해하신다면 얼마나 좋을까? 깊이 묵상하며 생각해 보는 주제다. 내 스마트폰 초기 화면에는 손자 엘림이의 사진이 깔려 있다. 스마트폰을 켤 때마다 기분 좋다. 하나님이 나를 보실 때도 그렇게 기분 좋으실까?

● 오늘의 말씀에 대한 나의 묵상 ●

오늘의 본문 성경을 읽으시고 깨달은 점이나 기억하고 싶은 점 혹은 기도문을 기록합니다.

1년 1독 365일 성경통독, 꿀송이 보약큐티

삼상 17장~19장

• 묵상 자료 •

1. 다윗과 골리앗

사무엘상 17:4에 골리앗의 신장이 6규빗 한 뼘이라 했다. 규빗은 44.5센치이며 한 뼘은 22.2센치이니 총 2미터 90센치의 키를 자랑하는 거인이었다. 블레셋은 이 거인을 앞세워 일대일로 붙어 승부를 보자며 날마다 이스라엘 진을 향해 소리치며 조롱했다. 이스라엘의 반응은 놀라며 크게 두려워하는 모습이었다(삼상 17:11)고 성경은 전해준다. 이와 같은 반응은 하나님께서 약속하신 말씀과 사뭇 달랐다. 레위기와 여호수아서를 상기해 보자.

> 너희가 내 규례와 계명을 준행하면… 너희의 원수들을 쫓으리니 그들이 너희 앞에서 칼에 엎드려질 것이라. 또 너희 다섯이 백을 쫓고 너희 백이 만을 쫓으리니 너희 대적들이 너희 앞에서 칼에 엎드려질 것이며 레 26:3, 7~8

> 이는 여호와께서 강대한 나라들을 너희의 앞에서 쫓아 내셨으므로 오늘까지 너희에게 맞선 자가 하나도 없었느니라. 너희 중 한 사람이 천명을 쫓으리니 이는 너희의 하나님 여호와 그가 너희에게 말씀하신 것 같이 너희를 위하여 싸우심이라. 그러므로 스스로 조심하여 너희의 하나님 여호와를 사랑하라 수 23:9~11

하나님은 이스라엘이 하나님을 경외하고 나아가면 한 사람이 천 명을 쫓고 백 명이 만 명을 감당할 것이라 약속하셨는데, 지금은 한 명의 블레셋 사람이 모든 이스라엘을 농락하는 완전 반대의 상황이 벌어지고 있다. 다행히 이 굴욕적인 정황에서 하나님의 사람 다윗이 등장한다. 다윗은 형님들 안부를 알아보기 위해 전쟁터에 아버지 심부름 갔다가 골리앗이 하나님을 모독하는 소리를 듣게 된다. 다른 이스라엘 군사들은 골리앗의 말을 듣고 두려워 떨며 쫓아서 굴속에 숨기 바빴는데 똑 같은 말을 들은 다윗의 반응은 달랐다. "이 할례 받지 못한 블레셋 사람이 누구이기에 살아계시는 하나님의 군대를 모욕하겠느냐? 내가 나아가 이 블레셋 사람을 죽여 이스라엘의 치욕을 제거하겠다"고 외쳤다 (삼상 17:26). 형들도 다윗을 무시하고 골리앗도 우습게 여겼지만 그 싸움의 결과를 우리가 알거니와 다윗은 골리앗의 목을 베어 이스라엘의 치욕을 씻었다. 그리고 그 여세를 몰아 대적들을 흩어버리고 이스라엘에 대승리를 가져다 주었다.

보통의 사람들은 골리앗 앞에서 현실적인 계산기를 두드리고 무서워했지만 다윗의 사고방식은 완전히 딴 판이었다. 전쟁은 여호와께 속한 것이니 여호와를 의지하고 나가면 이길 수 있다고 확신한 것이다. 현실에 주눅들지 않고 믿음의 깃발을 올리는 다윗은 확실히 보통 사람들과는 다르다. 믿음이 없으면 하나님을 기쁘시게 할 수 없다고 히브리서 11장은 증언한다. 왜 하나님이 다윗을 총애할 수밖에 없는가를 골리앗과의 싸움에서 다윗은 여실히 보여주었다. "너는 칼과 창을 의지하고 내게 나아 오거니와 나는 만군의 여호와의 이름 곧 네가 모욕하는 이스라엘 군대의 하나님의 이름으로 네게 나아가노라"(삼상 17:45)고 외치며 골리앗을 때려 눕히는 다윗의 모습은 여름 날의 냉수처럼 우리의 마음을 시원케 한다. 다윗의 이런 귀한 믿음의 모습이 하나님의 마음에 오래오래 각인되었을 것이다.

2. 여호와께서 부리시는 악령

사무엘상 19:9에 여호와께서 부리시는 악령이란 표현이 나온다. 사울 왕이 손에 단창을 가지고 집에 있을 때에 여호와께서 부리시는 악령이 사울에게 접하였으므로 사울이 창을 던져 다윗을 죽이려 했다는 기록이다. 가끔씩 등장하는 구약 성경의 이런 표현에 독자인 우리는 좀 당황스럽다. 하나님이 악령도 부리시나?

영어 성경 NIV에는 "an evil spirit from the LORD"라고 표현하여 "여호

와로부터 나온 악령"이라 하였다. 이 표현을 우리는 하나님이 악령을 보내 악한 일을 조정하신다고 이해해서는 안 된다. 하나님은 빛에 거하시며 불의한 것과 전혀 상관이 없으시다. 하나님은 거룩하시며 온전하신 분이시다. 그렇다면 '하나님이 부리시는 악령'이란 한국어 성경의 의미를 우리는 어떻게 해석해야 하는가?

그것은 악령도, 마귀도, 그 어떤 존재도 하나님 위에 있지 않고 하나님 발 아래 있으며 하나님의 통치권 안에 있다는 표현으로 이해해야 한다. 하나님이 허락하시지 않으면 사단도 제 맘대로 주의 백성을 해롭게 할 수 없다. 욥의 경우에서 보듯이 하나님의 허락 하에서만 사단이 활동할 수 있었다. 육신을 가진 우리가 이 세상에 살면서 영계에서 일어 나는 모든 것을 다 알 수는 없다. 오직 한 가지 분명한 사실은 사단도 하나님 밑에 있다는 것이다. 하나님 발 밑에 있던 악령이 사울에게 들어가니 사울에게서 악한 살인자의 모습이 나왔다. 성령 충만하면 예수 향기가 나오고 악령이 시험하면 마귀 모습이 나온다. 우리는 늘 기도와 말씀으로 무장하여 성령으로 충만함을 받아야 한다.

● 오늘의 말씀에 대한 나의 묵상 ●

오늘의 본문 성경을 읽으시고 깨달은 점이나 기억하고 싶은 점 혹은 기도문을 기록합니다.

1년 1독 365일 성경통독, 꿀송이 보약큐티

삼상 20장~22장

묵상 자료

1. 다윗의 은인 요나단

사람이 친구를 위하여 자기 목숨을 버리면 이보다 더 큰 사랑이 없나니 너희는 내가 명하는 대로 행하면 곧 나의 친구라 요 15:13-14

요나단 없는 다윗을 생각할 수 없다. 요나단이 없었다면 다윗은 그 모진 오해와 억울한 도망의 날들을 그렇게 견뎌낼 수 있었을까? 다윗 없는 요나단은 생각할 수 있어도, 요나단 없는 다윗은 생각하기 힘들다. 다윗을 향한 요나단의 사랑은 여러 번 명시적으로 성경에 언급되는데 요나단을 향한 다윗의 사랑은 그 분명한 표현을 쉽게 찾을 수 없다.

사울로부터의 본격적인 도망이 시작되는 때에 요나단은 다윗과 언약을 맺는다. 요나단이 다윗의 기름부음 받음을 알고 있었는지는 분명하지 않지만 그는 여호와께서 다윗의 대적을 끊어버릴 것과 하나님께서 사울과 함께하셨듯 다윗과 함께 하실 것임을 믿는다. 그리고는 다윗의 집과 영원한 언약을 맺는다. 죽음과의 거리가 한걸음뿐이라 느끼고 있는 다윗에게 있어 요나단의 이러한 다윗에 대한 신뢰의 말은 그로 하여금 보이지 않는 내일을 향해 한 걸음 내딛게 하는 힘이요 등불인 셈이었다. 요나단이란 이름은 '여호와께서('예호') 주셨다('나탄')'는 뜻이다.

여호와께서 요나단에게 무엇을 주셨다고 생각할 수도 있겠지만 실상은 다윗을 위해 여호와께서 요나단을 내어 주신 것이다.

요나단은 다윗을 위해 그가 할 수 있는 모든 수고를 아끼지 않으며 그를 위해 생명의 위험을 감수한다. 사무엘상에서 왕권에 대한 상징으로 쓰이곤 하는

겉옷을 벗어 다윗에게 주고('나탄'), 그의 군복과 그의 칼과 그의 활과 그의 띠 또한 다윗에게 내어 준다(삼상 18:4). 요나단은 다윗을 자기 생명처럼 사랑한다(삼상 18:1,3). 말 그대로 목숨을 다하는 사랑이다.

다윗에 대한 요나단의 사랑은 사실 특별한 까닭이 없다. 다윗이 요나단에게 호의를 베풀었거나 은혜를 끼쳤기에 요나단이 다윗을 사랑한 것이 아니었다. 다윗과 맺은 언약 또한 다윗이 제안하거나 의도한 것이 아니었다. 다윗과 맺은 언약의 주도권자는 언제나 요나단이었다. 요나단은 여호와의 인자하심을 따라 자신의 모든 것을 내어주어 언약을 지켜낸다.

스스로 묻는다. 나는 내가 그렇게 신뢰하고 믿는다는 친구를 위해 나의 왕좌를 내어줄 수 있나? 나의 목숨을 내어줄 수 있나? 아니 어느 정도까지 나의 재산이나 시간을 그를 위해 내어 줄 수 있나? 요나단처럼 친구를 위해 목숨을 바쳐야겠다는 결심이 서기보다, 요나단에게서 언뜻 비추어지는 사랑과 은혜보다 더욱 설명할 수 없는 주의 은혜를 입고 있는 나의 오늘을 생각한다.

> … 이제 내가 육체 가운데 사는 것은 나를 사랑하사 나를 위하여 자기 목숨을 버리신 하나님의 아들을 믿는 믿음 안에서 사는 것이다 갈 2:20

● 오늘의 말씀에 대한 나의 묵상 ●

오늘의 본문 성경을 읽으시고 깨달은 점이나 기억하고 싶은 점 혹은 기도문을 기록합니다.

1년 1독 365일 성경통독, 꿀송이 보약큐티

삼상 23장~26장

묵상 자료

1. 다윗을 추격하는 사울 왕(삼상 24장)

사무엘상 23장의 마지막 절에 보면 다윗이 도움을 주었던 십 사람들의 배신과 사울의 그릇된 확신 속에서 다윗은 사면초과에 몰리게 된다. 절대절명의 위기에 몰리게 된 다윗은 더 이상의 갈 곳도 없는 막다른 곳에서 사울의 군사들에게 애워싸이게 되었는데 그때마다 하나님의 도움의 손길이 다윗에게 임했다.

바로 블레셋이 침노했다는 다급한 소식에 사울은 자신의 걸음을 바꿔야만 했고 다윗은 죽음의 위기에서 벗어 나게 된다. 그러다가 사무엘상 24장을 읽어보면 다시 집요하게 사울의 추격전이 또 전개된다.

엔게디 광야에서 동굴에 숨어 있던 다윗을 사울 왕이 찾으러 들어가는 이야기가 바로 오늘 삼무엘상 24장의 장면이다.

추격자 사울은 삼천 명의 병사를 거느리고 다윗을 잡으러 엔게디 광야에 이른다. 그 엔게디 광야라는 곳은 석회굴들이 많은 산이며 거기 있는 어떤 굴들은 수백 명 혹은 수천 명 들어갈 수 있는 큰 굴들도 있었다고 한다. 오늘 성경 사무엘상 24:3에 재미있는 표현이 나온다. "길 가 양의 우리에 이른즉 굴이 있는지라 사울이 뒤를 보러 들어가니라 다윗과 그의 사람들이 그 굴 깊은 곳에 있더니."

사울이 굴에 들어간 이유를 '뒤를 보러 들어가니라'고 했는데 이 표현은 '용변을 보거나 잠을 자려고'라는 의미이다. 그는 용변을 보러 굴에 들어갔다가 다윗에게 죽음을 당할뻔한 것이었다. 그렇게 다윗을 추격하던 사울이 이러한 어이없는 상황에서 다윗에게 치욕스러운 일을 당하게 되는데 다윗에게 옷자락을 배임으로 '자신의 목숨이 다윗의 손에' 있었음을 경험하면서 사울은 큰 굴욕을 당하게 되었던 것이다.

사울이 다윗에게 죽임을 당할 뻔한 위기는 사무엘상 26장에 한번 더 나온다. 그때에는 사울의 창과 물병만 가져온다. 사무엘서 기자는 의도적으로 다윗이 사울의 목숨을 살려주는 비슷한 사건을 2번이나 기록하고 있다. 그런데 우리가 주목해야 할 것은 사울을 죽이지 않은 다윗의 중심이다. 다윗이 사울을 죽이지 않고 사울의 옷자락을 벤 것은 그에게 긍휼을 베푼 행동이었다. 그런데 왜 그 일로 인해 다윗의 마음이 찔렸을까?

많은 해석자들은 다윗의 이 행동에는 그의 숨은 동기가 있다고 설명한다. 이 대목은 단순히 사울의 옷자락을 자름으로 그에게 내가 긍휼을 베풀어 주었다는 그 이상의 의미가 있다는 것이다. 그것은 왕권을 사울로부터 빼앗고 싶은 그의 숨은 속마음의 역심을 엿볼 수 있는 장면이라는 것이다. 왕의 옷은 고대 근동에서 왕권의 상징이었다. 그래서 다윗이 사울의 옷자락을 벤 것은 그의 왕권에 손을 댐과 같았고 하나님의 기름부음 받은 왕을 인간이 대적하는 결과를 가져왔다고 느껴 마음이 찔렸던 것이다. 그래서 사울에게 다음과 같이 호소한다.

> "오늘 여호와께서 굴에서 왕을 내 손에 넘기신 것을 왕이 아셨을 것이니이다 어떤 사람이 나를 권하여 왕을 죽이라 하였으나 내가 왕을 아껴 말하기를 나는 내 손을 들어 내 주를 해하지 아니하리니 그는 여호와의 기름 부음을 받은 자이기 때문이라 하였나이다" 삼상 24:10

사울은 익숙한 사람의 소리에 귀를 기울였지만 하나님과 함께하는 일에는 실패했다. 다윗은 인간적인 사람들의 소리에 귀를 기울이지 않았고 하나님의 마음에 귀를 기울이고 사소한 판단과 사소한 결정도 하나님의 손에 맡기는 삶을 살았다. 바로 이러한 차이가 결정적인 반전을 만들어 내었던 것이다. 우리는 다윗의 모습에서 모든 인간적인 판단은 유보한 채 자신의 유리한 상황조차도 내려놓고 오직 하나님의 판단과 결정 그리고 하나님의 시간표에 집중하는 다윗의 모습을 본다.

혹시 우리는 우리가 유리한 쪽으로만 결정하고 선택하는 사람은 아닌가? 우리가 놓치지 말았어야 하는 절호의 찬스가 온다고 해도 그것이 하나님의 원하시는 것이 아니라면 멈출 수 있는 용기가 필요하다. 그래야 하나님의 때에 하나님의 뜻이 제대로 펼쳐 질 수가 있다. 아멘.

● 오늘의 말씀에 대한 나의 묵상 ●

오늘의 본문 성경을 읽으시고 깨달은 점이나 기억하고 싶은 점 혹은 기도문을 기록합니다.

1년 1독 365일 성경통독, 꿀송이 보약큐티

삼상 27장~31장

묵상 자료

1. 접신녀를 통해 나타난 사무엘

사무엘상 28장에는 엔돌에 거하며 점치던 신접한 여인에게 사울 왕이 변장하고 찾아가 자신의 미래를 점치는 해괴한 장면이 나온다.

악령에 지배 받던 사울의 영적 상태의 황폐함을 극명하게 보여주는 사례라 할 것이다. 그는 다윗을 시기하고 질투하기 시작하면서부터 하나님과의 교제가 단절되고 악령의 시달림을 받았다. 우리 속에 독한 시기와 질투가 일어나려 할 때마다 우리는 그것을 예수 이름으로 물리쳐야 한다. 아무리 기도해도 하나님은 사울에게 응답하지 않으셨다. 하나님이 사랑하던 다윗을 죽이려고 기회만 있으면 창을 던지는 사울에게 하나님은 영영 고개를 돌리신 것이다. 답답한 그는 신접한 여인을 찾아가 사무엘을 불러 내라고 요청한다. 신접한 여인이 주술을 외우자 죽은 사무엘 선지자의 영이 나타났다. 그리고 사울을 책망하며 그의 죽음을 예언한다. 그 소리를 듣고 맥이 빠진 사울은 거의 실신 상태에 이르고 접신녀가 차려준 음식을 먹고 떠난다. 그리고 다음에 벌어진 블레셋과의 전투에서 그 아들 요나단과 함께 길보아 산에서 자기 칼에 엎드러져 그 생을 비참하게 마감한다.

여기서 다윗과 사울의 극명한 차이를 우리는 본다. 다윗은 자기를 저주하는 시므이의 욕설에서도 하나님의 음성을 듣고(삼하 16:5~14) 받아들이며 회개했다. 그러나 사울은 죽은 사무엘 선지자가 나타나 책망하는데도 낙심하고 번민할 뿐 회개하고 하나님께 돌이키지 않았다. 역대상 10:13~14은 사울의 죽음을 다음과 같이 설명한다.

"사울이 죽은 것은 여호와께 범죄하였기 때문이라 그가 여호와의 말씀을 지키지 아니하고 또 신접한 자에게 가르치기를 청하고 여호와께 묻지 아니하였으므로 여호와께서 저를 죽이시고 그 나라를 이새의 아들 다윗에게 넘겨 주셨더라."

내가 어려서 전남 벌교에 살 때 불신자인 어머니는 정월 초하루가 되면 그해 운세를 본다고 점쟁이를 찾아가곤 하셨다. 한번은 진짜 영험한 점쟁이가 나타났다고 두둑한 복채를 준비하고 그녀의 집을 찾아 가셨다. 교회 가자고 내가 전도하면 교회는 싫어하시던 어머니는 그런 점쟁이를 찾아 가는 걸 좋아하셨다. 한번은 다녀오시더니 눈이 퉁퉁 부어 오셨다. 점을 치는데 죽은 어머니의 오빠가 나타나 오빠의 생전 목소리 그대로 어머니의 이름을 부르며 묘를 새롭게 만들어 달라고 부탁했다는 것이다. 오래 전 사별한 오빠의 음성을 들으니 눈물이 왈칵 쏟아졌을 것이다.

성경은 마귀를 거짓의 아비라고 칭한다(요 8:44). 진리가 그 속에 전혀 없고 하는 말마다 전부 거짓말만 하는 존재라는 것이다. 베뢰아 선교회 김기동 목사는 그의 귀신론에서 인간의 수명이 120세인데 그 나이 이전에 죽은 불신자의 영혼들은 다 귀신이 되어 떠돌아다니다가 사람에게 붙어 각종 사고를 일으키고 질병을 가져다 주는데 귀신을 쫓아내면 자연적으로 병도 낫는다는 것이다. 그러나 그가 근거로 삼는 성경 창세기 6:3은 인간의 평균 수명을 언급하는 게 아니고 120년 후에 홍수로 심판하시겠다는 하나님의 경고였다. 또한 누가복음 16장에 나오는 부자는 죽어서 그 영혼이 곧장 지옥에 떨어졌다. 물론 귀신이 달라붙어 벙어리 되고 질병으로 고통을 당할 때는 귀신을 쫓아내야 병이 낫는다. 그러나 모든 병을 다 귀신이 주는 건 아니다. 감기에 걸렸으면 귀신을 쫓아 낼 것이 아니라 가까운 병원에 가 주사를 맞고 약을 먹어야 낫는다.

원래의 사무엘상 28장으로 돌아가 그때 나타난 사무엘이 진짜였나 하는 점을 생각해 보자. 성경 학자들의 견해는 두 가지로 갈라진다. 진짜였다고 주장하는 사람들과 마귀가 거짓으로 사무엘 흉내를 내었다고 하는 견해이다. 후자의 견해를 뒷받침하는 근거로는 사무엘상 28:13에 무엇이 보이느냐고 사울이 신접한 여인에게 물었을 때 그녀가 답하기를 내가 '영'이 땅에서 올라오는 것을 보았나이다 라고 대답한 대목에서 찾는다. 한국 성경에는 '영'이라고 되어 있지만 NIV에서는 'A ghostly figure'라고 되어있고(귀신의 형체를 한 한 사람), KJV에는 'spirits'라고 번역하여 '영들'이 올라오는 것을 보았다고 기록했다. 이로 보건대 사무엘이 아니라는 것이다. 사무엘은 하늘에 있었는데 땅에서 올라올 리가 없고 그가 귀신의 형체로 보일 리도 없으며 사무엘은 한 사람인데 왜 영들이 올라 왔느냐는 것이다. 그러므로 귀신들이 나타나 사무엘 흉내를 내니 사울이 깜박 속았다는 것이다. 사단은 광명의 천사로도 가장하여 활동하는 변신의 귀재라는 것이다. 하나님이 무당은 죽이라고 하시면서까지 그토록 접신을 싫어하시는데 무당 말을 듣고 하나님이 사무엘의 영을 보냈을 리가 없다는 것이다. 그리고 앞서 언급한 역대상 10:13~14에도 사울이 죽임 당한 이유가 '신접한 자에게 가르치기를 청했다'는 것인데 만일 진짜 사무엘이었다면 하나님께서 보내시고 말씀하시게 해 놓고는 사울을 심판하시는 것은 모순이라는 것이다. 일리가 있는 해석이다.

그러나 솔직하게 본문을 거듭 들여다 보고 있으면 아무래도 진짜 사무엘의 영이 나타난 것 같다는 느낌을 지울 수가 없다. 처음에는 사울 왕을 접신녀가 못 알아 보았었다. 사울이 변장을 하고 시치미 떼고 그녀의 집에 갔기 때문이다. 그런데 사무엘 선지자의 영이 그녀에게 나타나자 즉시 자기 앞에 있는 이가 사울 왕인 것을 알아보았다. 그리고 사울 왕을 꾸중하는 내용도 도저히 귀신이 하는 말 같지 않다. 그리고 그가 예언한 것이 나중 그대로 실현되었다. 만일 그가 진짜 사무엘이었다면 우리는 이 본문을 어떻게 해석해야 하는가? 신약에도 수천 년 전에 죽었던 모세와 엘리야가 나타나 예수님과 얘기하는 장면이 나온다(마 17:1~9). 영이 특별한 경우에 하나님이 허락하시면 이 세상에 나타날 수도 있다는 것이다. 평소에 이 신접한 여인이 진짜 영들을 불러 내었는지 아니면 귀신의 속임수를 힘입어 사람들을 속였는지 알 수 없지만 사무엘의 영이 나타나자 기겁을 하고 놀라는 걸 보면 진짜 사무엘이 나타났을 가능성이 많다는 것이다. 그의 모습이 노인의 모습인 것은 사울이 사무엘을 알아보게 하려는 배려에서 그렇게 나타났을 것이라는 것이다.

여기까지 두 이론을 들어보면 참 어렵다. 둘 다 일리가 있기 때문이다. 나도 어느 것이 옳은 지 잘 모르겠다. 그러나 분명히 해 두고 넘어갈 것이 있다. 여기의 사무엘이 진짜냐 가짜냐 하는 것이 중요한 것이 아니라 하나님이 이런 일을 극도로 혐오하시고 싫어하신다는 사실을 명심해야 한다는 것이다. 교회 다니는 사람이 답답하면 사울처럼 무당집을 찾아가 의논한다면 그 믿음은 가짜라고 봐도 무방하다. 하나님이 그토록 혐오하시는 것을 하면서 어떻게 하나님의 자녀라 할 수 있겠는가? 우리는 오직 하나님 중심, 성경중심, 교회중심의 신앙생활을 해야 한다. 음성 듣고 환상 보는 신앙이 좋은 신앙이 아니다. 말씀에 뿌리내린 신앙이 건강한 신앙이다.

2. 다윗이 위기 앞에서 하나님을 힘입고 용기를 얻다

사무엘상 30:6에는 다윗의 일생일대의 위기의 순간이 기록되어 있다. "백성들이 자녀들 때문에 마음이 슬퍼서 다윗을 돌로 치자 하니 다윗이 크게 다급하였으나 그의 하나님 여호와를 힘입고 용기를 얻었더라."

사울 왕의 살기(殺氣)를 피해 그를 따르는 무리들과 블레셋에 정치적인 망명생활을 하던 다윗은 이스라엘과 블레셋 사이에 전쟁이 일어나자 진퇴양난에 빠졌다. 블레셋의 도움을 받고 있는 처지에서 전쟁에 나가 블레셋을 위해 안 싸울 수 없는 형편이 된 것이다. 만일 전쟁에 나가 다윗의 손으로 자기 동족들을 죽인다면 후일 어떻게 그가 떳떳하게 이스라엘의 왕이 될 수가 있겠는가? 사람의 힘으로는 도저히 풀 수 없는 이 난제를 하나님의 도우심으로 풀 수가 있었다.

전쟁에 참가는 했지만 블레셋 장수들이 다윗의 참전을 싫어하여 반대한 것이다. 못 이기는 척 회군한 다윗 일행은 3일만에 돌아온 시글락 아군 진지가 폐허가 되어 있음을 보고 충격을 받았다. 자초지종을 알아보니 자신들이 전쟁 참가로 자리를 비운 사이 아말렉이 시글락을 침노하여 다윗 일행의 처자식들을 모두 사로잡아 가 버린 것이다. 느닷없이 처자식을 잃어버린 그들은 충격에서 헤어나오지를 못하고 울며 통곡하다가 갑자기 돌을 들어 그들의 지도자를 죽이려 하였다. 지도자를 죽이겠다는 것은 자기들도 살기 싫다는 의미였다. 처자식 없는 세상을 살 바에야 차라리 다 자살하고 말자는 것이다. 지나친 낙심은 우리를 자살까지 이끈다. 그러나 본문은 다윗이 그 와중에서도 하나님을 힘입고 용기를 얻었더라고 기록한다. 역시 칠전팔기의 믿음의 용사다운 모습이다. 다윗의 사전에 낙심이나 자살은 없다. 전능하신 하나님이 살아계시는 한 낙심할 필요가 없는 것이다.

다윗은 기도 후 용기를 내어 낙심한 백성들을 안돈 시키고 하나님의 도움을 받으며 추격전을 벌였다. 그리고 마침내 방심한 아말렉을 쳐 부수고 잃어버린 모든 것들 외에 전리품까지 잔뜩 취하여 돌아왔다. 결국 결정적인 순간에 낙담이냐, 용기를 잃지 않는냐가 엄청난 차이를 가져온다. 다윗이 "크게 다급하였으나 그의 하나님 여호와를 힘입고 용기를 얻었더라"는 말씀은 늘 우리의 가슴 속에 메아리처럼 울려 퍼지도록 해야 한다. 이 구절은 모든 성도들의 필수 암송 구절이다.

● 오늘의 말씀에 대한 나의 묵상 ●

오늘의 본문 성경을 읽으시고 깨달은 점이나 기억하고 싶은 점 혹은 기도문을 기록합니다.

1년 1독 365일 성경통독, 꿀송이 보약큐티

삼하 1장~3장

● 묵상 자료 ●

1. 인생은 판단에 달려 있다

사무엘하 말씀은 사울의 죽음의 소식이 전해지는 것으로 시작된다. 사울은 블레셋과의 전쟁에서 패배하고 세 아들과 도망하다 세 아들이 먼저 죽고 사울은 활에 맞아 중상을 입게 된다. 추격을 당하면서 사울은 부상이 심하자 본인의 칼로 자결한다. 다음날 블레셋 사람들이 사울의 시신을 발견하자 그의 목을 베어 벧산 성벽에 매달았다.

다윗이 이 소식을 이스라엘 진영에서 나온 아말렉 청년에게서 듣게 된다. 아말렉 청년이 전해준 부고 소식을 들은 후의 다윗의 반응을 잘 봐야 한다. 자신을 끈질기게 죽이려 했던 사울 왕이지만 다윗은 사울의 죽음을 진실로 슬퍼한다. "이에 다윗이 자기 옷을 잡아 찢으매 함께 있는 모든 사람도 그리하고"(삼하 1:11).

잠언에도 "네 원수가 넘어질 때에 즐거워하지 말며 그가 엎드러질 때에 마음에 기뻐하지 말라"(잠 24:17)고 하셨다. 지혜자의 말씀처럼 다윗도 그렇게 행동했다. 이것은 지혜로운 인품에서 나온 행동이었다. 사람의 됨됨이는 이렇게 위기의 순간 그가 보여주는 판단과 행동에 의해 확연하게 드러난다.

사무엘하 1장에는 세 인물(사울, 다윗, 아말렉 청년)이 등장한다. 그들의 판단이 어떻게 달랐는지 판단의 각도에서 살펴보자. 판단은 내가 많은 것을 잃을 수도, 얻을 수도 있게 한다. 순간의 판단과 선택이 평생을 좌우하는 경우가 많은 것이다. 나를 살릴 수도, 죽일 수도 있다. 그래서 현명한 판단을 하려면 항상 내 안에 기준이 명확해야 한다. 일반 사람들의 판단의 기준은 자신의 유익에 있다. 우리 성도도 이것을 무시할 수는 없지만 이것보다 더 필요한 것이 그 판단이 하나님의 뜻에 합당한가 하는 것이다. 내게 이익이 되어도 하나님 뜻에 맞지 않으면 그 판단은 잘못된 것이다.

1) 사울의 판단:

사울은 잘못된 판단을 하여 패망하게 된 케이스다. 사무엘상 15장에서 하나님께서 사울에게 아말렉 사람을 진멸하라고 명령하셨다. 사울은 완전히 순종하지 않는다. 전리품 중 일부를 빼돌려 명령을 어기고 남겨 둔다. 본인에게 유익한 판단을 한 것이다. 이 사건으로 불순종한 사울 대신 하나님께서는 다윗을 택하여 기름부으신다.

2) 아말렉 청년의 판단:

아말렉 청년의 판단은 어떤가? 사울의 죽음소식을 전하고 다윗에게 큰 포상을 받고자 본인이 죽였다고 거짓 진술을 한다. 이 판단으로 그는 죽음을 맞이하게 된다.

3) 다윗의 판단:

다윗의 판단은 어땠는가? 분명한 판단의 기준(하나님께 기름 부음을 받은 왕은 죽이면 안 된다)을 갖고 있었다. 그리고 하나님의 때가 되면 하나님이 직접 나타나서서 심판하신다는 것을 굳게 믿고 있었다. 그래서 사울 왕을 죽일 기회가 있을 때도 죽이지 않았고, 아말렉 청년의 보고 때도 하나님께서 기름부으신 왕을 죽인 아말렉 청년을 처형하라는 단호한 명령을 내릴 수 있었다.

내가 어렸을 때에는 어린아이의 말을 하고, 어린아이의 생각을 하고, 어린아이의 판단을 했습니다. 그러나 어른이 되어서는 어렸을 때의 것들을 버렸습니다(고전 13:11. 공동번역).

판단해야 할 순간마다 하나님이 무엇을 기뻐하실까를 생각하자.

● 오늘의 말씀에 대한 나의 묵상 ●

오늘의 본문 성경을 읽으시고 깨달은 점이나 기억하고 싶은 점 혹은 기도문을 기록합니다.

1년 1독 365일 성경통독, 꿀송이 보약큐티

삼하 4장~6장

묵상 자료

1. 다윗이 모든 이스라엘의 왕이 되다(삼하 5장)

레갑과 바아나는 이스보셋을 죽이고 그 목을 가지고 와서 다윗 편에 서고자 했다. 다윗은 이런 그들을 죽여 버렸다. 우리는 이를 통해서 사람편에 서려하지 말고 오직 예수 그리스도의 편에 서야함을 배우게 된다. 사무엘하 5장에는 다윗이 드디어 이스라엘 전체의 목자와 주권자로 세워지는 내용을 기술하고 있다.

사무엘하 5:6~10을 보면 "왕과 그 종자들이 예루살렘으로 가서 그 땅 거민 여부스 사람을 치려 하매 그 사람들이 다윗에게 말하여 가로되 네가 이리로 들어오지 못하리라 소경과 절뚝발이라도 너를 물리치리라 하니 저희 생각에는 다윗이 이리로 들어오지 못하리라 함이나 다윗이 시온 산성을 빼앗았으니 이는 다윗 성이더라 그 날에 다윗이 이르기를 누구든지 여부스 사람을 치거든 수구로 올라가서 다윗의 마음에 미워하는 절뚝발이와 소경을 치라 하였으므로 속담이 되어 이르기를 소경과 절뚝발이는 집에 들어오지 못하리라 하더라 다윗이 그 산성에 거하여 다윗성이라 이름하고 밀로에서부터 안으로 성을 둘러 쌓으니라. 만군의 하나님 여호와께서 함께 계시니 다윗이 점점 강성하여 가니라"고 기록되어 있다.

다윗과 그의 부하들이 헤브론에서 예루살렘으로 간다. 그곳을 수도로 정하기 위함이었다. 그런데 여부스 족속이 오랫동안 그곳에 살고 있었고 예루살렘은 천연적으로 요새화 되어 있었기 때문에 함부로 공격할 수가 없는 곳이었다. 그래서 여부스 사람들이 다윗이 이리로 들어오지 못하리라고 생각하고서는 "맹인과 다리 저는 자라도 너를 물리칠 수 있다"고 하였다. 맹인과 다리 저는 자가 다윗의 군대를 물리칠 수 있을 정도로 예루살렘은 천연요새였던 것이다.

다윗은 이와 같은 요새를 어떻게 공략했는가? 다윗은 물 긷는 곳으로 올라가서 공격을 하라고 한다. 예루살렘이 천연적인 요새였지만 다윗이 물이 들어가는 수로를 타고 올라가서 치고 그곳을 차지한 것이다. 이때부터 예루살렘을 다윗 성이라고 이름하였다. 그런데 이러한 일은 다윗의 전술과 전략이 아님을 성경은 분명히 밝히고 있다. 10절을 보면 "만군의 하나님 여호와께서 함께 계시니 다윗이 점점 강성하여 가니라"고 했다. 다윗이 천연의 요새와 같은 예루살렘을 차지한 것은 그의 뛰어난 전술과 전략 때문이 아니라 만군의 여호와 하나님께서 다윗과 함께 하셨기 때문이었다. 만군의 여호와 하나님께서 다윗과 함께 하시니 다윗이 점점 강성하여진 것이다.

사무엘하 5:13~16을 보면 "다윗이 헤브론에서 올라온 후에 예루살렘에서 처첩들을 더 취하였으므로 아들과 딸들이 또 다윗에게서 나니 예루살렘에서 그에게서 난 자의 이름은 삼무아와 소밥과 나단과 솔로몬과 입할과 엘리수아와 네벡과 야비아와 엘리사마와 엘랴다와 엘리벨렛이었더라"고 한다. 다윗이 헤브론에서 예루살렘으로 옮긴 후에 처첩들을 더 취하였고 그들에게서도 아들과 딸이 태어났다. 그들 첩에서 낳은 아들들의 이름이 성경에 적혀 있다. 이러한 본문은 여러 주석가들이 두 가지로 말하는데 하나는, 지금 다윗이 이스라엘 전체의 왕이 되었기 때문에 그의 자녀들이 많아지는 것도 복으로 보는 것이다. 또 다른 하나는 율법에서 왕은 아내를 많이 두지 말라고 하였는데 예루살렘에서도 처첩을 더 두었기 때문에 부정적으로 보는 견해이다. 이 두 가지 견해 중에 어느 것이 옳을까? 두 가지 견해가 다 일리가 있다고 볼 수 있겠다.

구약의 다윗 왕은 다윗의 후손으로 오신 예수님의 영원한 왕권을 상징한다. 오늘날의 우리는 예수 그리스도만이 우리의 참된 목자가 되시며, 주권자가 되시기에 우리는 주님의 인도하심과 통치를 받아야 한다. 그것이 생명을 얻는 길이요, 영생의 길이다. 성령 하나님께서 우리에게 은혜를 베풀어 주셔서 우리로 오직 예수 그리스도가 우리의 참된 목자요, 주권자가 되심을 알게 하여 주시기를 원한다. 그리하여 우리로 오직 예수 그리스도의 음성만 듣고 따라가며, 그분의 통치를 온전히 받아가게 하여 주시기를 소원한다. 아멘!

● 오늘의 말씀에 대한 나의 묵상 ●

오늘의 본문 성경을 읽으시고 깨달은 점이나 기억하고 싶은 점 혹은 기도문을 기록합니다.

1년 1독 365일 성경통독, 꿀송이 보약큐티

삼하 7장~10장

묵상 자료

1. 하나님을 사랑하면 따르는 축복(삼하 7장)

다윗은 왕이 된 후 사방의 대적을 물리치고 나라가 평안하게 되었을 때 하나님을 생각하게 되었다. "나는 백향목 궁에 거하는데 하나님의 법궤는 지금 천막 가운데 있구나." 어려울 때 하나님을 붙잡는 신앙도 소중하지만 평안할 때 더욱 기도와 예배에 힘쓰는 것은 더욱 소중한 신앙이다. 다윗은 그런 소중한 믿음을 가지고 있었다. 그날 밤에 나단 선지자가 하나님의 말씀을 받았다. "나는 성전 건축을 강요하지 않는다. 너희들이 성전 건축하지 않았다고 책망하지는 않겠다"는 말씀이었다. 그리고 성전 건축을 강요하지는 않지만 스스로 그런 마음을 가진 다윗에게 놀라운 축복을 약속하는 말씀을 하셨다.

이 땅에서 가장 소중하고 복된 일은 하나님과 교회를 사랑하고 충성하는 일이다. 그처럼 하나님과 교회를 생각하는 사람에게 어떤 축복이 있을까? 사무엘하 7:8~16에는 다윗이 받은 복을 잘 설명하고 있다.

1) 승리케 하신다

사무엘하 7:9 말씀을 읽어보자. "네가 어디를 가든지 내가 너와 함께 있어 네 모든 대적을 네 앞에서 멸하였은 즉" 이 말씀은 우리가 하나님을 사랑하면 하나님께서 어디에 가든지 우리와 함께 있어 사단을 이기고 승리케 하신다는 약속이다.

2) 이름이 존귀하게 되는 축복

사무엘하 7:9하반부 말씀을 보라. "세상에서 존귀한 자의 이름 같이 네 이름을 존귀케 만들어 주리라." 실제로 다윗이 얼마나 놀라운 이름을 얻었는가? 마태복음 1:1에 신약 성경은 아브라함과 다윗과 예수 그리스도로 시작된다. "아브라함과 다윗의 자손 예수 그리스도의 세계라"(마 1:1).

성경에서 가장 많이 나오는 이름이 다윗이라는 이름이라고 한다. 신약성경을 보면 병자들이 병 낫기를 구할 때 어떻게 주님을 부르는가? "다윗의 자손 예수여!"라고 한다. 얼마나 다윗의 이름이 존귀하게 되었는가?

3) 안정과 평안의 축복

사무엘하 7:10~11 말씀을 보라. "내가 또 내 백성 이스라엘을 위하여 한 곳을 정하여 저희를 심고 저희로 자기 곳에 거하여 다시 옮기지 않게 하며 전에 내가 사사를 명하여 내 백성 이스라엘을 다스리던 때와 같지 않게 하고 너를 모든 대적에게서 벗어나 평안케 하리라."

주를 사랑하면 하나님께서 광야생활을 끝나게 하시고 안정을 주시겠다는 말씀이다. 우리도 하나님과 교회를 사랑하면 흔들리던 자녀도 안정을 찾고 흔들리던 사업도 안정을 찾고 흔들리던 마음과 신앙도 반드시 안정을 찾게 될 것이다. 그러므로 무엇인가에 흔들림이 생겨도 교회 사랑과 주님 사랑은 흔들리지 말아야 한다. 그러면 욥의 인생 후반기처럼 점차 모든 것에 제자리를 찾게 될 것이다.

4) 가정과 자손의 축복

사무엘하 7:11하반부 말씀을 보자. "여호와가 또 네게 이르노니 여호와가 너를 위하여 집을 이루고" 얼마나 흥분되는 말씀인가? 우리가 하나님의 교회를 생각하면 하나님께서 우리 집을 견고하게 세워주시겠다는 말씀이다. 그 후 12절 말씀을 보면 "네 수한이 차서 네 조상들과 함께 잘 때에 네 몸에서 날 자식을 네 뒤에 세워 그 나라를 견고케 하리라" 이 말씀은 자손의 축복을 주셔서 왕권이 견고하게 되도록 하시겠다는 말씀이다.

하나님께서는 교회를 위해 헌신했던 사람도 축복하시지만 특별히 그 자녀를 축복하시는 것을 보게 된다. 그런 간증들이 얼마나 많은가? 물론 교회를 지극히 사랑하는 성도의 자녀 중에서도 큰 어려움을 당하는 경우가 있다. 그러나 하나님은 합력하여 선을 이루시고 더욱 큰 신비한 축복을 예비하시고 손자, 증손자까지 그 가문이 축복받게 하실 것이다. 아멘.

● 오늘의 말씀에 대한 나의 묵상 ●

오늘의 본문 성경을 읽으시고 깨달은 점이나 기억하고 싶은 점 혹은 기도문을 기록합니다.

1년 1독 365일 성경통독, 꿀송이 보약큐티

삼하 11장~14장

● 묵상 자료 ●

1. 밧세바 신드롬

사무엘하를 읽으면 다윗의 집은 점점 강하여 가고 사울의 집은 쇠하여짐을 본다. 하나님이 기뻐하시는 사람과 하나님이 고개를 돌리고 떠나버린 인생이 세월이 지나면 얼마나 대조적인 열매를 맺히는 지를 사무엘하는 시종일관 여실히 보여주고 있다. 많은 연단과 고난의 터널을 통과한 다윗은 마침내 헤브론에서 이스라엘 일부의 왕으로 기름 부음을 받고 7년 6개월을 다스린다. 나중에는 예루살렘 시온 성을 점령하고 명실상부한 온 이스라엘의 왕으로 추대된다. 그 과정에 조금도 욕심부리거나 조급해하지 않고 하나님의 때와 섭리를 바라보며 자기 힘으로 권력의 야욕을 성취하려고 하지 않고 하나님의 손에 모든 것을 맡기고 평안히 기다리는 신앙의 모습을 본다. 사울과는 정 반대의 성숙한 모습이다. 거기에 하나님은 전혀 언급도 안 하셨는데 자기 마음이 불 타 하나님의 법궤를 모실 수 있는 성전을 짓겠다고 자원하여 나서는 모습은 정말 믿음의 최고봉을 만나는 기분이다.

그리고 사무엘하 8장에 인근 주변 나라들을 하나님의 도우심으로 차근차근 정복하는 기사가 나온다. 연전연승 다윗이 가는 곳에 패배는 없었다. 이제 다윗 왕국은 주변 나라에 막강한 제국의 힘을 발휘하는 시점에 도달하였고 전쟁에 굳이 자신이 안 나가고 부하만 내보내도 될 만큼의 힘을 갖추게 되었다. 이러한 승승장구의 시점에서 밧세바 범죄 사건이 터지게 된다.

성경은 다윗의 성공담뿐만 아니라 타락 이야기도 상세하게 기록하고 있는데 이는 아무리 믿음의 사람일지라도 믿지 않은 사람과 다를 바 없는 육신이 있다는 것을 가르쳐 주며 신자들을 경고하기 위해서이다. 사무엘하 10장까지 읽으면서 우리는 다윗의 훌륭한 신앙과 인격에 감동을 받았다. 그러나 11장 이후부터는 다윗이 저지른 범죄의 결과로 하나님이 어떻게 그를 심판하고 징계하시는지를 보여준다. 다윗이 골리앗을 만났을 때와 밧세바를 만났을 때 상황은 완전히 딴 판이다. 다윗이 골리앗을 만났을 때는 젊고 무명의 사람이었지만, 밧세바를 만났을 때는 나이 오십이 넘은 유명한 사람이었다. 다윗이 골리앗을 만났을 때는 목동 생활을 했고, 미래가 밝지 않은 상황이었다. 그러나 밧세바를 만났을 때는 승승장구하는 이스라엘 왕으로 세상 중심에 서 있었다. 그가 골리앗을 만났을 때는 기도와 믿음의 사람이었고, 밧세바를 만났을 때는 기도와 믿음을 일시적으로 잃어버린 상태였다.

다윗의 인생에서 가장 어두운 시간은 가장 큰 성공을 거둔 시기였다. 그가 고난가운데 있었을 때는 영혼이 맑고 정결했다. 그러나 환경이 풍요로워졌을 때 그의 영혼은 혼탁했고 분별력을 잃어버렸다. 온누리 교회 이재훈 목사님은 언젠가 다윗과 밧세바에 대해서 자세히 설교 한 바 있다. 나는 이재훈 목사님의 설교에서 깊이 감명을 받았다. 그의 설교에서 다윗은 주변의 거의 모든 국가를 정복한 왕이었지만 정작 자신의 정욕은 정복하지 못했던 왕이었다고 지적했다. 그러면서 '밧세바 신드롬'에 대해서 설명했다. 사람들은 성공에 다다랐을 때 절제를 잃어버리고 성공 속에 숨어 있는 독성을 보지 못한다는 것이다. 많은 정보와 자원을 가지고 성공의 정상에 있을 때 자만에 빠져 밧세바 사건과 같은 범죄를 저지르는 경향을 '밧세바 신드롬'이라 한다고 했다.

"인생에서 실패보다 오히려 성공을 경계해야 한다"는 게 밧세바 신드롬의 경고다. 그래서 중국의 전국시대 때 진나라 재상을 지낸 채택이란 사람은 "성공한 곳에는 오래 머물면 안 된다"는 유명한 말을 남겼다(成功之下不可久處). 왕은 전쟁이 일어나면 최전선에서 군사들을 이끌고 헌신적으로 싸워야 하는데 다윗은 전쟁터에 있지 않고 왕궁에 있었다. 그의 안일함 때문이었다. 사람은 자기가 있어야 할 곳에 있지 않으면 영적으로 실패하기 쉽다. 자기에게 주어진 영적 의무를 게을리 하는 때를 사탄이 노리고 있기 때문이다. 시무엘하 11:2에서도 다윗의 영적 상태를 보여준다. 다윗이 어느 날 저녁에 침대에서 일어났다고 했는데 아침에 일어나야지 왜 저녁에 일어나는가? 바로 그날 다윗이 왕궁 옥상을 거닐다가 목욕하는 한 여인을 발견한다. 그 여인은 엘리압의 딸이고 헷사람 우리야의 아내 밧세바였다. 밧세바란 직역하면 '안식일의 딸'이란 말인데 실제 의미는 '완벽한 딸'의 의미로서 이름만 봐도 그녀의 외모가 어느 정도 완벽했는지 짐작할 것이다. 최고 권력자인 왕이 한 눈에 반할 정도였으니… . 그녀가 왕이 동침을 요청했을 때 남편을 언급하며 거부했다는 기사가 없다. 이 여자는 어쩌면 왕이 볼 수 있도록 목욕을 했는지도 모른다. 위에서 봐도 안 보이도록 조신하게 목욕을 했더라면 그 무서운 죄악의 비극은 일어나지 않았을 것이다.

오늘날도 사탄은 여성들의 노출이 사회를 타락시킨다는 걸 잘 알고 철저히 패션이란 이름 하에 온 세상을 소돔 고모라처럼 만들어 가고 있다. 교회에서는 세상을 본받지 말고 여성들은 무릎 위로 올라간 미니스커트나 나시 옷 같은 노출이 심한 의복을 자제하고 정숙한 옷을 입고 출입해야 한다. 다윗이 밧세바에 대해 알아보았을 때 그녀가 자신과 매우 가까운 위치에 있는 사람이라는 것을 알았다. 충신 우리야의 아내였다. 다윗이 절대 넘어서는 안 되는 선이었다. 그런데 다윗은 밧세바를 자신의 궁정으로 불렀다. 이재훈 목사님은 다윗은 이것을 로망스라고 봤을지 모르지만 하나님은 노망으로 보셨다고 설교했다. 다윗은 이 만남을 운명이라고 이해했을지 모르지만 하나님은 멸망으로 보셨다.

나는 언젠가 잘 아는 선교사님이 사모님이 있는데도 싱글 여성 선교사와 선교지에서 요즘 젊은이들 말로 '썸'을 타는 것을 알고 꾸짖었다. 그 유부남 선교사가 로망스로 생각하는 그 태도가 무서웠다. 이혼까지 각오한 것 같았다. 나는 엄중하게 꾸짖었다. 그 따위 정신 상태로 무슨 선교냐? 다행히도 지금은 가정이 회복되고 모든 것이 원 위치로 돌아와 얼마나 감사한 지 모른다. 다윗의 죄가 순간적이고 우발적인 죄가 아니라는 것이 중요하다. 순간적인 충동으로 이런 일이 일어나지 않는다. 엘렌 레드파드 목사님은 이 사건을 다윗이 20년 동안 죄라고 여기지 않은 것들이 쌓여 일어난 문제들의 절정이라고 꼬집었다. 지난 20여 년 동안 다윗의 행적을 돌이켜 보면 문제가 될 만한 요소들이 곳곳에 있었다. 무너지는 것은 순간적인 일이 아니다. 누구도 순간에 쓰러지지는 않는다. 작은 것으로 시작해서 점점 커지고 마지막에 무너지는 것이다.

야고보서 1:15에 "욕심이 잉태한즉 죄를 낳고 죄가 장성한즉 사망을 낳느니라"는 말씀이 있다. 욕심이 잉태한다고 했다. 잉태한다는 것은 쌍방 간에 연합이 이루어지는 것을 의미하는데 욕심이 유혹과 하나가 되어서 죄를 낳는 것이다. 유혹이 있더라도 욕심이 반응하지 않으면 죄를 짓지 않게 되고, 욕심이 있다 할지라도 유혹이 없으면 죄를 짓지 않는다. 그러나 내면의 욕심과 외부의 유혹이 하나 되면 죄를 잉태하게 되는 것이다. 다윗의 죄는 오랜 세월 동안 잉태되었다. 그 죄가 자라서 사망에 이르게 되는데 다윗은 무고한 사람을 죽이는 살인죄까지 저지르게 된다. 죄는 반드시 자라난다. 다윗이 왜 밧세바를 취했겠는가? 다윗은 이미 오래 전부터 자기 마음대로 여인들을 취했었기 때문이다. 다윗은 이미 오래 전부터 이스라엘 왕들에게 주신 모세의 경고의 말씀을 무시했다.

> 왕은 많은 아내들을 두지 말라 그래야 그의 마음이 돌아서지 않을 것이다. 왕은 또한 은과 금을 많이 모아 두지 말라 신 17:17

그는 왕으로 즉위하기 전에 세 명의 아내를 두었고 왕이 된 이후에는 다섯 명의 아내를 더 두었다. 다윗의 이런 행동은 이방 왕들의 행동으로 볼 때 문제가 없다. 그러나 하나님은 이스라엘의 왕은 다른 세상의 왕과는 달라야 한다고 말씀하셨다. 그런데 다윗은 하나님의 말씀에 근거해서 행동하기보다 세상의 문화수준, 세상의 윤리기준에 부합한 상태로 살아왔다. 이러한 삶을 20여 년 동안 산 것이다. 아무런 문제의식 없이 반복되었던 일이다. 다윗은 밧세바 이전에도 많은 여인들을 데려오라고 했을 것이다. 이 문제에 대해서 다윗은 아무런 죄의식이 없을 정도로 영적 감각이 둔해져 있었다.

다윗의 아들 솔로몬은 한술 더 떴다. 그는 700명의 아내와 300명의 첩을 두었다. 한 명의 아내로 만족하지 못하는 사람은 천 명의 아내도 만족하지 못한다. 다윗은 밧세바를 불러 취하고 집에 돌려보낼 때까지 당황하거나 긴장하지 않았다. 그런데 밧세바가 임신했다는 소식을 듣자 당황한 다윗은 그때부터 사실을 은폐하기 하기 위한 시도를 한다. 첫 번째 은폐시도는 전쟁에서 싸우고 있는 우리야를 전쟁 소식을 듣고 싶어 하는 것처럼 불러내 만난 것이다. 그리고는 집에 가서 쉬라고 했다. 자신이 밧세바를 취해 생긴 아이를 우리야의 아이로 위장하기 위한 전략이었다. 그러나 우리야는 충신이었다. 다윗의 호의를 거절한다. 우리아의 충성과 다윗의 간교한 음모가 대조된다. 우리야가 충성스런 태도를 보였을 때 다윗은 뉘우치고 회개했어야 했다. 하나님은 우리야의 충성스러움을 통해서 다윗을 일깨우고자 하셨다. 그러나 다윗은 깨우치지 못하고 다음 계획을 세웠다.

두 번째 은폐시도는 우리야를 불러 잔치를 벌이고 술에 취하게 만드는 것이었다. 하나님의 영으로 취했던 다윗이 술에 의지해서 자신의 죄를 은폐하려고 하고 있다. 그러나 그때도 우리야는 집으로 들어가지 않고 왕궁 문 앞에 있는 병사들과 함께 잤다. 술 취한 우리야가 다윗보다 경건하다.

세 번째 은폐시도는 우리야를 죽이기로 결심한 것이었다. 다윗의 간음죄가 살인죄로 확대되어 가고 있었다. 다윗이 전쟁터에 있는 요압에게 편지를 써 우리야가 앞에서 싸우고 있을 때 남은 군사를 철수시키라는 내용이었다. 그는 자신이 살기 위해서 다른 사람을 죽였다. 그러나 그것은 자신도 죽고 다른 사람도 죽인 것이다.

이렇게 사탄은 언제나 우리를 속인다. 회개하면 될 일을 다른 사람을 죽여서라도 피하면 된다고 유혹하는 것이다. 사탄은 우리를 회복할 수 없을 정도로 무너뜨리는 것이 목적이다. 하나님을 두려워하기보다는 사람의 시선을 두려워하게 만들어서 감추게 만드는 것이다. 죄를 회개하지 않으면 반드시 자란다. 더 큰 죄를 생산한다. 우리야가 죽은 후 선지자 나단이 와서 다윗의 죄를 지적할 때까지 1년 동안 아무 일 없는 듯이 지냈다. 모든 것이 순조롭게 끝났다고 생각했다. 그러나 하나님과의 관계에서 죄의 문제가 해결되기 전까지 절대 하나님은 가만이 있지 않으신다. 그나마 다윗의 장점은 지적을 받았을 때 즉시 회개하고 고백하는 것이었다. 그것이 다윗에게 남아 있는 희망이었다. 다윗은 부인하지 않았고, 더 이상 은폐하려고 하지 않았다. 나단의 지적에 자신의 모든 죄를 인정하고 회개했다. 그러나 죄에 대한 하나님의 징계는 받아야만 했다. 하나님은 보고 계셨고 알고 계셨다. 하나님은 다윗의 죄를 심판하셨고 대가를 치르게 하셨다.

하나님은 죄를 용서하시지만 죄의 대가는 치르게 하신다. 용서했다고 해서 대가가 면죄되는 것은 아니다. 그 결과를 맛보게 하심으로 죄가 얼마나 무서운 것인지를 알게 하신다. 자식이 반란을 일으켜 맨 말로 도망가며 그는 하나님의 징계를 달게 받았다. 다윗의 죄로 말미암아 하나님의 심판의 역사가 그의 가정과 나라에 임했다. 그의 아들 암논이 이복누이 다말을 범하고 그에 대한 복수로 압살롬이 암논을 죽이는 자기 자식들 간에 죽고 죽이는 피의 역사가 있었다. 뿐만 아니라 다윗의 아들 압살롬이 다윗을 배반하고 반역을 일으켰고 다윗과 밧세바와의 사이에서 태어난 자녀는 죽었다.

뿌린 대로 거두게 하시는 하나님의 법칙을 기억해야 한다. 사람이 무엇으로 심든지 그대로 거둔다. 하나님의 마음에 합했던 다윗도 깨어있지 않을 때 이렇게 큰 죄를 범했다. 하물며 우리는 얼마나 더 조심하고 깨어 있어야 하겠는가?

그런즉 선 줄로 생각하는 자는 넘어질까 조심하라 고전 10:12

● 오늘의 말씀에 대한 나의 묵상 ●

오늘의 본문 성경을 읽으시고 깨달은 점이나 기억하고 싶은 점 혹은 기도문을 기록합니다.

1년 1독 365일 성경통독, 꿀송이 보약큐티

삼하 15장~18장

묵상 자료

1. 하나님의 뜻과 나의 뜻

사무엘하 17장부터의 스토리를 보면 아히도벨은 스스로 가서 다윗 왕을 칠 뜻을 세웠지만 그렇게 되지 않았다. 압살롬은 반역에 성공하여 스스로 왕이 될 뜻을 세웠지만 그렇게 되지 않았다. 다윗 왕은 사랑하는 아들 압살롬을 결코 죽이지 않고 살려내야 한다는 뜻을 가졌지만 그렇게 되지 않았다. 요압 장군은 다윗 왕에게 승리를 안겨 왕에게 인정과 칭찬을 받기를 원했고, 압살롬을 제거하면서 자신의 미래를 더욱 안전하게 보장받으려 하였지만 그렇게 되지 않았다. 안타깝게도 자기 뜻을 이룬 사람은 아무도 없었다. 이사야 55:8, 9 말씀을 읽어 보자.

"내 생각들은 너희 생각들과 같지아니하며 내 길들은 너희 길들과 같지 아니하니라 주가 말하노라 하늘들이 땅보다 높음같이 내 길들은 너희 길들보다 높으며 내 생각들은 너희 생각들보다 높으니라." 아멘.

● 아히도벨

아히도벨은 밧세바의 할아버지로서, 자신의 사랑하는 손녀에게 비극적인 일을 일으켰던 다윗 왕에게 복수하기를 원하고 있었다. 그는 자기 손으로 직접 다윗 왕을 처단하기만을 바라고 있었다. 사무엘하 17:1~4을 보자.

"아히도벨이 또 압살롬에게 이르되, 이제 내가 만 이천 명을 택하게 하소서. 이 밤에 내가 일어나 다윗을 추격하며 그가 피곤하고 손이 약할 때에 그를 습격하여 그를 무섭게 하리니 그리하면 그와 함께 있는 온 백성이 도망하리이다 내가 다윗 왕만 치고 온 백성을 왕에게 다시 데려오리니 왕이 찾는 그 사람을 붙잡으면 모두가 돌아오는 것과 마찬가지니이다 그리하면 온 백성이 평안하리이다 하매 압살롬과 이스라엘의 모든 장로가 그 말을 매우 기쁘게 여기더라."

여기서 아히도벨은 뛰어난 지략가답게, 압살롬의 반역을 가장 빠르고 쉽게 완성할 수 있는 방법을 제안하였다. 압살롬과 이스라엘의 모든 장로가 그 말을 매우 기쁘게 여겼다. 문제는 압살롬이 다윗의 충신이었던 후새의 말도 들어 보자고 한데서 방향이 다르게 흘러갔다. 후새는 아히도벨의 조언과 반대되는 의견을 제시하였다. 다윗은 베테랑 전사이며 도망의 전문가인즉, 결코 백성들과 함께 머무르지 아니하고 따로 떨어져 있을 것이므로 아무리 특공대가 빠르게 가더라도 다윗 왕을 찾을 수가 없을 것이라고 말하였던 것이다. 또한 아히도벨이 제시한 만 명의 특공대로는 뛰어난 용사들인 다윗의 신하들을 이길 수가 없다고 말하였다.

두 사람 아히도벨과 후새의 조언이 있었는데 성경은 아히도벨의 조언이 좋은 조언이었다고 기록하고 있다. 그러나 하나님의 뜻은 압살롬에게 화를 내리시고 심판하시는 것이었기에 하나님께서는 아히도벨의 좋은 조언을 꺾기로 작정하셨다. 그러므로 압살롬과 이스라엘의 모든 사람들이 후새의 조언이 더 좋다고 판단하게 되었던 것이다. 아히도벨의 조언은 마치 사람이 하나님께서 말씀하시는 곳에서 여쭙는 것과 같이 뛰어난 지혜를 자랑하였지만, 여기서는 하나님의 뜻에 의하여 외면을 당하고 꺾이고 말았다. 얼마나 지혜롭고 좋은 계획인가에 상관없이 하나님의 뜻이 아니면 반드시 꺾이게 되는 것이다.

● 압살롬

압살롬은 후새의 조언대로 온 이스라엘을 모았고, 기세등등하게 요르단을 건너 다윗 왕을 추격하며 전쟁 길에 올랐다. 그러나 전쟁의 결과는 아히도벨이 예상했던 그대로였다. 압살롬의 신하들은 다윗의 신하들을 당해내지 못하였다. 또한 우리는 사무엘하 18:8에서 매우 흥미로운 말씀을 볼 수가 있는데, 그것은 바로 숲에서 멸망 당한 자가 칼로 멸망 당한 자보다 더 많았다는 것이다. 숲에서 어떤 일들이 있었는지 알 수 없지만, 다윗의 신하들이 칼로 쓰러뜨린 자보다 숲에서 쓰러진 자가 더 많았다는 것이다. 야생짐승들이 공격을 하였는지, 늪지대에 빠지게 되었는지, 산사태가 일어나 바위들이 무너져 내렸는지, 무슨 일이 있었는지 자세히 알 수 없지만 초자연적인 어떠한 현상에 의해서 많은 압살롬의 군사들이 숲에 의해서 멸망을 당하였다는 것이다.

압살롬의 뜻은 반역을 성공적으로 끝마치고 나서 멋진 왕이 되는 것이었다. 그는 그것을 위해 수년 간, 모든 것을 철저하고도 완벽하게 준비해 왔다. 객관적인 전력으로 보자면 압살롬이 월등히 앞섰는지도 모른다. 그러나 오직 하나님의 뜻만이 세워지고 이루어졌다. 압살롬은 결국 아히도벨처럼 자기 뜻을 이루지 못한 채 죽음을 맞이하고 말았다.

사람의 준비와 능력이 아무리 뛰어나다 할지라도 오직 하나님의 뜻만이 세워지며 성취된다는 사실을 우리는 잊지 말자.

● 요압

요압은 다윗의 젊은 시절부터 함께하면서 다윗을 위해 싸워온 충성된 장군이었다. 다윗의 누이의 아들로서, 다윗의 조카로서, 언제나 다윗을 위하여 싸웠다. 암몬 자손과 싸울 때에는 위기의 상황에서 믿음을 발휘하여 승리를 거두기도 하였고, 암몬의 도시 랍바를 점령하고자 할 때에는 거의 모든 것을 무너뜨려 놓고 스스로 승리의 영광을 취하지 아니하고자 속히 다윗 왕을 소환하여 다윗이 승리의 선봉이 되도록 이끌었다. 헷 족속 우리야를 죽이는 일에서도 한마디라도 토를 달거나 이유를 묻거나 따지지 않았고 그대로 복종하였다.

비록 그가 자신의 동생 아사헬의 복수를 하기 위해, 다윗에게 투항한 이스라엘의 좋은 장군이었던 아브넬을 암살하였을지라도 또 다윗 왕의 부탁을 거절하고 압살롬을 쓰러뜨렸다 할지라도, 그는 다윗의 충성스러운 장군으로서 언제나 목숨을 걸고 전투에 나가 승리를 거두었다. 그는 다윗 왕에게 인정을 받는 좋은 장군이요, 신하가 되기를 원했다.

그러나 후일 다윗은 하나님의 이름으로 요압을 대신한 다른 군대 대장을 세우고자 했다. 그의 이름은 아마사였다. 아마사는 압살롬의 반역에 가담하여 압살롬의 군대 대장으로 임명되었던 자이다. 압살롬이 임명하였던 군대 대장 아마사는 요압과 마찬가지로 다윗의 누나의 아들이었다. 요압은 다윗의 누이 스루야의 아들이었고, 아마사는 다윗의 누이이며, 스루야의 동생인 아비가일의 아들이었다. 전쟁 경험으로 보나 전투 수행 능력으로 보나 그동안 쌓아온 공로를 보나 요압이 아마사보다 월등히 나았다. 그럼에도 불구하고 다윗은 반역자의 무리에 가담했던 아마사를 요압 대신 장군으로 세우고자 하였던 것이다. 이유는 요압이 아브넬을 죽였고, 또 압살롬을 죽임으로써 결정적인 순간에 다윗 왕의 마음대로 움직이지 않았기 때문이었다.

어찌되었든 요압의 입장에서는 버림을 받게 된 것이다. 다윗 왕을 위해 그동안 열심히 싸웠지만 결과는 버림을 당하는 것이었다. 왕의 가장 좋은 신하로 인정을 받고자 하였던 그의 뜻은 꺾여지고 말았다. 사람의 능력이나 업적이 아무리 뛰어나다 할지라도, 오직 하나님의 뜻만이 세워지며 성취된다는 사실을 기억하자.

아히도벨은 사람의 지혜와 계획이 아무리 좋아도, 하나님의 뜻이 아니라면 결국 꺾이게 된다는 것을 보여주었고, 압살롬은 사람의 외모가 아무리 뛰어나고 준비가 철저하여도 하나님의 뜻이 아니라면 결국 꺾이게 된다는 것을 알게 해 준다. 요압은 사람의 공로와 업적이 아무리 뛰어나도 하나님의 뜻이 아니라면 결국 꺾이게 된다는 것을 보여주었다. 그래서 잠언 19:21은 이렇게 말한다. "사람의 마음에 많은 계획이 있을지라도 오직 주의 뜻 그것만이 서리라." 아멘.

이 말씀은 사람이 아무것도 계획할 필요가 없다거나, 아무 일도 준비할 필요가 없다는 의미가 아니다. 오히려 우리가 주의 뜻에 맞게 계획하고, 주의 뜻에 맞게 순종하며, 주님과 함께 동행해야 함을 말씀하시는 것이다.

오늘도 우리들의 삶 속에 하나님의 뜻과 나의 뜻이 있다. 우리가 아무리 좋은 계획과 철저한 준비와 누구나 공감할 만한 마음과 그 동안 쌓아온 좋은 과거의 업적을 가졌을지라도, 결국에는 하나님의 뜻만이 서게 될 것이다. 그러므로 우리는 오늘 우리를 향한 하나님의 뜻을 발견하고, 순종하는 길로 가야 한다. 주님의 기쁨이 나의 기쁨이 되고, 주님의 뜻이 나의 뜻이 되고, 주님의 길이 나의 길이 되어서, 주의 뜻을 이루는 통로가 되야 한다.

"주여! 내 원대로 마옵시고 아버지의 뜻대로 하옵소서." 아멘.

● 오늘의 말씀에 대한 나의 묵상 ●

오늘의 본문 성경을 읽으시고 깨달은 점이나 기억하고 싶은 점 혹은 기도문을 기록합니다.

1년 1독 365일 성경통독, 꿀송이 보약큐티

삼하 19장~24장

묵상 자료

1. 다윗의 인구조사

사무엘하는 24장의 다윗의 인구조사로 끝나고 있다. 왕이 자기 나라의 인구를 조사하는 것이 잘못은 아닐 것이다. 그러나 그 동기가 문제였다. 자기 힘을 과시하고 물리적인 세상의 파워를 의지하려는 교만한 마음에서 이 일을 시작했다면 하나님의 진노를 살 일이었기 때문이다.

한 번 사탄의 충동을 받아 시험에 든 다윗은 고집을 세우고 신하에 충언을 묵살하였고 그대로 밀어 부쳤다. 거의 10개월에 걸쳐 인구를 조사하니 이스라엘의 군인들이 80만 명이요, 유다 사람 중에서 군인들 숫자가 50만 도합 130만의 대군이었다. 그런데 동일 사건을 다시 기록한 역대상 21:5에는 숫자가 다르게 나온다. 이스라엘 군인들이 110만 명이요, 유다 중에 칼을 뺄만한 자가 47만 명 도합 157만 명이었다는 것이다. 어떤 성경이 맞는 것인가? 둘 다 맞다. 다만 사무엘하 24장의 80만은 실제 전투에 참가한 경험이 있는 장병들 숫자만 계수한 것이요 연령대는 맞지만 실전 경험이 없거나 여러 가지 사유로 전투에 참가하지 않은 숫자가 30만 도합 110만 이었던 것이었을 거라고 주석가들은 이해한다. 그리고 유다 지파의 군인 숫자가 3만이 차이 나는 것은 인구조사 중 다윗이 자기 잘못을 뉘우치고 아직 베냐민 지파의 군인들 숫자를 다 헤아리지 않았을 때 그만두라 명하여 한 군데는 대략 예상해서 집어넣었고 한 군데는 헤아리지 않은 숫자를 빼서 그런 3만의 차이가 났다고 이해한다. 그러나 사무엘하 24장과 역대상 21장의 기록에 또 일치하지 않은 숫자가 나오는데 그것은 인구조사 후 하나님이 내리신 벌이 다른 것이다. 사무엘하 24:13에는 7년 기근이냐,

석 달 적군에게 짓밟힐 것인가 아니면 3일 전염병이냐를 택하라고 적혀 있는데 역대상 21:12에는 3년 기근, 석 달 적에게 쫓김, 삼 일 전염병중 택하라고 적혀 있다. 어느 것이 맞는 것인가? 역대상의 기록이 맞는 것 같다. 아마도 사무엘하서를 기록하던 필사자가 실수로 잘못 삼 년을 칠 년으로 기록한 것이라 주석가들은 의견을 일치한다.

그런데 역대상 21장에는 사탄이 다윗을 충동하여 인구조사를 하게 했다고 하고 사무엘하 24장에는 여호와께서 이스라엘을 징계하시려고 다윗을 격동시키사 인구조사를 하게 했다고 하는데 도대체 다윗을 충동하여 인구조사를 하게 한 장본인은 하나님이신가? 아니면 사탄인가? 그리고 하나님은 이스라엘을 향하여 진노하사 그들을 치시려고 다윗을 격동시켜 인구조사를 하게 하시고 다윗이 선택한 3일 전염병 심판으로 7만 명의 이스라엘 백성들의 목숨을 빼앗아 가셨는데 도대체 이스라엘의 어떤 죄를 그토록 무섭게 추궁하신 것인가? 이러한 수수께기를 하나하나 풀기 위해 우리는 먼저 누가 그 일을 주도했는가 하는 문제부터 살펴보자. 며칠 전의 묵상자료에도 올렸지만 '여호와의 부리시는 악령'이란 표현은 악령을 하나님이 직접 사용하신다는 뜻으로 이해하지 말고 악령도 하나님의 발아래 있는 존재란 뜻으로 이해해야 한다고 설명 드렸다. 역대상 21장의 표현대로 사탄이 다윗을 충동하여 교만하게 하고 인구조사를 하게 한 것이 맞다. 다만 하나님이 뜻이 계셔서 그 사탄의 역사를 제지하지 않으신 것이다.

하나님이 어떤 뜻을 가지셨는가? 그것은 이스라엘이 지은 죄를 심판하시려는 것이었다. 하나님은 사무엘하 21장에서 사울 왕이 기브온 족속들을 죽인 일을 기억하셨다가 60년이나 지난 뒤에 3년 기근으로 이스라엘에 징계의 채찍을 내리셨고 사울 왕의 후손들 일곱 명을 목매달아 죽인 후에야 겨우 진노를 거두시고 비를 내려 주셨던 것을 우리는 잊으면 안 된다. 인구조사로 7만 명을 죽이신 하나님의 진노는 이스라엘의 어떤 죄악을 기억하시고 내리신 징벌이었는가? 그것은 성경을 읽어 보면 알겠지만 두 번에 걸친 이스라엘 백성들의 반역 사건 가담의 죄악이었다. 하나님이 기름 부어 세우신 다윗 왕을 반역하여 압살롬이 반란을 일으켰을 때 수많은 이스라엘 백성들이 하나님을 두려워 할 줄 모르고 압살롬 반란군에 가담했었다. 그것도 모자라 얼마 후 그들은 요단강에 유다 지파가 먼저 가 다윗 왕을 모셔온 것에 불만을 품고 다시 세바의 반란에 상당수 동조하고 가담하였다.

이 두 가지 죄가 하나님의 진노를 불러온 것이다. 온 역의 전염병이 삼일 동안 이스라엘 전역에 돌았을 때 주로 젊은이들 보다는 나이든 노인들이 쉽게 감염되어 7만 명이 삼일 만에 죽어 나갔다. 죽은 대부분의 사람들을 자세히 누군가 조사해 보았다면 틀림없이 하나님이 기름 부어 세우신 다윗을 따르지 않고 반란에 동참한 자들이었을 것이다.

● 오늘의 말씀에 대한 나의 묵상 ●

오늘의 본문 성경을 읽으시고 깨달은 점이나 기억하고 싶은 점 혹은 기도문을 기록합니다.

1년 1독 365일 성경통독, 꿀송이 보약큐티

왕상 1장~4장

● 묵상 자료 ●

1. 열왕기상하는 어떤 책인가?

사무엘상하가 사울의 다스림과 다윗 왕가의 출발을 다루는 책이라면 열왕기상하는 다윗의 아들인 솔로몬과 그 후의 왕국의 분열 그리고 북 이스라엘의 앗수르에 의한 멸망, 남유다의 바벨론에 의한 멸망과 포로로 끌려갈 때까지의 스토리를 담고 있다.

여기에 그 시대의 두 선지자 엘리야와 엘리사가 등장한다. 그리고 구약 후반부에 배치된 대. 소선지서들의 역사적 맥락이 여기에 닿아 있다. B.C. 722 년에 당시의 강대국 앗시리아에 의해 북이스라엘의 수도 사마리아는 함락당했고 선지자들의 경고대로 그들은 포로가 되어 이방의 땅에 노예로 끌려갔다. 여세를 몰아 앗수르는 남유다까지 삼키려 했지만 이집트의 견제 세력 때문에 예루살렘을 함락시키는 데에는 실패했다. 요시야 시대에는 이집트의 바로가 갈그미스에서 바벨론과 싸우던 앗수르를 원조하여 연합군을 형성하고 싸웠지만 두 동맹국은 바벨론에 패퇴했다. 바벨론의 느부갓네살은 승리의 여세를 몰아 애굽을 의지하던 유다를 침공했다. 예루살렘에 대한 3차에 걸친 공격에서 결국 성을 함락하고 성전을 약탈한 후 불태우고 백성들은 포로로 끌고 갔다(B.C. 586년). 열왕기상하의 저자는 누구인지 알려지지 않았다. 아마도 예레미야 선지자이거나 아니면 포로 시기를 경험한 무명의 유대인이었을 걸로 추측한다. 모세의 입을 통해 하나님을 떠나 우상숭배하고 타락하면 이방의 침략을 받고 남의 나라에 노예가 되어 나라 잃고 서럽게 종살이 할 것을 그토록 여러 번 천명했건만 슬프게도 택한 백성 이스라엘은 하나님이 예언한 축복과 저주의 말씀을 몸으로 직접 체험하며 실현된 하나님의 말씀의 엄위함을 역사를 통해 배웠다.

2. 솔로몬의 지혜 - 듣는 마음

솔로몬은 '지혜'의 대명사로 알려져 있다. 오늘 우리가 읽는 열왕기상에는 '지혜'라는 단어가 19번 나오는데 놋을 만드는 히람의 지혜(왕상 7:14)에 대해서 한 번, 나머지 18번은 모두 솔로몬에게 적용되고 있다. 솔로몬은 잠언 3000가지를 말하고, 노래 1005편을 짓는 등 문학적 능력도 뛰어났고, 동식물에 관해 모르는 것이 없었다. 그의 지혜는 당대 다른 나라의 지혜로운 사람들과 비교해 볼 때도 뛰어났다. 그래서 사람들이 그의 지혜를 들으러 열국에서 왔는데 그 대표적 인물이 스바 여왕이었다(왕상 10:1~13).

열왕기상 3장에는 솔로몬이 어떻게 이 지혜를 얻게 되었는지를 들려준다. 솔로몬이 기브온 산당에서 일천번제를 드리고 난 뒤 여호와께서 꿈에 그에게 나타나셨다. "내가 네게 무엇을 줄까?"라고 물으시는 하나님께 솔로몬은 이렇게 간구한다.

> 누가 주의 이 많은 백성을 재판할 수 있사오리이까 듣는 마음을 종에게 주사 주의 백성을 재판하여 선악을 분별하게 하옵소서 왕상 3:9

이 본문에서 솔로몬이 요청한 것은 정확히 말하면 '지혜'(히브리어로 '호크마')가 아니라 '듣는 마음'(히브리어로 '레브 쇼메아')이었다. 물론 역대하 1:10에는 '호크마'라고 되어 있지만 열왕기상에서는 다르게 표현되어 있음을 유의해서 살펴볼 필요가 있다. 우리말 성경은 '옳고 그름을 가려내는 마음'으로 개역 성경은 '지혜로운 마음'으로 번역했다. NIV 영어 성경은 'a discerning heart'라 하여 분별할 수 있는 마음이라고 했다. 솔로몬이 박학다식했기 때문에 우리는 솔로몬이 지혜(똑똑함)를 구했다고 잘못 알고 있으나 그것은 피상적인 파악이다. 솔로몬이 구한 것은 '듣는 마음'이었다(성경 왕상 3:9을 다시 읽어 보라). 우리가 지혜라 할 때 많은 정보를 알고 있고 해박한 지식과 논리적 사고 그리고 명쾌하고 스마트하고 I.Q가 높은 것들을 떠올리게 된다. 그러나 성경은 '듣는 마음'이 지혜의 핵심이라고 말하고 있다. 마음의 생각을 잘 듣고, 그 마음을 헤아릴 때 선악을 제대로 분별할 수 있는 것이다. 솔로몬의 간구를 들은 하나님은 '지혜롭고 총명한 마음'(왕상 3:12)을 주시겠다고 약속하셨다. '듣는 마음'이 곧 '지혜롭고 총명한 마음'이다. 하나님의 지혜는 우리가 흔히 말하는 명석함, 똑똑함, 총명을 포함하되 그것을 넘어선 '듣는 마음'이다. 열왕기상 4:29에서 그 마음은 '넓은 마음'으로 나타난다. 열왕기상 10:24을 소리 내어 함께 읽어 보자.

"온 세상 사람들이 다 하나님께서 솔로몬의 마음에 주신 지혜를 들으며 그의 얼굴을 보기 원하여."

하나님께서 솔로몬의 '마음에 주신 지혜'라고 말한다. 이처럼 솔로몬의 지혜는 '머리'가 아니라 '마음'과 관련하여 나타남을 유념해야 한다. 지혜는 마음에 자리잡아야 한다. 듣는 마음, 넓은 마음이 없는 명석함은 '헛똑똑이'를 키울 뿐이다. 주변에 이런 선교사, 이런 목사, 이런 신자들이 무척 많이 널려 있다. 강동 온누리교회 최원준 목사님도 이 같은 마음의 지혜를 그의 설교에서 강조한 바 있다.

열왕기상 3장 후반부에 나오는 솔로몬의 그 유명한 재판이야기도 결국 '듣는 마음'을 가진 솔로몬의 지혜를 드러내는 판결이었다. 두 엄마가 서로 자기 아기라고 우길 때 솔로몬은 당장 시퍼런 칼을 가져오라 하여 즉시 아기를 둘로 베어 한 조각씩 나눠주라 명하였다. 이때 진짜 엄마가 기겁을 하며 말렸다. 내 자식 못 가져도 좋으니 죽이지 말아 달라고 애원하였다. 그러나 가짜 엄마는 죽여 반으로 나누는 데 동의했다. '듣는 마음'을 가진 솔로몬은 즉각 누가 참 어머니 인가를 분별했다. 논리를 동원한 것이 아니라 마음을 테스트하여 범인을 색출한 것이다.

교회에 분열이 일어날 때나 선교지에서 다툼이 벌어 질 때 보면 한 쪽 편은 완전 죽일 놈이다. 아예 사탄 마귀라고 몰아 부친다. 서로 손가락질하며 동일한 저주를 퍼 붓는다. 물러서지 않고 양보 없이 피 터지게 싸운다. 전도를 그렇게 하라고 하면 못하면서도 싸움에는 열심이 특심이다. 그러나 누가 진짜 하나님의 편에선 사람들인지는 그들의 마음을 살펴보면 안다. 내가 어려서 중학생이었을 때 교회에서 싸움이 났다. 몇몇 교인들이 목사님 나가라고 데모하고 저녁마다 교회당에 모여 작정기도를 했다. 이름하여 담임목사님 사임을 위한 작정기도였다. 나는 분노가 일어 사택에 찾아가 목사님께 저 반란의 무리들을 가만두지 않겠다고 했다. 목사님은 나를 가만이 쳐다보시더니 차분하게 타이르셨다.

"록수야. 너는 네 일이나 신경 쓰고 잘해라. 이건 내 일이다. 내 일은 내가 기도하고 알아서 하겠다. 교회에서 서로 싸우지 말고 잠잠하라."

나는 아무 말 못하고 사택을 나왔다. 다음주 목사님은 설교시간에 눈물을 흘리시더니 조용히 교회의 화목을 위해 물러나겠다고 선포하시고 주중에 보따리 싸시고 대책 없이 아드님 댁으로 떠나셨다. 나는 어렸지만 싸움을 피하시고 교회의 화목을 위해 자신을 희생하시는 귀한 믿음의 선배님의 본을 생생하게 보았다. 싸우고 큰 소리치는 것은 누구나 할 수 있다. 그러나 나를 죽이고 조용히 희생하는 것은 아무나 쉽게 할 수 있는 일이 아니다.

● 오늘의 말씀에 대한 나의 묵상 ●

오늘의 본문 성경을 읽으시고 깨달은 점이나 기억하고 싶은 점 혹은 기도문을 기록합니다.

1년 1독 365일 성경통독, 꿀송이 보약큐티

왕상 5장~8장

● 묵상 자료 ●

1. 성전 봉헌식(왕상 8장)

열왕기상 8장의 말씀은 솔로몬이 이스라엘 백성들과 함께 성전을 건축해서 하나님께 올려드리는 성전봉헌식의 장면이다. 이스라엘 모든 백성들은 선대왕 다윗 시절부터 성전 건축에 대한 기대감으로 가득 차 있었다. 다윗 시절의 숙원 사업을 솔로몬 때 와서야 하나님께 봉헌하게 되었다. 성전봉헌식의 첫 번째 장면은 하나님의 언약궤를 메어 올리는 일이었다.

열왕기상 8:1～3까지의 말씀이다.

> 이에 솔로몬이 여호와의 언약궤를 다윗 성 곧 시온에서 메어 올리고자 하여 이스라엘 장로와 모든 지파의 우두머리 곧 이스라엘 자손의 족장들을 예루살렘에 있는 자기에게로 소집하니 이스라엘 모든 사람이 다 에다님월 곧 일곱째 달 절기에 솔로몬 왕에게 모이고 이스라엘 장로들이 다 이르매 제사장들이 궤를 메니라

이스라엘의 가장 뛰어난 사람들과 지도자들이 모두 모였다. 회막 가운데 있던 언약궤를 잘 지어진 성전으로 옮기는 장면이다. 성전봉헌식의 첫 번째 일이며, 가장 중요한 일이요, 봉헌식의 하이라이트였다.

열왕기상 8:9 말씀이다.

> 그 궤 안에는 두 돌판 외에 아무것도 없으니 이것은 이스라엘 자손이 애굽 땅에서 나온 후 여호와께서 저희와 언약을 맺으실 때에 모세가 호렙에서 그 안에 넣은 것이더라

하나님의 언약궤는 금으로 입혀진 궤짝과 같은 것이었다. 그 궤짝 안에 십계명이 적힌 두 돌판 밖에는 아무것도 없었다고 한다. 사실 모세가 언약궤를 만들고 그 안에 넣어둔 것은 세 가지였다. 십계명의 두 돌판과 아론의 싹난 지팡이와 만나를 담은 항아리, 이렇게 세 가지였다. 하지만 아론의 싹난 지팡이와 만나를 담은 항아리는 어디론가 사라지고 없다. 어떻게 되었는지, 어디로 갔는지에 대해서는 의견이 분분하지만 그것은 그렇게 중요한 문제는 아니다. 지금 있는 것은 십계명의 두 돌판이 유일하다는 것과 그것이 하나님 앞에서는 가장 중요하다는 것과 이스라엘 백성들과 솔로몬은 언약궤 안에 있는 십계명 두 돌판을 가장 소중하게 여긴다는 것이 중요한 것이다.

하나님의 성전을 화려하게 만들어놓고 첫 번째로 한 일이 하나님의 말씀을 옮기는 일이었다는 것을 열왕기상 10절과 11절에서 말씀한다.

"제사장이 성소에서 나올 때에 구름이 여호와의 성전에 가득하매 제사장이 그 구름으로 말미암아 능히 서서 섬기지 못하였으니 이는 여호와의 영광이 여호와의 성전에 가득함이었더라."

열왕기상 7장에는 성전 외양을 화려하게 만들고 성전의 내부도 최상의 재료를 써서 단장한 기록이 있다. 그러나 그때는 '여호와의 영광이 구름 가운데 임하셨다'는 말씀이 기록되지 않았다. 하지만 하나님의 성전에 말씀을 옮겨오고 말씀이 하나님의 성전에 있었을 때 그제서야 하나님의 영광이 성전에 가득하게 되었다.

하나님께서 성전을 향하여 기대하시고 바라는 유일한 한 가지는 말씀을 가득 채우는 것이다. 하나님의 성전에서 하나님이 바라시는 것은 다른 것이 없다. 성전이 화려한 돌로 만들어지는 것, 하나님의 성전내부가 이런저런 장식으로 아름답게 채워지는 것도 물론 아름답고 사람들 보기에는 귀하고 좋은 일이지만, 그러나 더 중요한 것은 하나님의 말씀으로 가득하게 될 때 하나님은 영광 가운데 성전에 함께 머물러 계신다는 것이다.

하나님의 성전을 말씀으로 채우기 위해서는 성도들과 목회자가 함께 노력해야 한다. 목회자는 끊임없이 하나님의 바른 말씀을 선포하고 성도들은 그 말씀을 부여잡고 말씀대로 행하고 살려 할 때 하나님의 영광이 성전 가운데 임하게 된다. 개별적으로도 신약은 우리 그리스도인 자체가 성전이라고 한다. 이 성전 된 우리가 주의 영광과 은혜를 체험하려면 매일 주야로 주의 말씀을 묵상해야 한다.

바울은 고린도전서 3장에서 우리가 하나님의 성전인 것과 하나님의 성령이 우리 안에 거하신다고 말했다. 하나님의 성전은 보이는 건물로서의 성전뿐 만이 아니라 우리의 육체도 성전이다. 그러므로 우리의 육체도 하나님의 말씀으로 가득 채울 때 하나님의 영광이 우리의 몸을 통해서 드러나게 된다. 우리의 입술에 하나님의 말씀을 채우고 채운 말씀이 나의 손과 발을 통해서 이루어지고 실천될 때 나의 몸과 나의 영혼은 하나님의 영광으로 가득 차고 빛나게 되는 것이다.

오늘도 하나님의 말씀으로 하루를 시작함이 은혜이다. 오늘 하루 살아가면서 우리 손과 발이 닿는 곳에 하나님의 말씀이 선포되고 전파되고 드러나게 되기를 축원한다. 그 때 하나님의 영광이 우리를 통해 나타나게 될 것이다.

● 오늘의 말씀에 대한 나의 묵상 ●

오늘의 본문 성경을 읽으시고 깨달은 점이나 기억하고 싶은 점 혹은 기도문을 기록합니다.

1년 1독 365일 성경통독, 꿀송이 보약큐티

왕상 9장~12장

묵상 자료

1. 위험한 순간(왕상 10:21~25)

열왕기상 10:21 ~25 말씀이다.

"솔로몬 왕이 마시는 모든 그릇은 금으로 되었으며 레바논 숲의 나무로 만든 집의 모든 그릇이 금으로 되었더라. 은으로 된 것은 전혀 없었더라. 솔로몬 시대에 은을 하찮은 것으로 여겼으니 이는 왕이 바다에 다시스의 배들을 두고 히람의 배들과 함께 있게 하여 삼 년에 한 번씩 그 다시스의 배들로 금과 은과 상아와 원숭이와 공작을 가져왔기 때문이더라. 이같이 솔로몬 왕이 부와 지혜에서 땅의 모든 왕을 능가하였더라. 온 땅이 하나님께서 솔로몬의 마음속에 주신 그의 지혜를 들으려고 그에게 나오기를 원하였더라. 그들이 각각 자기의 예물을 가져오되 곧 해마다 정한 비율에 따라 은그릇과 금 그릇과 의복과 갑옷과 향료와 말과 노새를 가져왔더라."

오늘 본문에 나타난 솔로몬의 이러한 번영의 순간이야말로 그의 인생에서 가장 위험한 순간이었다. 너무나 안타깝게도 솔로몬은 이러한 위험을 감지하지 못하였고, 바르게 대처하지도 못하였고, 그대로 무너지고 말았다.

거대한 자연의 변화가 일어나기 전에 동물들은 그것을 감지하는 능력이 있다고 한다. 2005년 10월, 3만 명의 인명 피해를 낳은 파키스탄의 대지진이 일어나기 전에 수많은 새들이 떼를 지어 둥지를 떠나는 모습이 관찰되었다. 1990년 로스엔젤레스 지진 직전에 토끼들이 큰소리를 내면서 이리저리 뛰어다니기도 하였다. 비록 우리가 이런 동물들처럼 자연적인 위험을 미리 감지할 수는 없다

할지라도, 우리의 인생길 가운데 과연 무엇이 안전하고 무엇이 위험한지를 감지할 수 있는 영적 분별력만큼은 반드시 가질 필요가 있어야 한다.

한때 민감한 양심으로 정말 작은 죄에도 주님 앞에 눈물로 돌이켰던 순수한 형제였다 할지라도, 하나님의 말씀을 꾸준히 먹지 않고, 주님과 동행하지 않으면, 어느 순간 주님을 대적하고 형제자매들에게 상처를 주면서도 아무런 문제가 없는 것처럼, 무감각한 무서운 사람이 될 수가 있다는 것이다. 그러므로 우리는 매일 매순간 꾸준히 하나님의 말씀을 먹고, 주님과 동행하는 삶을 살아가야 한다.

● 성전 건축을 마치고(왕상 9:1~3)

솔로몬은 주의 전을 완공하였고, 또한 자신의 집을 건축하였다. 그는 자기가 기쁘게 행하고자 하던 소원을 다 이루었다. 그리고 주님께서는 처음에 솔로몬에게 나타나셨던 것처럼, 또다시 솔로몬에게 나타나셨다. 하나님께서는 솔로몬의 기도를 들으셨고 주님의 이름과 눈과 마음을 성전에 영구히 두시겠다고 말씀하셨다.

여기까지는 정말 모든 것이 다 좋아 보인다. 이보다 더 좋을 수는 없을 것 같다. 주님의 성전이 완성되었고, 솔로몬 자신의 집도 다 지어졌으며, 그가 행하려고 마음속으로 소원하였던 모든 일이 다 이루어졌다. 하나님께서도 친히 나타나셔서 자신의 눈과 마음을 성전 위에 두시겠다고 약속하셨다. 그러나 역설적으로 이처럼 모든 일이 다 잘 풀릴 때 모든 일이 다 잘 완성된 것 같을 때, 우리는 그때가 가장 위험한 순간이 될 수가 있음을 잊지 말아야 한다.

이처럼 모든 것이 잘 풀려 갈 때 솔로몬은 하나님의 경고의 말씀을 마음 깊이 새기고 간직했어야 했다. 그러나 그는 자신의 성공과 업적에 너무나 마음이 벅차고 흥분하였던 나머지 하나님의 경고를 가볍게 들었다. 그 결과로 솔로몬은 완전히 넘어지게 되었다.

● 이집트와의 교류

열왕기상 9:16 말씀을 보자.

"전에 애굽 왕 바로가 올라와서 게셀을 탈취하여 불사르고 그 성읍에 사는 가나안 사람을 죽이고 그 성읍을 자기 딸 솔로몬의 아내에게 예물로 주었더니"

하나님께서는 과거에 이스라엘 백성을 속박의 집 이집트 땅에서부터 건져내셨다. 그런데 솔로몬 왕은 파라오의 딸과 결혼하여 이집트와 동맹 관계를 맺었다. 심지어 파라오는 가나안 땅까지 올라와 전쟁을 벌이고, 탈취한 도시를 솔로몬의 아내에게 예물로 주었다. 열왕기상 9:24에는 솔로몬이 바로의 딸을 위하여 궁전을 건축했다고 적혀 있다.

또한 열왕기상 9:29 이하에는 솔로몬이 이집트에서 말(horse)들을 사왔다고 한다. 솔로몬은 이집트와 활발하게 교역을 하였던 것이다. 이것은 하나님께서 명백히 금지하신 일이었다. 신명기 7장 3, 4절 말씀을 보자.

"또 그들과 혼인하지도 말지니 네 딸을 그들의 아들에게 주지 말 것이요 그들의 딸도 네 며느리로 삼지 말 것은 그가 네 아들을 유혹하여 그가 여호와를 떠나고 다른 신들을 섬기게 하므로 여호와께서 너희에게 진노하사 갑자기 너희를 멸하실 것임이니라"

먼저 하나님께서는 이스라엘 백성이 다른 이방 민족과 결혼하여 가족이 되지 말 것을 말씀하셨다. 그 이유는 그들이 이방인 가족들을 따라 다른 신들을 따르게 될 것이었기 때문이었다. 솔로몬에게도 이와 같은 일이 정확히 일어난 것을 볼 수가 있다. 하나님께서는 자신이 이집트 땅 속박의 집에서 이스라엘을 건져내신 분임을 잊지 말라고 하셨는데, 솔로몬은 바로 그 이집트와 혼인 관계를 맺고, 활발하게 교류하였던 것이다. 신명기 17:16, 17절 말씀도 보자.

"그는 병마를 많이 두지 말 것이요 병마를 많이 얻으려고 그 백성을 애굽으로 돌아가게 하지 말 것이니 이는 여호와께서 너희에게 이르시기를 너희가 이 후에는 그 길로 다시 돌아가지 말 것이라 하셨음이며 그에게 아내를 많이 두어 그의 마음이 미혹되게 하지 말 것이며 자기를 위하여 은금을 많이 쌓지 말 것이니라"

하나님께서는 이스라엘 왕이 말을 많이 늘리지 말고, 또 말을 많이 늘리려고 이집트로 향하지 말라고 경고하셨다. 그러나 솔로몬은 이집트에서 말과 병거를 대량으로 활발히 구입하였다. 하나님께서는 이스라엘의 왕이 아내를 많이 두지 말고 오직 단일한 마음으로 하나님만을 사랑해야 할 것이며, 또한 자기를 위해 재물을 많이 늘리지 말라고 말씀하셨다. 솔로몬은 이 모든 말씀을 다 거역하고 있었던 것이다.

● 칭찬과 찬사

솔로몬의 명성을 듣고 스바의 여왕이 직접 예루살렘을 방문하였다. 스바는 오늘날 예멘 지역으로, 예루살렘으로부터 남쪽으로, 남쪽으로 멀리 내려가면 이를 수 있는 곳이었다. 예수님께서도 당시 이스라엘 백성들에게 심판 때에, 솔로몬의 지혜를 들으려고 땅의 맨 끝 지역에서 찾아왔던 남쪽 여왕이 이 세대를 정죄할 것이라고 언급하시기도 하셨다. 스바 여왕은 솔로몬의 명성과 그의 지혜를 통하여, 살아계신 하나님을 만나게 되었고, 하나님을 믿게 되었으며, 찬송하고 경배하게 되었다. 그런데 이 순간이 솔로몬에게는 가장 위험한 순간 중 하나였는데, 그 이유는 그가 지나치게 높여지고 칭송을 받았기 때문이었다.

"당신의 명성이 내가 들은 소문의 절반도 안됩니다. 당신의 지혜를 듣는 신하들은 정말 행복합니다."

우리에게 이러한 사람들의 칭찬이 들려올 때, 기분은 좋을지 모르지만, 그것은 어떤 면에서 영적으로 가장 위험한 순간 중 하나인 것을 우리가 명심해야 한다.

우리의 마음이 필요 이상으로 끊임없이 금을 추구했던 솔로몬처럼, 세상의 재물과 돈에 사로잡혀 있다면, 우리는 믿음에서 파선하고 많은 고통으로 자기를 찌를 수 있음을 생각하며 정신을 차려야 한다. 재물의 속임수는 그 누구라도 속일 수 있다. 오늘 우리가 살아가는 목적이 이 땅에서의 부귀영화가 아니라, 영원한 하늘의 보물인 것을 우리가 늘 깨어서 기억하기를 원한다. 하나님과 돈을 동시에 섬길 수 없다는 사실을 우리는 기억하자.

솔로몬은 이집트와 혼인 관계를 맺었고, 또한 활발한 교류를 가졌다. 이처럼 우리가 우리를 불러내신 세상으로 다시 돌아가서, 세상과 친구가 된다면, 우리는 위험한 순간을 맞이하고 있는 것이다.

또한 사람들이 우리를 칭찬하고, 우리에게 역사하신 하나님의 손길을 찬송할 때, 그때가 바로 영적 위기의 순간인 것을 명심하자. 우리는 그러할 때 오직 십자가를 자랑하고 나는 아무것도 아니며, 내가 아니요 오직 주 예수 그리스도이시고, 나와 함께하신 하나님의 은혜라고 고백할 수 있어야 한다. 아멘.

● 오늘의 말씀에 대한 나의 묵상 ●

오늘의 본문 성경을 읽으시고 깨달은 점이나 기억하고 싶은 점 혹은 기도문을 기록합니다.

1년 1독 365일 성경통독, 꿀송이 보약큐티

왕상 13장~15장

묵상 자료

1. 하나님의 사람과 벧엘의 늙은 선지자

열왕기상 13장에는 독특한 이야기가 등장하여 독자들의 머리를 갸우뚱하게 한다. 이야기의 배경은 북이스라엘과 남유다의 분열 왕국 시대 초기인데 B.C. 931년경에 일어난 일이다. 솔로몬의 아들 르호보암이 이스라엘 열 지파의 청원을 무자비하게 거절하면서 북이스라엘 왕국은 하나님께서 약속하신 것처럼 여로보암에게로 넘어가게 되었다(왕상 11:26~40). 그러나 여로보암은 자신의 왕위에 대한 걱정으로 이스라엘에게 있어서 역사적으로 의미가 있는 벧엘과 영토의 북단인 단에 금송아지를 만들어 백성들에게 우상숭배 하게하는 어리석은 짓을 자행한다. 예루살렘 성전으로 민심이 향하지 않게 하기 위한 고육지책이었으나 이것은 하나님 앞에 크나큰 죄악이었다. 여로보암의 죄는 여기서 멈추지 않았는데 그는 산당을 지어 레위 자손이 아닌 보통 백성으로 제사장을 삼고 여호와의 절기가 아닌 임의로 만든 날을 절기로 삼았다(왕상 12:31~33). 엘리의 두 아들들이 여호와의 제사를 멸시한 것처럼 여로보암은 여호와께서 명하신 제사의 규례를 모두 무시하기 시작했다. 바로 이때 이름이 알려지지 않은 한 하나님의 사람이 여호와의 부르심을 입고 여로보암 왕을 꾸짖으러 길을 떠난다. 그 하나님의 사람은 여로보암의 죄를 지적하면서 남유다 왕국에 다윗의 자손으로 요시야라는 왕이 나올 것인데 그가 이 모든 패역하고 타락한 제사장들을 응징할 것이라 예언한다(왕상 13:1~2). 그리고 이 예언이 확실할 것에 대한 징조로 제단이 갈라지고 그 위에 있는 재가 쏟아졌는데, 이를 막기 위해 하나님의 사람을 체포하라고 손을 펴서 명령하던 여로보암 왕의 손이 말라버리게 되는 초자연적인 일이 일어나고 왕은 다급하여 손을 다시 회복시켜 달라고 애걸하니 여호와의 은혜로 그의 손이 다시 성하게 된다(왕상 13:3~6). 왕은 그 은혜에 감사하며 하나님의 사람에게 예물을 주기 원했지만 하나님의 지시를 기억하고 그는 단호히 거절한다. 하나님은 아무것도 먹거나 마시지도 말고 갔던 길로도 똑같이 돌아오지 말라고 엄히 명하셨기 때문이다.

이때에 거기 벧엘에 거주하던 요상한 늙은 선지자가 등장한다. 이 벧엘의 늙은 선지자는 주의 명령을 순종하여 하나님의 큰 일을 행하고 다른 길을 통해 돌아가던 하나님의 선지자를 찾아가 자기 집에 가서 물과 음식을 먹고 가라고 꼬드긴다. 하나님의 지시 때문에 그럴 수 없다고 거절했는데 이 늙은 선지자가 거짓말을 하며 자기도 선지자인데 하나님이 천사를 자기에게 보내 말씀하시기를 떡과 음식을 대접하라고 했다는 것이다. 이 말에 속은 하나님의 선지자는 그를 따라가 먹고 마시게 되었는데 가는 길에 여호와의 진노를 사 사자에게 찢겨 죽었다. 그 비극을 초래한 장본인인 이 늙은 벧엘의 선지자는 시체를 수습해 주고 울면서 자기가 죽으면 이 선지자 곁에 묻어 달라고 아들들에게 부탁한다. 병 주고 약 주는 것도 아니고 도대체 무슨 짓을 하는지 이 늙은 선지자의 행태가 해괴하기 그지없다. 우리는 열왕기상 13장에 기록된 이 이상한 스토리를 읽으면서 '뭐지?' 하며 헷갈린다. 그러나 차분하게 정리해 보면 이 열왕기상 13장은 하나님의 종들이 거듭거듭 읽으며 교훈을 받아야 하는 무서운 하나님의 가르침이 숨겨있는 말씀임을 알게 된다.

우선 사명을 처음에 잘 완수했다가 결국은 사자에게 죽은 선지자의 문제를 살펴보자. 그의 첫 번째 문제는 큰 일을 잘 감당하고 난 뒤에 오는 사탄의 시험을 이기지 못했다는 것이다. 감히 아무도 말 못하고 침묵하고 있을 때에 서슬퍼런 새 권력자를 찾아가 당신의 우상숭배로 이스라엘에 큰 재앙이 임할 것이니 회개하라고 목숨 걸고 외칠 사람이 당시에 얼마나 되었겠는가? 그것도 사명 완수하고 집으로 돌아올 때까지 그 말씀의 지엄함을 상징하기 위해 먹지도 마시지도 못하는 험한 길이었다. 그는 두렵고 떨렸겠지만 생명 걸고 그 길을 순종하며 갔다. 그리고 어려운 일을 잘 해 내었다. 문제는 큰 일을 완수하고 났을 때 그 뒤가 문제였다. 섰다고 생각하는 순간 그는 넘어졌다. 이제 됐다고 생각하는 순간 마귀는 빈 틈을 노렸다. 부흥회 때 실컷 은혜 받고 집에 와 대판 부부싸움 하는 일이 있을 수 있다. 우리는 이렇게 은혜 후에 찾아오는 마귀 시험을 조심해야 한다.

그의 두 번째 문제는 하나님이 처음 자신에게 지시하신 말씀이 분명이 아직 취소되지 않았는데 다른 선지자가 다가와 하나님이 말씀하셨다고 하면서 자신을 속일 때 거기에 넘어가 하나님의 말씀을 불순종한 것이 치명적인 문제가 되었다. 그 늙은 선지자에게 천사를 보내 다른 지시를 주셨다면 그때라도 자기도 기도해 봤어야 했었다. 왕의 제안에는 단호히 거절한 그가 왜 늙은 선지자의 속임수에는 넘어간 걸까? 아마도 큰 일을 마치고 이제는 긴장이 풀리니 배도 좀 고팠던 것 같다. 같은 선지자가 주는 것이니 먹어도 괜찮겠지 하며 타협했을 것이다. 여기에 함정이 있었다. 오늘 하나님의 종 된 사람들은 이 교훈을 명심해야겠다. 이미 성경에 기록된 분명한 하나님의 말씀에서 어긋나게 누가 예언기도를 해주고 음성 들었다고 얘기할 때 그런 것에 부화뇌동하지 말아야 한다. 우리의 표준은 오직 성경이다.

이제 그 늙은 선지자의 문제를 짚어 보자. 그의 악함은 소위 하나님의 선지자라 자칭하면서 거짓말하는 것을 예사로 한다는 것이다. 거짓말로 천사를 동원하고 하나님을 동원하고 하나님의 말씀도 거짓으로 동원하여 귀한 주의 종을 넘어뜨려 파멸에 이르게 한다는 것이다. 신천지의 이만희를 보라. "하나님이 이렇게 말씀하셨다"고 자기가 스스로 만든 이론을 하나님의 거룩한 이름을 들먹이며 사람들을 속이고 있다. 말씀을 인용하며 예수님의 영광을 스스로 갈취하고 있다. 자신도 지옥 가고 수십만 명을 지옥으로 끌고 가고 있다. 참으로 무서운 천인공노할 일이다. 교회에서 함부로 "하나님이 이렇게 말씀하셨습니다" 하고 쉽게 말하는 자들이 있다. 자꾸 그렇게 습관 들면 나중 이미 기록된 성경은 얼마나 진부해지겠는가? 따끈따끈 하게 지금 누군가를 통해 말씀을 듣는 것이 좋지 누가 옛날에 쓰여진 성경을 통해 하나님 말씀을 듣고자 하겠는가? 우리는 이런 신사도주의 이단들을 오늘날 경계하고 오직 예수, 오직 성경으로 갑옷을 입어야 한다.

이 늙은 선지자의 문제는 이뿐만이 아니다. 벧엘에 살고 있었으면서도 그는 벧엘에 세워진 우상을 왕에게 잘못이라고 질타하지 않고 침묵했었다. 그래 놓고 다른 사람에게 자기 신분을 얘기할 때는 "나도 선지자다"라고 태연하게 말을 한다는 것이다. 짖지 못하는 개도 개인가? 불의 앞에서는 잠잠하면서도 동료를 죽이고 넘어뜨리는 일에는 재능이 있었다. 오늘날도 어떤 신자들은 사람을 전도하고 살리는 일에는 잠잠하다가도 싸움이 일어나 분쟁이 생기면 거품을 물고 열심을 내는 묘한 사람들이 가끔 있다. 우리는 생산적인 일에 쓰임 받아야지 마귀의 하수인으로 쓰임 받아서는 불행한 인생이 된다. 그가 나쁜 짓을 하고 하나님의 귀한 종이 자신의 속임수로 죽은 후에 비로소 후회가 밀려온 것 같다. 그는 시체를 잘 수습하여 장사 지내 주고 자신도 죽으면 그곳에 묻어 달라고 했다. 그리고 그 죽은 선지자의 예언이 그대로 이루어 질 것을 자신은 믿는다고 고백했다. 세상에는 참 희한한 사람들도 많다. 교회 안에도 마찬가지다. 실컷 다른 그리스인을 힘들게 해 놓고 나중 후회하고 회개하는 자들이 있다. 물론 회개치 않는 것 보다 낫지만 처음부터 거짓된 일을 버리고 형제를 사랑하는 것이 주님이 원하시는 일임을 우리는 명심해야겠다.

● 오늘의 말씀에 대한 나의 묵상 ●

오늘의 본문 성경을 읽으시고 깨달은 점이나 기억하고 싶은 점 혹은 기도문을 기록합니다.

1년 1독 365일 성경통독, 꿀송이 보약큐티

왕상 16장~18장

● 묵상 자료 ●

1. 엘리야에게 임한 하나님의 말씀(왕상 17장)

아합은 오므리의 아들로 22년간 북이스라엘의 왕으로 다스렸는데 이런 아합 왕 시대에 엘리야 선지자가 활동하였다. 어느 날 엘리야 선지자에게 여호와의 말씀이 임하였다.

오늘 본문 1절을 보면, "길르앗에 우거하는 자 중에 디셉 사람 엘리야가 아합에게 고하되 나의 섬기는 이스라엘 하나님 여호와의 사심을 가리켜 맹세하노니 내 말이 없으면 수년 동안 우로가 있지 아니하리라 하니라"고 했다. 엘리야 선지자에게 임한 여호와의 말씀은 심판의 말씀이다. 이스라엘 땅은 비를 흡수하는 땅이다. 그래서 비가 오면 강물이 흐르지만 비가 그치면 강물이 곧 말라버린다. 그러므로 이른 비와 늦은 비가 때를 따라 내려야 농사가 되는 땅인데 몇 년 동안 비가 오지 않으면 그 나라는 망하고 마는 것이다.

그런데 엘리야 선지자가 왜 이런 저주를 아합 왕에게 선포하는 것인가? 열왕기상 16:30-33을 보면 "오므리의 아들 아합이 그 전의 모든 사람보다 여호와 보시기에 악을 더욱 행하여 느밧의 아들 여로보암의 죄를 따라 행하는 것을 오히려 가볍게 여기며 시돈 사람의 왕 엣바알의 딸 이세벨로 아내를 삼고 가서 바알을 섬겨 숭배하고 사마리아에 건축한 바알의 사당 속에 바알을 위하여 단을 쌓으며 또 아세라 목상을 만들었으니 저는 그 전의 모든 이스라엘 왕보다 심히 이스라엘 하나님 여호와의 노를 격발하였더라"고 했다. 바알은 기후의 신으로 풍요를 주관하는 신으로 섬긴 것이다. 이러한 바알과 짝하는 신이 바로 아세라인데 아세라는 다산의 신으로 섬겼다. 바알과 아세라를 섬긴다는 것은 비를 내려

주어서 풍요와 다산을 원했기 때문이다. 이 때에 여호와께서는 엘리야를 통해서 비가 오지 않을 것이라고 하셨다. 이것은 아합이 섬기는 바알과 아세라는 결코 풍요와 다산을 주지 못한다는 선포였던 것이다.

하나님의 언약을 배반하고 우상을 섬기면 가뭄이 온다고 이미 율법에서 말씀하고 있다. 신명기 28:20-24을 보면, "네가 악을 행하여 그를 잊으므로 네 손으로 하는 모든 일에 여호와께서 저주와 혼란과 책망을 내리사 망하며 속히 파멸하개 하실 것이며 여호와께서 네 몸에 염병이 들게 하사 네가 들어가 차지할 땅에서 마침내 너를 멸하실 것이며, 여호와께서 폐병과 열병과 염증과 학질과 한재와 풍재와 썩는 재앙으로 너를 치시리니 이 재앙들이 너를 따라서 너를 진멸케 할 것이라 네 머리 위의 하늘은 놋이 되고 네 아래의 땅은 철이 될 것이며 여호와께서 비 대신에 티끌과 모래를 네 땅에 내리시리니 그것들이 하늘에서 네 위에 내려 마침내 너를 멸하리라"고 했다.

지금 아합 왕 시대에 이르기까지 북이스라엘이 행한 일을 보면 그들이 멸망해도 이미 수없이 멸망했어야 했다.

하나님의 선지자라면 온갖 우상을 섬기는 이스라엘에 저주를 선포하는 것이 지극히 당연하였다. 그로 인하여 엘리야는 아합 왕의 미움을 받게 되어 열왕기상 18장에 보면 아합 왕이 엘리야를 잡아 죽이고자 하는 것을 볼 수 있다. 그리하여 하나님께서는 엘리야로 하여금 그곳을 떠나 그릿 시냇가에 가서 숨고 그 시냇물을 마시라고 하신 것이다.

오늘날 어떤 사람들은 엘리야와 같이 하나님의 심판을 전하는 이런 선지자를 싫어한다. 우리는 아합 왕 시대보다 더한 바알과 아세라 곧 풍요와 다산의 신을 섬기고 있지 않는가? 오늘날 이 시대를 보자. 수많은 사람들이 다 바알과 아세라를 섬기고 있다. 맘몬을 신으로 섬기고 있는 것이다.

엘리야는 하나님의 명령을 따라 그릿시냇가에 가서 살면서 까마귀가 물어다 주는 것으로 생존하였다. 나중에는 너무나 가난한 사르밧 과부에게 가서 하나님의 기적으로 함께 살았다. 아합과 타락한 이스라엘 사람들이 풍요의 신 바알과 다산의 신 아세라를 섬기며 하나님의 진노를 촉발하여 기근에 허덕일 때 엘리야 선지자는 하나님의 권능을 날마다 체험하며 그 고통의 시대를 견뎌내었다. 우리가 사는 이 시대도 마찬가지이다. 수많은 사람들이 세상의 쾌락과 물질을 따라 휩쓸려 갈 때 우리는 하나님의 능력으로 이 악한 시대를 믿음으로 견뎌내야 한다.

"주여! 우리에게 엘리야에게 주신 능력을 입혀 주셔서 이 시대를 감당하는데 부족함이 없게 하소서. 아멘."

● 오늘의 말씀에 대한 나의 묵상 ●

오늘의 본문 성경을 읽으시고 깨달은 점이나 기억하고 싶은 점 혹은 기도문을 기록합니다.

아프리카 노록수 선교사와 함께하는
1년 1독 365일 성경통독
꿀송이 보약큐티